Das Qualtinger Buch

Langen Müller

Redaktion: Dr. Brigitte Erbacher

Umschlagentwurf: Wolf Bachmann, unter Verwendung
einer Zeichnung von Gerhard Burzcik
Gesamtherstellung: Wiener Verlag, Himberg bei Wien
Printed in Austria 1986
ISBN 3-7844-2083-4

Inhalt

Zeitkritisches

Familiäres

Zwischenmenschliches

Typen

Zeitkritisches

Die Schwergeprüfte

(Ein gutaussehende Vierzigerin liegt im Krankenhaus, der Arzt mit Utensilien sitzt an ihrer Seite.)
Die Frau: Ich war noch nie im Spital, Herr Doktor!
Der Arzt: Das sieht man Ihnen auch an . . .
Frau: Wenn ich vor der Ruine zusammengebrochen wäre, hättens mich vielleicht in dasselbe Krankenhaus wie die Überlebenden gebracht. Das wäre reiner Mord gewesen!
Arzt: Sie werden die nächsten 24 Stunden schlafen . . .
Frau: Aber net stechen!
Arzt: Wollen Sie eine Zigarette?
Frau (will eine nehmen, zuckt im letzten Moment zurück): So hat die Tragödie ihren Anfang genommen. Ich hab das Gefühl, ich versündig mich . . .
Arzt: Sie sind doch nüchtern, gnä Frau . . .

Frau (zündet die Zigarette an): Wenn man im Leben in jedem Moment an eine Katastrophe denken müßt...
Arzt: Lesen Sie die Zeitungen, und da steht nicht einmal alles drin!
Frau: Ja, was is eigentlich der Unterschied zwischen einem und dreihundert Toten...?
Arzt: Die Prominenz. – Wer wird schon erwähnt bei einem Flugzeugabsturz...
Frau: Wenn ich mitverbrannt wäre...
Arzt: Erstickt...
Frau: Egal. – Ich hätt ja auch nicht helfen können.
Arzt: Ich schon gar nicht. – Ich bin um die Zeit immer in Klosterneuburg...
Frau: Sind Sie Klosterarzt?
Arzt: Nein, ein Wochenendhaus. Villa wäre zuviel gesagt...
Frau: Wenn es unter der Wochn passiert wär, hätt man vielleicht irgendwas noch unternehmen können...
Arzt: Machen Sie sich keine Vorwürfe!
Frau: Am Sonntag sinds halt verschlafen, die Feuerwehr... Und die Notärzte, pardon!
Arzt: Wenn man vorbeigeht, sieht man eigentlich gar nichts. – In der Gegend schauen viele Häuser so aus...
Frau: Das wirft man mir ja vor, daß ich nächstes Jahr wieder eröffnen kann. – Als ob das für mich nicht schrecklich genug wär...
Arzt: Die Ausländer, die kommen, wissen ja nix...
Frau: Da hält man auf Sauberkeit, auf den guten Ruf, ist kein Stundenhotel... (Beginnt zu weinen.)
Arzt: Nehmens die zwei gelben Pulver. Was glaubens, wieviel Unfälle die Reisegesellschaften auf den Au-

tobahnen haben! – Solche Zahlen wie bei Ihnen, verzeihen Sie, kommen leicht in einer Saison zusammen.

Frau (beruhigt sich): Die Versicherung war so lieb. (Zeigt auf ihr Nachtkästchen:) Diese Blumen habens mir geschickt.

Arzt: Soll ich Sie nicht allein lassen?

Frau: Herr Doktor, warum bin ich nicht auf Urlaub gefahren?

Arzt: Das hätte doch nichts geändert.

Frau: In Italien ist es nicht so arg, wenn man so etwas erfährt. In der Sonne ...

Arzt: Viele Leute schlafen mit der brennenden Zigarette ein. Auch Kollegen ...

Frau (zündet sich eine Neue an): Nicht, daß Sie glauben, ich bin eine Kettenraucherin (hustet:) Sehen Sie! – Aber es beruhigt ...

Arzt: Darf ich Ihnen mein herzlichstes Beileid ...

Frau: Ich hab doch niemanden von den Leuten gekannt.

Arzt: Wie dumm von mir.

Frau: Die Herren von der Baupolizei werden so angegriffen ...

Arzt: Als Beamte sind sie das gewohnt.

Frau: Nach der Besichtigung haben wir noch eine Flasche Wachauerwein getrunken und der Herr Baurat hat gesagt: »Ich wollte, es gäbe mehr solche Häuser in dieser Stadt.« – Ich hoff, er hat keine Schwierigkeiten ...

Arzt: Was glauben Sie, was der schon alles hinter sich hat.

Frau: Daß mein Hotel brennt, ist mir ja noch verständlich, aber vor ein paar Jahren, die 467 Opfer ...
Arzt: Das war in Südamerika ...
Frau: Dort stürzen sogar die Fußballstadions ein. Und die Kinder werden zertrampelt. – In Amsterdam war auch eine entsetzliche Katastrophe ...
Noch gar nicht so lange her ...
Arzt: Vis à vis vom königlichen Palast. – Können Sie sich die Königin im Nachthemd vorstellen? (Er lacht.)
Frau (lacht gleichfalls): Manche haben gar keine Nachthemden gehabt. – Die waren in Wirklichkeit gar keine Ehepaare. – Das Meldebuch haben wir ja gerettet.
Arzt: Da wirds erst Tragödien geben ...
Frau (drückt die Zigarette aus): Herr Doktor, mein Leben war eine Kette von Katastrophen. Das Hotel war noch nicht einmal fertig, kriegt mein Mann an Herzinfarkt. – Kaum hab ich ihn nach seinem Wunsch verbrennen lassen, stürzt der Belgier über die Treppe, direkt auf den Kopf, der Idiot. »Warum haben Sie keinen Aufzug?« – waren seine letzten Worte. – Gleich darauf die furchtbare Salmonellenvergiftung, eine dänische Reisegesellschaft, dabei servieren wir eh nur das Frühstück. – Der Doppelselbstmord in Zimmer 20 war auch nicht notwendig, aber die Herrschaften wollten ja nicht geweckt werden. – Dann verschwindet der Nachtportier mit der Handkassa, wie sich nachher herausstellt, steht er auf der internationalen Fahndungsliste, aber er hat gesagt, er bringt am nächsten Tag die Arbeitserlaubnis. – Der Engländer, der sich aus dem Fenster gestürzt hat, der hat wenigstens an Abschiedsbrief hinterlassen: Er halts net aus, weil ihn

unsere Gegend so an Liverpool erinnert, und er will keine Slums mehr sehen. – Ein Jahr später kommt plötzlich nur Heißwasser, etliche Deutsche verbrühn sich, sie hätten ja abdrehn können, der Installateur hat sich zwei Tage vorher umgebracht, jetzt können Sie noch das Geschäft sehen in der Gärtnergasse, dann den Monat drauf im dritten Stock die Gasexplosion, glücklicherweise zu Mittag, wo die Leute die Stadt besichtigen, ja, was soll ich denn noch alles hinnehmen. Dabei gibt es bei mir kein Zimmer 13, aber man kann sich auf nichts mehr verlassen. Ich war ja direkt erleichtert, wie gestern alles vorbei war. Was kann jetzt noch passieren, hab ich mich gfragt.

Arzt: Zwei Feuerwehrleute sind bei den Bergungsarbeiten schwer verletzt worden.

Frau: Es war eh nix mehr zum Bergen.

Arzt: Es wird ein wunderschönes, neues Hotel werden. – »Phönix« würd ichs nennen.

Frau: Ich versteh Sie nicht...

Arzt: Erstens denkt niemand mehr dran, und dann ist Phönix der Vogel, der wieder hinauf fliegt...

Frau: Wissen Sie, was ich mir wünsch? Daß dem Hilton dasselbe passiert. Dann kann es seine Flaktürme zusperren. – Aber die halten ja alle zsamm, die Hiltons.

Arzt: Nehmen Sie noch zwei von den Kapseln, und dann schaut die Welt schon ganz anders aus...

Frau: Soll ich Blumen schicken auf den Zentralfriedhof, oder werden die meisten eh abgeholt?

Arzt: Sie brauchen sich keine Sorgen machen. – Denken Sie an die Bombenangriffe...

Frau: Da war ich noch ein Kind. Lebens wohl, Herr Doktor ...
Arzt: Morgen bin ich wieder da. – Vielleicht bring ich Ihnen Ihren Nachtportier mit. Er möchte sich entschuldigen, daß er im Beisel um die Ecken war.
Frau: Ich werd ein ernstes Wort mit ihm reden. – Herr Doktor, eines beruhigt mich ...
Arzt: Was denn?
Frau: Daß keine Österreicher dabei waren ...

Jahrhunderte blicken herab

(Zwei Würdenträger haben sich mit Cocktailgläsern während eines Empfanges zurückgezogen. Leise Walzermusik.)

Erster: Bist auch müd, Herr Professor?

Zweiter: Das Repräsentieren geht auf die Bandscheiben, Herr Hofrat.

Erster: Darf man weitererzählen?

Zweiter: Der Ausspruch stammt vom Sektionschef Sterntaler ...

Erster: Ich würd sagen, mehr Stern als Taler.

Zweiter: Ätzend! Ist dir eigentlich aufgfalln, daß der Kanzler immer dasselbe Gsicht macht?

Erster: Was bleibt ihm übrig, wo sich die Leut dran gwöhnt haben. Sie wollen ihn schon einmal so ...

Zweiter: Also im Ministerium hat er kaum Stimmen.

Erster: Doch. Sein Chauffeur.
Zweiter: Der geht auch noch lang nicht in Pension ...
Erster: Bei der nächsten Wahl hab ich a Operation vor.
Zweiter: Rechtsruck?
Erster: Leistenbruch.
Zweiter: Wie lang wirds heut dauern? Ich müßt dringend weg ...
Erster: Das hängt von der Länge seiner Bonmots ab ...
Zweiter: Na ja, wenn ihm gar nichts einfallt ...
Erster: Basis des Vertrauens haben wir heut schon ghabt ... Gesundes Selbstbewußtsein hat er den Sportlern gwunschn, Nachmittag sind die Herren Deutschen als liebgewordene Nachbarn tituliert worden ...
Zweiter: Muß er nur noch die Burgenländer zum ältesten Kulturvolk Europas ernennen ...
Erster: Warum sollt er das?
Zweiter: Weils noch nicht genug Witze gibt ... Bitte nicht zum Kolportieren, ich gelt eh schon als Thersites ...
Erster: Ist das der neue griechische Gesandte, der gegen die Einfuhr von österreichischen Oliven ist?
Zweiter: Gut, daß uns niemand hört. Daß noch nie ein Luster heruntergfalln ist!
Erster: Wie meinst?
Zweiter: Manchmal fürcht ich mich ... Die Räume sind ja für Barockmenschen gedacht.
Erster: Na, was sind wir.
Zweiter: Ich weiß net genau, aber, wenn ich die Bundeshymne hör, sind wir doch irgendwie a Nation ...

Erster: Ich find nur, daß sie nicht auf einen Fußballplatz paßt ...

Zweiter: Na, kannst du sie dir beim Ping-Pong vorstellen?

Erster: Schon eher.

Zweiter: I weiß net, wir sind für die kritische Lage zu unernst. Es liegt was in der Luft ...

Erster: Mmh, die Fischmayonnaise. Bei der Tschechenkrise hats genauso grochen ...

Zweiter: Es ist eigentlich immer dasselbe. Wenn wir nicht so abgebrüht wären ...

Erster: Und da bezeichnet uns ein deutscher Politiker als österreichische Zone ... Wer regiert die Welt von der UNO aus?

Zweiter: Alle sind unsere Kolonien, nur wissens es nicht ...

Erster: Sag das nie laut, Herr Professor! Vielleicht werden wir beobachtet – von den Russen!

Zweiter: Die eigenen Russen sind die ärgsten, Herr Hofrat!

Erster: Was ist eigentlich der Anlaß von dem Empfang?

Zweiter: Nix. Daß alles in Ordnung is.

Erster: Wir haben doch eigentlich gar nichts besprochen ...

Zweiter: Schau, jetzt kommt einmal ein Wochenende, und dann schaut alles anders aus ...

Erster: Und nächste Woche?

Zweiter: Haben wir wieder ein Wochenende, und dann ist auch schon bald das neue Jahr ...

Erster: Aber irgendeinmal gibts doch wieder a Wahl.

Zweiter: Das interessiert die Leut doch nicht. Da

habens a bissel a Abwechslung am Sonntag... Ja, schau mich nicht so an! Hast deinen Schwager endlich untergebracht?

Erster: In irgendeiner Gesandtschaft wär mirs am liebsten. Irgendwo im Süden, möglichst weit weg, wo man Englisch kann und net schifahren braucht. Aber Berg habens heut schon überall...

Zweiter: Laß ihn doch Kulturattaché werden. Soweit ich weiß, ist er ein brillanter Tänzer und hat auch sonst keine Interessen.

Erster: Ich muß einmal mitm Kanzler reden. Ich hab sein Ohr, hat er gsagt...

Zweiter: Sein Ohr? Na, da bist du doch an Ort und Stelle... Allerdings, Institute haben wir schon für alles und so, Rundfunk und Fernsehen ist überfüllt...

Erster: Vor zwanzig Jahren hats doch noch keine Pille gegeben, und die meisten Kollegen sind doch katholisch...

Zweiter: Du bist sehr offen zu mir, Herr Hofrat.

Erster: Ich weiß doch von meiner Loge, was unter die Herren gredt wird...

Zweiter: Komisch, ich hab dich dort noch nie gsehn.

Erster: Jetzt kenn ich dich schon so lang, und ich hab dich noch nie um deine politische Meinung gfragt.

Zweiter: I bin doch kein Rotarier.

Erster: Ich muß mich um den Kanzler kümmern. Allein ist er immer so vertrauensselig... (Er niest.)

Zweiter: Hoffentlich haben wir ihn noch lang. Baldige Besserung, Herr Hofrat...

Erster: Wie meinen? A so. Ab morgen wird eingheizt!
(Dunkel)

Is everybody happy?

(Andeutung eines Raumes im skandinavischen Stil. Eine Anrichte. Zwei Sitzgelegenheiten. Der Hausherr, die Hausfrau, ein Gast.)
Hausfrau: Zunächst ein Drink . . .?
Gast: Ich trinke nicht.
Hausherr (immer fröhlich): Wir auch nicht.
Hausfrau: Einen Happen?
Gast: Wollen wir nicht auf die anderen warten?
Hausherr: Sie können sich auch auf den Polster setzen.
Gast: Wenn es Sie nicht stört, bleib ich stehen.
Hausfrau: In New York sitzt man jetzt.
Hausherr: In Japan auch.
Gast: Das war dort schon immer so üblich . . .
Hausherr: Jetzt machen sie das auch noch den Amerikanern nach.

Hausfrau: Das alte Sitzen haben sie sich schon längst abgewöhnt.
Hausherr: Wollen Sie eine Zigarre? Aus Guatemala...?
Gast: Ich bin Nichtraucher.
Hausfrau: Hasch haben wir leider nicht im Haus. Sie wissen, wegen der Kinder...
Gast: Warum sind sie so ruhig?
Hausfrau: Sie sind schon über zwanzig.
Gast: Hübsch schaun Sie aus...
Hausherr: Kennen Sie die beiden?
Gast: Nein. Ich kann mirs aber vorstellen. – Prächtige Burschen...
Hausfrau: Wir haben zwei Töchter.
Gast: Die sind natürlich gefährdet...
Hausfrau: Sie sind meist zu Haus.
Gast: Dann nicht.
Hausfrau: Wir haben einen Swimming-pool. Wollen Sie ein paar Längen...?
Gast: Ich habe keine Badehose.
Hausherr: Wir sind nicht prüde.
Hausfrau (zum Gatten): Laß ihn doch! Es regnet.
Gast: Auf die Idee wär ich nie gekommen.
Hausfrau: Wie bitte?
Gast: Daß es bei Ihnen regnet.
Hausfrau: Es kommt auch ganz selten vor. – Wir sind viel auf Reisen.
Gast: Ich auch. – Auf die Art lernt man nie das Wetter kennen...
Hausherr: In Lima mußte ich einmal notlanden. – Sonst stören mich Gewitter überhaupt nicht...

Hausfrau: Nicht einmal am Dachstein. Wir sind dort halb zu Hause . . .
Hausherr: Wann hat man schon Ferien?
Gast: Wie die Feste fallen . . .
(Stille)
Hausherr: Also, ich setz mich jetzt nieder und möchte ein Schinkenbrot. (Er tut es und bekommt das Verlangte.) Bauernbrot aus einer kleinen Bäckerei.
Hausfrau: Eine der wenigen Familienbetriebe. Man kann dort so schlecht parken.
Gast: Ich habe hier keinen Wagen. Ich bin meist mit dem Flugzeug unterwegs . . .
Hausherr: Können wir Ihnen eine Platte vorspielen?
Gast: Ich bin unmusikalisch.
Hausherr (fast drohend): Wir haben alles! Unsere Töchter kennen sich aus . . .
Hausfrau: Die geben oft Parties . . .
Hausherr: Ein Neffe vom Bundeskanzler ist auch dabei. – Ein ganz einfacher Bursch.
Hausfrau: Großneffe . . .
Hausherr: Bei uns spielt das keine Rolle. Wir sind ein offenes Haus . . .
Hausfrau: Viele Politiker sind Schifahrer. So wie wir.
Hausherr: Waldlauf ist auch gut . . .
Gast: Ich habe eine Kriegsverletzung.
(Stille)
Hausfrau: Haben Sie wirklich alles?
Gast: Vielleicht ein Glas Wasser . . .
Hausfrau: Das muß ich erst holen. (Ab)
Hausherr: Wollen Sie sich nicht doch setzen?
Es gibt natürlich auch einen Tee . . .

Gast: Es ist doch sehr heiß...
Hausherr: Die Chinesen trinken ihn grad deswegen...
Gast: Ich weiß. –
Hausherr: Einen wunderbaren Kaffee hab ich mitgebracht. Aus Sao Paulo...
Gast: Ich vertrag keinen Kaffee.
Hausherr: Das geht vielen so. – Bei uns gibts kein Genieren – Dazu kommen viel zu viel Leute zu uns. – Jeder solle das machen, was er will.
Gast: Ich fühl mich sehr wohl so...
Hausherr: Haben Sie die Aussicht schon gesehen?
Gast: Ich bin mit dem Taxi hergekommen.
Hausherr (in Richtung Zuschauerraum): Auf dieser Seite ist sie viel schöner.
Gast (geht nach vorne): Der herrliche Wienerwald...
Hausherr: Das wird nicht lange so bleiben. Das Gelände wird verbaut...
Gast: Eine Schande!
Hausherr: Ich baue es selbst.
Gast: Entschuldigen Sie...
Hausherr: Bevor ein anderer die Gegend verschandelt...
Gast: Wenn man an Chikago denkt...
Hausherr: Sie kennen Chikago? Da gibt es ein chinesisches Lokal...
Gast: Ich eß nicht gern chinesisch.
Hausfrau (tritt auf, gibt dem Gast das Glas): Es hat so lange gedauert, weil ich die Leitung hab rinnen lassen...
Hausherr: In den Oststaaten bekommen Sie kein solches Wasser. Außer bei Staatsempfängen.

Hausfrau: In Leningrad waren sie direkt beleidigt. – Die mögen das nicht gern, wenn man keinen Wodka trinkt ...
Gast: Im Wodka ist auch Wasser.
Hausfrau: Das merken die Russen nicht.
(Stille)
Gast: Ich habe noch eine Verabredung. Das Taxi kommt doch gleich?
Hausherr (schaut auf die Uhr): Ich weiß nicht, wo die anderen Gäste bleiben ...
Hausfrau: Bei uns ist alles so zwanglos ...
Hausherr: Manchmal dauert es bis halb zwölf.
Hausfrau: Man kann auch fernsehen bei uns ...
Gast: Der Regen hat aufgehört.
Hausfrau: Dann können wir auf der Terrasse feiern.
Gast: Was feiern Sie eigentlich?
Hausherr: Daß wir wieder einmal in Wien sind. – Wir brauchen keinen Anlaß ...
Hausfrau: Es kommen wahrscheinlich ein paar Maler.
Gast: Ich verstehe nichts von Kunst ...
Hausherr: Sie bringen einen Franzosen mit ...
Hausfrau: Vielleicht kann unser Freund nicht französisch.
Gast: Perfekt.
Hausherr: Ich bin oft in Kanada. – Da muß man sich umstellen ...
Hausfrau: Jetzt bin ich plötzlich müde. (Sie setzt sich.)
Hausfrau: Die vielen Vorbereitungen.
Hausherr: Open house ...
Hausfrau: Wenn wir da sind.
Hausherr: Manchmal gehen wir in Konzerte ...

Gast: Man müßte mehr Zeit haben.
Hausherr: In Toronto gibt es ein hervorragendes Orchester . . .
Hausfrau: Einen Philharmonikerball gibts dort nicht.
Gast: Ich habe einmal in Rio den Karneval erlebt.
Hausherr (entzückt): Und in Bahia erst! – Da sind die Menschen noch unverdorben . . .
Hausfrau: In San Remo auch. Aber das ist schon lange her.
Gast: Was war früher hier?
Hausherr: Pardon, ich versteh Sie nicht.
Gast: Wo Sie gebaut haben . . .
Hausherr: Ich kann mich gar nicht erinnern. Komisch.
Hausfrau: Gar nichts . . .
Hausherr: Die Umleitungen werden von Woche zu Woche schlimmer. Bis man jetzt zu uns heraus findet . . .
Hausfrau: Wir haben ja nur kaltes Buffet. Jeder kann sich nehmen, was er will. – Ich hab doch Lust auf was zu trinken. (Zum Gast:) Sie haben mir Appetit gemacht.
Gast: Entschuldigen Sie bitte!
Hausherr: Was willst denn?
Hausfrau: Egal.
(Der Hausherr steht auf, mixt etwas mit Sodawasser.)
Hausherr: Jetzt hab ich zu stark gespritzt. (Zum Gast:) Entschuldigen sie. (Er wischt die Anrichte ab, reicht seiner Frau ihr Glas.)
Hausfrau (träumerisch): Einmal waren wir in Casablanca eingeladen. In einem Haus, das war so ähnlich . . .

Hausherr: Spätestens an den Bildern hätten wirs bemerkt...
Gast: Ich bin fast immer unterwegs, aber Ihres ist eines der schönsten. Man käm gar nicht auf die Idee, daß man zu Hause ist.
Hausherr: Das war unsere Absicht.
Hausfrau: Wir hören das sehr oft...
Gast: Ich bin nächste Woche in Hongkong. Kann ich Ihnen was mitbringen?
Hausherr: Wir sind übernächste Woche dort. Schade, daß wir uns nicht treffen. Ich weiß ein russisches Lokal...
Gast: Ich fahr dann ohnehin nach Nordchina weiter...
Hausherr: Dort gibts das nicht. Auch, wenn man Ihnen das Gegenteil sagt...
Hausfrau (zum Gatten): Das weißt du doch nicht. Wir waren ja nur kurz in Peking und das zur Messezeit. Da wollen sie natürlich, daß die Ausländer chinesisch essen...
Hausherr (hebt sein Glas): Ja, wenn sich alle verspäten, sind sie selber schuld.
(Die drei prosten sich zu, trinken.)
Hausfrau: Tun Sie ganz, als ob Sie zu Hause wären.
Gast: Herzlichen Dank. Ich muß jetzt leider gehen.
(Das Ehepaar steht auf.)
Hausherr: Ich hoffe, Sie haben sich wohl gefühlt.
Hausfrau: Sie können immer kommen. Auch ohne Anmeldung.
Gast: Hoffentlich bin ich bald wieder hier.
Hausherr: Ich kenn das. – Auch im Winter sind Sie willkommen. Hier oben ist eine Schiwiese...

Gast: Verschneit muß es noch viel schöner sein.
Hausfrau: Hinter dem Swimming-pool, die Tanne ist dann im Lichterschmuck.
Gast: Fast so hoch wie die vom Rathaus. Also wirklich ...
Hausherr: Das Taxi?
Gast: Ich geh zu Fuß zum Standplatz, das ist gesund.
Hausfrau: Gesundheit ist das Wichtigste. Also alles Gute ...
Gast: Warum?
Hausfrau: Fürs neue Jahr.
Hausherr: Das hat ja noch Zeit ...
Hausfrau: Falls wir uns bis dahin nicht sehen ...
Gast: Ja, man weiß nie ... (Mit Verbeugung ab.)
(Die beiden lassen sich in ihre Sessel fallen. Stille.)
Hausherr: Vielleicht holst du die Kinder herein ...
Hausfrau: Sie tun doch fernsehen.
Hausherr: Ah so. Na, dann wart ma halt ... (Er dreht die Stereo-Anlage auf, laute Rockmusik ertönt. Er setzt sich wieder.)
(Dunkel)

Lodenterror

(Eine Wiener Gemeindewohnung. Zwei Maskierte beim Kartenspiel.)
Der Erste: Spiel nicht mit mir, ich seh alles!
Der Zweite: Du mußt immer übertreiben! Der Alte ist eh kurzsichtig! A Glück haben wir ghabt, daß der Postler im Stiegenhaus glacht hat.
Erster: Es is Fasching . . .
Zweiter: Und wir waren raffiniert, daß wir dem Alten die Zähn weggenommen haben . . .
Erster: Auch sonst hätt er nix zum Sagen ghabt. Wie in seiner Firma!
Zweiter: Immerhin ein Millionenunternehmen . . .
Erster: Da halt jeder die Goschn.
Zweiter: A Wahnsinn!
Erster: Gar net erschrocken is er: »Ich bin froh, wenn

ich die blöden Gsichter in meiner Firma nicht mehr seh.«

Zweiter: A Wahnsinn! – Außerdem: Dei Gsicht kennt er ja no net.

Erster: Du red was! Du hast a ausgesprochenes Kapuzenponem! – Und da bin ich noch vornehm ...

(Kläffen eines überzüchteten Hundes.)

Zweiter: Ohne sein Affi wär er nicht mitgegangen ...

Erster: Wie man an Hund Affi nennen kann!

Zweiter: Das ist dem Hund Wurst.

Erster: Seine Zähne und der Hund, die waren ihm das Wichtigste! Ein Millionär! ...

Zweiter: A Wahnsinn!

Erster: Du machst mich wahnsinnig! (Nimmt die Maske ab.) Du und die Hitz!

Zweiter: Warum san Masken immer schwarz? Ein Muster wär vielleicht unauffälliger ...

Erster: Nimm den Blödsinn herunter! Man könnt direkt Angst kriegen ...

Zweiter (nimmt gleichfalls die Maske ab): Schau, es geht immerhin um eine Million. Da kann man sich schon ein bissl herrichten.

Erster: Wie warens am Telefon?

Zweiter: Freundlich.

Erster: Das mit der Polizei hast du ihnen klar gemacht?

Zweiter: Sie wüßten die Nummer schon, haben sie gesagt.

Erster: Die tun nur so überlegen ...

Zweiter: Vielleicht wars a Fehlverbindung. (Neuerliches Kläffen.)

Erster: Vielleicht sollten wir ihn äußerln führen!
Zweiter: Den Hund oder den Alten?
Erster: Villeicht hat er Hunger.
Zweiter: Wir hätten ihm die Zähn nicht zurückgeben sollen! – Wenn er zum Schreien anfangt . . .
Erster: Im Gemeindebau sind das die Leut gwohnt.
Zweiter: A Wahnsinn!
Erster: Von wem hast du diesen Schmäh glernt?
Zweiter: Von meiner Alten. Sie ist sehr wortkarg.
Erster: Halt die Goschn und sperr auf!
Zweiter (sperrt die hintere Türe auf): Die Toilett is links, Herr Chef!
Der Chef (etwa 75, erscheint in Hut und Mantel): Bestellen Sie für die Australier ein Appartement im Hotel Imperial!
Erster: Wollns an Tee oder an Kaffee?
Chef: Mit Balkon.
Zweiter: Seife und Zahnbürstel sind auch drin.
Chef: Warum meldet sich Düsseldorf nicht? – Urgieren Sie das Gespräch! – Und mein Chauffeur soll noch ein bissl warten. (Ab)
(Schweigen)
Zweiter: Er hat sich von ganz unten hinaufgearbeitet.
(Der Hund kläfft.)
Erster: Wenn das Geld nur schon auf der Bank wär! – Mir is er direkt unheimlich . . .
Chef (erscheint a tempo): Wie können Sie das Fenster offen lassen?! Eigenhändig hab ichs zumachen müssen, weil die Passanten immer hereinschaun, und ich bin das nicht gwohnt.
(Ab)

(Schweigen)
Erster (drohend): Wer hat das Fenster offen gelassen?
Zweiter: Er hat ja den Mantel an.
Erster: Hast du der Familie den Ernst der Situation klar gemacht?
Zweiter: Ich weiß net. Ich war in einem Telefonhäusl. Sie haben mich, glaub ich, schlecht verstanden.
Erster: Und das mit der Polizei?
Chef (erscheint): Es geht mich nix an, aber ich glaube, Sie haben falsch geparkt. – Ein Polizist schreibt Sie grad auf. – Aber solang nicht die Funkstreife kommt . . . Ja, bereiten Sie die Firmengeschenke für Weihnachten vor!
Zweiter: Es ist doch erst August . . .
Chef: Eben! Ich will doch nicht in den Weihnachtstrubel hineinkommen. – Gschwind, gschwind! Am besten Bonbonnieren mit dem Schubert drauf. Den kennens auch im Ausland! Sonst ist mir der Lehár zwar lieber, aber i weiß net, der hat kan Kopf für Zuckerln . . . (Er geht ab und singt »Lippen schweigen«).
(Schweigen)
Erster: Der glaubt, wir sind seine Angestellten! – Mir geht er schon auf die Nerven . . .
Zweiter: Seine Opfer kann man sich nicht aussuchen.
Erster: Lang kann er das mit mir net machen! Ich bin ja ein Mensch!
Zweiter: Schau das gibt sich. Denk an die Million . . . Wenn die das nur richtig verstanden haben. Ich hoff, ich hab mich klar genug ausgedrückt . . .

(Kläffen)
Zweiter: Glaubst, kann man für den Hund extra was verlangen?
Erster: Schau, das Ganze ist ein Koppelgeschäft.
Zweiter: Du sprichst in Rätseln.
Erster: Der Hund is herzig und hat ka Geld, und der Alte ...
Zweiter: Wenn er keine Anteile hat.
Erster: Dann bringen wir ihn um und behalten den Hund.
Zweiter: Du bist eine Bestie. Im Kaffeehaus sieht man dir das gar net an.
Chef (erscheint mit einem Zettel): Bitte, mir das sofort zu besorgen!
Erster (schaut): Das kann ich nicht lesen.
Chef (empört): Ich auch nicht?!
Zweiter: Zeitschriften haben wir Ihnen genug hingelegt ...
Chef: Es handelt sich um die Diätkost ...
Zweiter: Die Jausenpakete reichen grad für zwei Tage ...
Chef: Ich bin nicht anspruchsvoll, aber mein Hund. (Gibt dem Ersten den Zettel, rasch:) Aber nicht die hiesigen, die sind zwar billiger, aber in Lizenz hergestellt, es müssen die aus Deutschland sein! Die gibt's nur in der Stadt.
(Ab)
(Schweigen)
Zweiter: Er is es gewohnt, daß man ihm gehorcht.
Erster: Ich glaub, wir behandeln ihn falsch ... (Wirft den Zettel wütend weg.)

Zweiter: Heb ihn auf! Vielleicht brauchst du ihn noch einmal.
Erster: Bis jetzt ist alles gut gegangen, niemand hat uns gestört. Du, i hab an Hunger.
Zweiter: Wir haben nix zu essen.
Erster: Und weg können wir nicht . . .
Zweiter: Sollen wir ihn schicken?
Erster: Weit und breit ka Gschäft. Er wird uns ja überfahren.
Zweiter: Außerdem kann er nur bellen.
Erster: Ich sprech ja vom Chef.
Chef (erscheint a tempo): Der Fernsehapparat hat ja keine Farben! Außerdem ist er zu leise. Grad, wo in den Nachrichten eine so interessante Meldung is von einer Entführung.
Erster (brüllt): Wissen Sie nicht, in welcher Situation Sie sich befinden?
Chef: Beruhigen Sie sich, es arbeiten ja auch noch andere Menschen hier. Außerdem, wir haben uns noch immer geeinigt.
Erster: Wofür halten Sie mich?
Chef: Für den Betriebsrat!
(Ab)
(Schweigen)
Zweiter: Wenn der Hund net wär, i hätt ihn schon längst aussegschmissen . . .
Erster: Du! Und wo bleibt dann deine Superjacht am Neusiedlersee? Dein Traumhaus in Kritzendorf? Dein Privatflugzeug in Trausdorf an der Wulka?
Zweiter: Vielleicht kann man sich das erarbeiten. Ich komm auch von ganz unten.

Erster: Weißt du, wen wir in der Hand haben? Sicher stehen wir schon in der Zeitung.
Zweiter: Ich hab heut noch keine glesen. – Betriebsrat wär gar net so schlecht. Unkündbar . . .
(Kläffen)
Erster: Ich hab selber an Hund, aber der is besser erzogen.
Zweiter: Es kann noch Tage dauern. – Die Polizei ist überfordert.
Erster: Wie kommt man dazu, in so einer scheußlichen Wohnung zu sitzen?
Zweiter: Nicht amal ein Bad is da.
Erster: Was das für Leut sind, die hier wohnen. – Aber Urlaub machens. Wahrscheinlich auf den Bermudas . . .
Zweiter: Immerhin haben wir hinein können.
Erster: Ich möcht auch lieber auf den Bermudas sitzen.
(Schweigen)
Zweiter: Gib zu, du hast keine Lust mehr!
Chef (erscheint): So geht das nicht weiter! – Heut ist Kammermusik im Finanzministerium. Barock. Wo haben Sie meinen Smoking hin? Und die Orden sind auch nicht dort, wo sie sein sollen. Oder hab ichs vielleicht an? (Er tastet an die Brusttasche.)
Erster (zieht einen Revolver): Jetzt wirds ernst, Großvater!
Chef (nimmt ihm den Revolver weg): Es tut mir schon niemand was.
Zweiter: Gebens acht! Er ist geladen!
Chef: Ich bin ein alter Jäger.

Erster: Du spielst mit deinem Leben, Nimrod!
Chef: Ich war im ersten Weltkrieg Freiwilliger. Ich kann mich schon verteidigen! (Wütend:) Wo bleibt die Post? Ich wart auf eine Überweisung aus der Schweiz.
Zweiter: Wir werdens übernehmen.
Erster: Bist du auch schon deppert?
Zweiter: Red net so mit mir!
Chef: Machen Sie sich das untereinander aus. Ich geh jetzt wieder fernsehen. – Die Entführer habens noch immer nicht. Spannend! – Ich hab einen Haß auf die Polizei. Vorige Woche habens mich aufgschrieben, aber ich hab Verbindungen. – Ich möcht frische Erdbeeren haben, Walderdbeeren. (Er zieht seine Brieftasche heraus:) Oder eine Maibowle. – Ich hab leider nur tausend Schilling. Lassens das wechseln! (Er gibt dem Ersten einen Schein:) Wir haben heute noch viel vor! Machen Sie sich auf Überstunden gefaßt! (Rasch ab. Er schlägt die Türe zu.) (Schweigen)
Erster (sieht auf den Schein): I glaub, wir lassen ihn da.
Zweiter: Die Polizei wird ihn nie finden.
Erster: Die Verwandten haben sicher a Familiengruft...
Zweiter: Der Affi tut mir leid.
Erster: Er wirds überleben. Hunde sind zum Teil sehr intelligent. Komm gemma!
Zweiter: Sollen wir uns nicht von ihm verabschieden? – Es ghöret sich eigentlich...
Erster: Dann fangt er wieder zum reden an...
Zweiter: Hast auch wieder recht. Das Haustor wird ja noch offen sein...

Erster: Schad um mein Revolver.
Zweiter: Du hast gsagt, ich soll meinen zu Haus lassen. Du bist Herr der Lage!
Erster: Die Lage von der Wohnung ist ja net schlecht.
Zweiter: Komm, bevors dunkel wird!
Erster: Die Masken lassen wir da. – Das wird ihm zum Nachdenken geben . . .
Zweiter: Er wird uns für Terroristen halten . . .
Erster: Ich hab mich nie um Politik gekümmert. Lauter Mißverständnisse . . .
(Sie gehen leise ab, sperren von außen die Wohnungstür zu. Der Hund beginnt wieder zu kläffen.)
(Dunkel)

Die Emigranten

(Wienerwaldlokal, irgendwo in Deutschland. Im Hintergrund ein Italiener, der Hühner über die Straße verkauft. Zwei Wiener, nach zwei Vierteln.)

Erster Wiener (am Tisch): I weiß net, warum i hier so an Gusto auf Pizza hab.

Zweiter: I bin erst seit voriger Wochn da, aber i hab mi schon dran gwöhnt.

Erster: Die ersten Tag is leicht, was Giovanni? Er heißt zwar Bartolomeo, aber das is a alter Gag zwischen uns.

Bartolomeo: Ich habe gehabt eine Verlobte in Wiener Neudorf.

Zweiter: Dort fahr i doch nicht einmal zwangsweise hin.

Erster: Wer kann Ihnen zwingen?

Zweiter: A Umleitung.
Erster: Sie werden Ihnen schwertun die nächsten Monat... Da steht keiner auf unsern Schmäh.
Zweiter: In einer Hafenstadt muß immer was los sein.
Erster: I weiß net, was für Schiffe in den Hafen kommen. I glaub, das san schwimmende Altersheime.
Zweiter: Am Rhein sans so ähnlich wie auf der Donau, hab i ghört.
Erster: Wenn die lustig werden, haben mir nix zum lachen.
Ein Sänger (tritt auf): Soll ich in Wien jemand grüßen? Ich muß in der Volksoper den Enterich übernehmen.
Erster: Besser net, sonst wissens, wo i bin...
Sänger: Sie leben doch seit zehn Jahren hier. Haben Sie nie daran gedacht zurückzugehen?
Erster: Wenn i die Leut im Konsulat in Düsseldorf seh, komm ich mir eh vor wie am Deutschmeisterplatz.
Sänger: Seien Sie froh, daß Sie nicht in Oldenburg sind. Dort ist die Akustik schlecht, und es gibt nur zwei Wiener.
Erster: Verheirat?
Sänger: Die sind anders veranlagt. Aber große Opernliebhaber.
Zweiter: Das is oft bei denen so, i weiß net, woran das liegt... Aus welchem Bezirk sind Sie?
Sänger: Ursprünglich aus Halle. Jetzt lebe ich in Mödling.
Bartolomeo (begeistert): Mödling ist bei Wiener Neudorf.
Zweiter: Ich hab einen Bühnenarbeiter von der Staats-

oper kennt, der is auch nach Deutschland gangen – Znatek heißt er.
Sänger: Ich bin unabhängig. Operetten werden überall gespielt. Zu allen Zeiten. Über alle Grenzen hinweg.
Erster: Sehr richtig. So solls bleiben . . .
Zweiter: Das macht unsere Beliebtheit aus. Beim Hendl und bei der Musik hören sich die Grenzen auf.
Erster: Mozart und Schnitzel san Heiligtümer.
Sänger: Vergessen Sie Kálman nicht.
Zweiter: Die ghören auch dazu, wenns keine Zigeuner sind.
Sänger: Der Zigeunerbaron gehört zum unvergleichlichen deutschen Kulturgut.
Erster: Sind Sie mir nicht bös, aber ich bin schon in Wien nie ins Theater gegangen.
Zweiter: Man kommt ja zu nix.
Erster: Wenns überall Hendeln gibt, wozu is man eigentlich in Wien?
Ein Paar (betritt den Raum, durcheinander): I hab dir gsagt, wären wir in Köln blieben . . . Wenn der sich im Hotel schon so aufführt . . . Du hast auch keine Art . . . Gleich nach Hamburg hätt ma fahrn solln.
Erster: Hier is noch Platz. Es hat bestimmt niemand was dagegen.
Bartolomeo: In eine halbe Stunde finito.
Erster: Schon gut. Ich bin Wiener.
Die beiden verwirrt: Grüß Gott!
Erster (den Zweiten vorstellend): Er is auch Wiener.
Die beiden (mißmutig): Sehr erfreut.
Erster (den Sänger vorstellend): Er singt in Wien.
Sänger: Ich bin nächste Woche wieder da.

Der neue Wiener: Ist hier was los?
Alle: Niix.
Die neue Wienerin: Da hab ich doch recht ghabt. Wo sind wir eigentlich?
Erster: Am Arsch der Welt.
Der Neue: Aber der Bahnhof is ganz schön groß. Und der Parkplatz davor.
Sänger: Ein Knotenpunkt. Was führt Sie denn her?
Der Neue: Man schaut sich um. Man kennt sich noch nicht so aus. Meine Lebensgefährtin ist freischaffend.
Die Neue: Zuletzt war ich Fotomodell.
Der Neue: Sie war auch schon Miß Ibiza.
Die Neue: Wien wird immer kleiner. Man halts nicht mehr aus.
Der Neue: Ich bin Vertreter für Schibindungen. Der Norden ist noch nicht so überlaufen.
Die Neue: Wir sind noch nicht verheiratet, wie gesagt.
Der Neue: Wie spät ist es?
Zweiter: Halb elf . . .
Der Neue: Und da hat gar nix mehr offen?
Erster: A Diskothek, aber da müssens übern Rhein.
Sänger: Das Hotel ist überfüllt . . . Freikörperkulturkongreß.
Der Neue: Da müssen wir weiter.
Die Neue: Für mich wirds schon was geben, und du fahrst eh am liebsten in der Nacht.
Der Neue: Dann kann i dich wieder suchen in ganz Deutschland, wos jetzt so streng sind mit die Kontrolln.

Die Neue: Schau i wie a Studentin aus?
Bartolomeo (zu Kunden): Wir tauschen nix um, gehen Sie nach Hause. Gut, Sie fahren nie mehr nach Wien. Is mir egal.
Erster: Dort kriegt er auch kane andern Hendeln.
Sänger: Ich habe eine glänzende Idee. Nachdem uns der Zufall zusammengeführt hat, müssen wir eine Karte nach Wien schreiben.
(Stille)
Erster: An wen?
(Stille)
Zweiter: I bin froh, wann i nix mehr weiß . . .
Der Neue: Komisch, von mir weiß die Polizei immer, wo i bin.
Die Neue: I war schon lang nimmer dort. Weiß i, ob mi dort noch wer kennt?
Erster (tief): Mei Bruder is ein Trottel . . .
Zweiter: I schreib net amal, wenn i dort bin.
Bartolomeo: Wiener Neudorf ist nicht in Wien.
Sänger (unbeirrt): Wir schreiben an die Volksoper. An den Portier. Die freuen sich immer, wenn sie von mir hören. Und daß ich hier Verehrer habe, wird die Kollegen ärgern. (Er zieht eine Karte aus der Tasche.) Es ist zwar nur eine Künstlerpostkarte. Hat jemand einen Bleistift?
(Alle suchen, keiner findet einen.)
Sänger (fröhlich): Na, ich bin ohnehin morgen da.
(Dunkel)

Der letzte Aufsichtsrat

(Ein möglichst langer Tisch. Drei alte Herren sitzen vor Wassergläsern. Langes Schweigen.)
Der Erste: Nur der Himmel kann uns retten!
Der Zweite: Ich bin Protestant.
Der Dritte (sich vorstellend): Wetzenbeugel.
Erster: Ich glaube, damit wäre das Formelle erledigt.
Zweiter: Wenn nicht ein Wunder geschieht ...
Erster: Ich habe geglaubt, Sie sind aus der Kirche ausgetreten.
Zweiter: Martin Luther war kein Trottel.
Dritter (sich vorstellend): Wetzenbeugel.
Erster: Wie wir alle wissen, ist die Lage der österreichischen Industrie katastrophal ...
Zweiter: Seit dem ersten Weltkrieg. Da bin ich aus der Kirche ausgetreten.

Erster: Auch Gott ist machtlos, seit es Großmächte gibt.
Dritter (sich vorstellend): Wetzenbeugel.
Erster: Man hat uns allgemein im Stich gelassen. Ich habe hier ein Memorandum... (Er setzt eine Brille auf.)
Zweiter: Ich vertrau Ihnen aufs Wort. Ich bin kurzsichtig.
Erster: Es ist nicht so schlimm, daß wir hungern müßten...
Zweiter: Ich habe schwere Diät.
Dritter (stellt sich vor): Wetzenbeugel.
Erster: Die Arbeitnehmer haben sich das so vorgestellt. Die Gewerkschaften, mit einem Wort. Und wer ist ihnen in den Rücken gefallen? Sie selbst.
Zweiter: Sozialstaat! (Keine Reaktionen.) Ich mein das ätzend.
Dritter (stellt sich vor): Wetzenbeugel.
Zweiter: Pardon, was hat er?
Erster: Angst. – Zweidrittelmehrheit. – Was wollen Sie? Über achtzig!
Zweiter: Der Wetzenbeugel?
Erster: Die anderen hat unser Herr erlöst.
Zweiter: Ihrer! Nicht meiner!
Erster: Sie machen mich vollkommen nervös! – Also, wer kümmert sich um die österreichische Industrie?
Zweiter: Die Deutschen.
Erster: Man weiß nie, wo die ihre Händ drin haben. Kurz gesagt...
Dritter (sich vorstellend): Wetzenbeugel.

Zweiter: Er hat es ausgesprochen. Wir wissen, woran wir sind.
Erster: Die mittleren Betriebe, um es rund heraus zu sagen, sind bereits in irgendwelchen Händen.
Zweiter: Das war die amerikanische Nachkriegshilfe. – Eiskästen habens uns verkauft.
Erster: Auch Autos. – Und so Zeugs halt ...
Zweiter: Der Wetzenbeugel ist zweimal verunglückt.
Dritter: Hab ich mich schon vorgestellt?
Erster: Guter, alter Pionier! – Sie haben ja schon die Hermann-Göring-Werke für uns geleitet.
Dritter: Ich hab heute noch eine Rente von der Vöst.
Erster: Kann die sich das leisten?
Zweiter: Leisten können wir uns eigentlich gar nichts mehr.
Erster: Selbst der Gewerkschaftsbund ist ein Luxus.
Zweiter: Im Fernsehen ist er ganz gut aufgehoben.
(Telefon)
Erster (am Telefon): Selbstverständlich.
(Zu den anderen:) Es ist aus mit uns Großgewerbetreibenden. (Ins Telefon:) Könnt man nicht gleich als Geiseln gehn, uns gschieht schon nix. Bei unseren Verbindungen. Fragens den Herrn Wetzenbeugel ...
Dritter (am Telefon): Mich wird man nicht nehmen. Ich bin entmündigt. (Hängt ab.) Ja, ich glaub, jetzt gehts wirklich ums Schicksal unserer Industrie. Gesund müssen wir bleiben, das ist alles.
Erster (einer Eingebung folgend): Zwentendorf!
Dritter (sich abermals vorstellend): Wetzenbeugel.
Zweiter: Baun wirs jetzt ab oder um?

Erster: Gar nix gschieht. – Es hängt wieder vom Volk ab.
Zweiter: . . . sagt der Gewerkschaftsbund.
Erster: Dann sind wir ja wieder einmal gerettet. – Wasser ist keines in den Gläsern.
Zweiter (während es dunkel wird): So ein Atom ist doch eine blöde Angelegenheit.

Die Buam von Brasilien

(Ein Schrebergarten bei glühender Hitze. Zwei ausgedörrte Palmen. Zwei achtzigjährige Männer in Hemd und kurzer Hose. Fast knielange Socken.)
Schneckerl (mit Glatze, stopft sich mühsam eine Zigarette).
Loisl (hantiert mit einem Gartenschlauch): Das ist heut schon deine Vierte ... Schneckerl.
Schneckerl: Bei der Hitz, kein Wunder ...
Loisl: Der Schlauch ist nicht mehr zum Reparieren.
Schneckerl: Ich hätt ihn schon längst weggschmissen, Loisl.
Loisl: Es ist nicht die Hitz, sondern die Feuchtigkeit. An der alten Donau hab ich jetzt noch einen, und ich schwör dir, der funktioniert. – Auch wenn ein Kommunist in meinem Garten sitzt ...

Schneckerl: Technisch sinds ja nicht ungschickt, die Kommunisten ... (zündet sich die Zigarette an).
Loisl (blickt auf die Zündhölzer): Die sind doch auch noch aus dem Krieg ...
Schneckerl: Die habens überstanden.
Loisl: Wir werdens auch bald überstanden haben. Und wer redt dann noch von uns. Niemand ...
Schneckerl: Die alten Kameraden werden immer weniger ...
Loisl: Beim letzten Wikingertreffen hab ich vorgschlagen einen Alpenverein zu gründen, aber die Kameraden sind alle bequem geworden ...
Schneckerl: Die Anden sind nicht der Schöpfl ...
Loisl: Fürn Wienerwald is der Schöpfl ganz schön hoch.
Schneckerl (blickt in die Ferne): Das sind hier keine Entfernungen. Alles zu weit ...
Loisl: Weißt, was mir fehlt? Die Straßenbahn. Die letzte ...
Schneckerl (holt einen alten Fotoapparat aus der Hütte): Würdest du mich fotografieren?
Loisl: Bist du deppert?
Schneckerl: Lach mich nicht aus, das ist ein Andenken.
Loisl: Für wen?
Schneckerl: Man weiß das nie ...
Loisl (nimmt den Apparat, knipst widerwillig): Jetzt, wo schon fast alle in der Zeitung sind ...
Schneckerl: Und was waren sie gegen uns? Niemand!
Loisl: Schau, sie haben auch ihre Funktion gehabt.

Schneckerl: Aber, daß sie sich jetzt so wichtig machen...

Loisl: Möchst du nach Deutschland ausgeliefert werden?

Schneckerl: Was ist der Unterschied zwischen Deutschland und Österreich?

Loisl: I weiß net. Die meisten Kameraden sind eh Sozialisten worden...

Schneckerl: Was ist der Unterschied zwischen einem deutschen und einem österreichischen Sozialisten?

Loisl: Was ist der Unterschied zwischen einem brasilianischen und einem argentinischen Schrebergarten?

Schneckerl: Du redst wie im Lager.

Loisl (wirft ihm den Fotoapparat hin): Im Ami-Lager hast ganz anders gredt als vorher.

Schneckerl: Das war auch unser eigenes Lager! – Du hängst zu sehr an der Vergangenheit –

Loisl: Ob wir noch so einen Führergeburtstag erleben?

Schneckerl: Das weiß nur die Vorsehung – Wie alt ist der Kaiser Franz Josef worden?

Loisl: Hast du was von deinen Verwandten ghört?

Schneckerl (mit dem Ball spielend): Die werden die Goschn halten! – Das Kino im zwölften Bezirk!

Loisl: Red dich in nix eine! – Das Fernsehen hätts eh ruiniert...

Schneckerl: Mit die Fußballer! (Beide spielen.)

Loisl: Erinnerst dich an die Olympiade in Berlin?

Schneckerl: Da hat man erst in zweiter Linie auf den Sport gschaut. (Sie brechen abrupt ab.)

Loisl (holt ein Paket alter Zeitungen): Da! Der Henker

von Wittebsk! Wenn ich denk, daß ich damals noch nicht einmal vierzig war...

Schneckerl: Das sollns mir einmal nachmachen! Das rein organisatorische...

Loisl: Kurz nach dem Zusammenbruch hab ich mit dem Gedanken gespielt, ein Reisebüro aufzumachen. Im großen Stil. Massentourismus...

Schneckerl: Da waren doch schon die Juden drin.

Loisl: In meinem Fall wars ein Sudetendeutscher. In Rio hat er einen Ratskeller...

Schneckerl: An was?

Loisl: Einen Kioskl am Strand mit einer deutschen Eiche aus Plastik.

Schneckerl: Jetzt spielen sie sich auf, als ob jeder Verwalter von einer Kleiderkammer den direkten Draht zum SS-Reichsführer ghabt hätt.

Loisl: Badewaschel, mehr war er nicht, der Gustl...

Schneckerl: Im Esterhazybad, vorm Juliputsch...

Loisl: Für wen heb ich die Zeitungen eigentlich auf? Mei Schwiegertochter interessiert sich nur für Gärtnerei...

Schneckerl: Mein Sohn hat nicht einmal »Mein Kampf« gelesen. Nur Mickeymouse Heftln.

Loisl: Hast dus glesen?

Schneckerl: Ich mußte Referate drüber halten. Ganz genau hab ichs auch nicht mehr im Gedächtnis – Was ist seither alles passiert!

Loisl: Nix...

Schneckerl: Die können nicht einmal die Zahlen auseinanderhalten. Einmal sinds 50000, dann 200000...

Schneckerl: Massen sind Massen . . .
(Man hört das Geräusch eines näherkommenden Autos.)
Loisl: Glaubst, kann sich der Gustl an uns erinnern?
Schneckerl: Ich hab jeden Kontakt mit ihm abgebrochen. Er wollt mich hineinlegen. Mit einer Hazienda. Im Sumpfgebiet . . .
Loisl: Hat er deine Unterschrift?
Schneckerl: Wen interessieren Unterschriften . . .
Loisl: Mir scheint, du liest nur deine alten Zeitungen., Wer weiß, was so ausgsagt wird?
Schneckerl: Was hast denn auf einmal?
Loisl: Ich hab doch im April noch die Abteilung D übernommen . . .
Schneckerl: Die war doch schon längst aufglöst.
Loisl: Du weißt gar nix. – Da war noch die ganze Partie aus Rumänien.
Schneckerl: Das ist untergegangen zwischen den Fronten. Die Kameraden waren unterwegs zu den Amis, und den Russen wars recht, daß sie keine Verpflegungsprobleme ghabt haben. (Das Geräusch kommt näher.)
Loisl: Warum kann man nie a Ruh haben! Du mit deine alten Zeitungen!
Schneckerl: Ich würde ihnen entgegentreten und sagen: Bitte, wollens noch einen Kaffee? . . . Und dann ab in die Heimat! – Mit Pressekonferenz.
Loisl: Gar nix wirst du! (Er holt eine Schrotflinte aus dem Schuppen und beginnt sie zu laden.)
Schneckerl: Der Autobus ist es nicht.
Loisl: Wir können genau einsehn in die Kurve.

Schneckerl: Du hast zu wenig gessen in letzter Zeit. Das rasche Abnehmen!
Loisl: Du machst Rückendeckung!
Schneckerl: Ich hab ja nur einen Rasenmäher. Karl-May-spielen auf meine alten Tag. – . . .
(Geräusch stärker.)
Loisl: Der Krieg ist noch lange nicht vorbei! (Er zielt. Es geschieht nichts.)
Schneckerl: Jetzt hättst fast auf unsere Gattinnen gschossen. (Er winkt:) Wir haben euch noch nicht erwartet, warts! Wir kommen hinunter! Wie wärs, wenn wir heut einmal zur Abwechslung Bauernschnapsn.
Loisl (wirft die Flinte weg): Und was machst dann während der Regenzeit? – Das ist ein Leben, was wir führen . . .
Schneckerl: Du sollst vielleicht doch Zigaretten rauchen!
(Er nimmt einen kräftigen Zug.) (Dunkel)

Familiäres

Familie im Herbst

(Das Hinterzimmer einer Wienerwaldwirtschaft. Herr Pitsch, seine Schwester Fritzi, der Sohn Walter, die Schwiegertochter Irmgard und Herr Gustl, ein Freund der Familie betreten geräuschvoll den Raum. Herr Pitsch hat einen Transistor, seine Schwester eine Tasche in der Hand, aus der es hin und wieder bellt. Während des Folgenden umständliches Mäntelausziehen.)

Herr Pitsch (auf den Tisch weisend): Wo ein Reserviertschild steht, fühl ich mich schon zhaus!

Schwester: Wie werden wir uns setzen?

Herr Gustl: Walter, du bist der Jüngste!

Walter: Ich muß mich ums Essen kümmern. Ich hoff, die haben uns gsehn. Irmgard, mach du das!

Irmgard (entschuldigend): Bei uns zhaus sind wir zu zweit.

Herr Pitsch: Also, wieviel sind wir? Eins, zwei, drei, vier, fünf!
Schwester (auf die Tasche weisend): Fünfeinhalb ... (Allgemeines Gelächter.)
Herr Pitsch: Die Aussicht ist wunderschön, deswegen bin ich hier. Allerdings, jetzt is scho dunkel.
Walter: Wir hätten früher vom Friedhof weg solln.
Schwester: Deine Mutter hat gern einmal a Gsellschaft.
Herr Gustl: Ja, aber so viel auf einmal? Sie ist doch erst ein halbes Jahr tot ...
Herr Pitsch: Ich hab an unheimlichen Hunger (nimmt die Speisekarte). Ich kenn mich net aus.
Schwester: Es is eh das meiste gstrichen.
(Streichelt die Tasche.) Für mein Sonny-boy wird schon noch was dasein ...
(Allgemeines Platznehmen.)
Irmgard: Ich glaub, ich hab mein Taschl vergessen ...
Herr Pitsch: Meine Pension ist erhöht worden. Ist das a Anlaß?
Schwester: Reg dich nicht so auf, dein Hausarzt ist im Spital.
Herr Gustl: Was hat er denn?
Schwester: Den Star. Drum waren seine Diagnosen nicht mehr so genau.
Herr Pitsch: Aber mir haben ihn alle wirklich gern ghabt. Bis auf meine liebe Frau, und die ...
Herr Gustl: Ein Fußgängerstreifen ghört übersichtlich. Den Buben kann man gar nichts vorwerfen.
Irmgard: Wenn ich net dabeigwesen wär. Über die

Olga Tschechowa haben wir gredt. Wie alt man als schöne Frau werden kann...
Walter: Schön war die Mama grad nicht, und der Wein wird uns trotzdem schmecken. I bestell vorsichtshalber, wieviel san mir?
Alle im Chor: Eins, zwei, drei, vier, fünf!
Schwester: Fürn Sonny-boy ein Milchi...
Walter: Die Leut werden das bestimmt net gern haben. Drei Meerschweinchen san da, und die san immer krank. Solche Menschen soll man möglichst in Ruh lassen.
(Ab)
Herr Pitsch: Wir lassen uns den Tag net verderben. So ein schöner Friedhof und diese Luft. Da merkt man nix von aner Großstadt.
Irmgard: Und die Ruhe. Dort müßt man a Wohnung haben...
Herr Gustl: I hab an Schrebergarten in Kaiserebersdorf. Aber mich hat nie jemand am Sonntag besucht...
Schwester: Durch die vielen Umleitungen kann ein Mensch vereinsamen...
Herr Pitsch: Hat das Ländermatch schon angfangt?
Irmgard: Wann ich kein Fernsehn seh, weiß ich nie, wie spät es ist...
Herr Gustl: Sie hat nie an Fußball mögen, die Mama. In letzter Zeit wars eigen.
Herr Pitsch: Wann i mit meine Freund vom Stadion kommen bin, man stellt doch was auf den Tisch, a Haussulz, a Bratlfett, immer nur das angspeiste Gsicht...
Schwester: Meinen Sonny-boy hat sie nicht mögen.

Aber wir haben uns das nicht anmerken lassen, gelt? (Zustimmendes Bellen.)
Irmgard: Mir hats vorghalten, daß ich rauch ...
Herr Gustl: Dabei war sie dem Alkohol nicht abhold, sagen wir so ... Ihr Underberg ...
Herr Pitsch: Magenkrebs haben viele Menschen und sind trotzdem in der Wohlfahrt tätig.
Schwester: Meine Nachbarin ist bei den Zeugen Jehovas und geht von Tür zu Tür ...
Irmgard: Was machts denn da?
Schwester: Da fragen Sie mich zuviel ...
Walter (tritt auf): Niemand ist da, aber es is Licht!
Herr Pitsch: Na Hauptsach! Habt ihr euch inzwischen schon entschlossen, was ihr eßts?
Herr Gustl: Ich glaub, wir nehmen die Tagesspezialität.
Schwester: Ja, lassen wir uns überraschen ...
Herr Pitsch: Es geht nix über ein gutes Essen an einem schönen Herbstnachmittag. In einem schönen, alten Wirtshaus.
Schwester: Eingheizt is glaub ich net ...
Herr Gustl: Dafür sitzen wir eng beinander.
Walter: Laßts mich noch wo dazwischen. (Der Hund quiekt.) Dafür hat die Mama nie was überghabt.
Herr Pitsch: Wenn die wegen der Bestellung kommen, wieviel sind wir?
Herr Gustl: Vier ... A ich hab mich net mitgezählt. Na, das hätt sich schon aufgeklärt ...
Schwester: Was machts ihr zu den Feiertagen?
Irmgard: Vielleicht fahren wir nach Timmelkam.
Herr Gustl: Is da was los?

Irmgard: Dort solls so schön sein. Und niemand kennts . . .
Walter: Den Vater nehmen wir natürlich mit. Die Mama hat nie aus dem Bezirk wollen.
Herr Pitsch: Kinder, i glaub, heut wirds lustig. Wer chauffiert?
Schwester: Wenn ich fahren könnt, aber das war zu meiner Zeit nich üblich . . .
Herr Gustl: Der Wagen is ja groß. Wieviel san eigentlich behördlich erlaubt . . .?
Walter: Fünf. Eins, zwei, drei, vier, fünf . . .
(Alle lachen.)
Herr Pitsch: Mir scheint, wir brauchen gar kan Wein . . .
Herr Gustl: Weil wir grad an gsehn haben, wieviel Menschen gehn in an Leichenwagen?
Schwester: In Amerika noch viel mehr.
Irmgard: Amerika hat ganz andere Maßstäbe.
Herr Pitsch: Wenn man die Zeitung liest, gehts ja ganz schön zu in der Welt . . .
Schwester: Die Menschen werden immer wahnsinniger . . .
Walter: Ich möcht keine Kinder kriegen.
Irmgard: Ich weiß, es is eine Sünde für einen jungen Menschen, aber i könnts gar net.
Herr Gustl: Solang i denken kann, war i Sozialist. Und i kann mirs net anders denken.
Herr Pitsch: Sie hat ja kein Krematorium wollen, weil wir in der Nähe wohnen.
Schwester: Die schwarzen Vorhäng! Sie hätts öfter putzen müssen . . .

Irmgard: Praktisch war sie nicht.
Walter: I weiß net, wenns mich derschlagts, i freu mich, daß wir zsam sitzen.
Herr Pitsch: Es is eigentlich gemütlich, wenns net gleich kommen und einen fragen, was man will.
Schwester: Gut, daß wir die Blumen los sind.
Walter: Dabei wars gar net leicht, sie zu beschaffen. Am Samstag. Niemand will mehr arbeiten . . .
Herr Pitsch: Besser als früher die vielen Arbeitslosen. (Zu Herrn Gustl:) Du erinnerst dich?
Herr Gustl: Da hab ich erst richtig Bauernschnapsn gelernt.
Herr Pitsch: Es soll uns net schlechter gehn.
Schwester: Ein berühmter Mann hat vor kurzem gsagt, er beneidet Österreich . . .
Walter: Wer war das?
Schwester: Im Fernsehen gibts soviel Gsichter. Ein Österreicher wars nicht.
Herr Pitsch: Die Wienerwaldschnitte is hier besonders gut. Der richtige Abschluß . . .
Schwester: Wenn jetzt noch a Musik dawär . . .
Herr Pitsch (betätigt den Transistor. Kammermusik.)
Walter: Man muß Zeit haben, sich mit so was zu befassen.
Irmgard: Bei Kammermusik denk ich immer an unsern Kredit. Zwei Jahre dauerts noch . . .
Herr Gustl: Das is was für Menschen, die a große, leere Wohnung haben und keine Familie . . .
Herr Pitsch (dreht ab): Man müßt öfter mit der Straßenbahn fahren. In gewisse Bezirke kommt man nie . . .
Schwester: Dabei kann man dort glänzend essen.

Herr Pitsch: Im Spital geben sie sich gar keine Mühe. Hier habens eine eigene Schlachtung...

Irmgard: Das sieht man gleich an der Kuckucksuhr.

Walter: Was siehst da?

Irmgard: Das die einmal Bauern waren.

(Der Hund bellt.)

Schwester: Jetzt kommt wer...

Walter: Die warten auch aufs Match. I hab vorhin a Fernsehantenne gsehn...

Herr Gustl: Farben haben die sicher net.

Herr Pitsch (zur Schwester): Bei an Match lenken die Farben nur ab. Das Jungschweinerne von vor zwei Jahren, erinnerst dich? Da sinds sogar vom Handelsministerium herkommen...

Schwester: Und die verstehn was!

Herr Gustl: Es soll uns net schlechter gehn. Die liebe Verstorbene möcht sich freun, wenns uns da alle sehn könnt.

Herr Pitsch (lacht): Schreiben wir ihr a Karten!

Walter: Der Papa hat manchmal Einfälle. Wie a kleiner Bua...

Irmgard: Beim Begräbnis hat er ausgschaut wie auf einer Hochzeit.

Schwester: Jetzt drängt uns niemand...

Herr Gustl: Obs da oben auch a Ansprach hat?

Herr Pitsch: Ihr war doch der dritte Stock schon zu hoch. Na ja, is ja wahr. Wir lassens uns jetzt schmecken!

Irmgard: Wo ist denn das Sogenannte?

Herr Pitsch: Übern Hof, dann im Feld links. A bisserl primitiv...

Irmgard: Ich kann ja warten.
Herr Gustl: Wer weiß, wann wir wieder herkommen. Jetzt sitzen wir noch alle so zsamm, und aufs Jahr um die selbe Zeit is vielleicht schon tiefster Winter ...
Walter: So was geht rasch. Und dann kann man nicht einmal zum Friedhof zufahrn. Vielleicht reißens ihn auch ab!
Irmgard: An Friedhof kann man doch net abreißen ...
Schwester: Die sind imstand und baun ein Atomzentrum hin. I bin dagegen. Rein gefühlsmäßig ...
Herr Pitsch: Gustl, erzähl an Witz!
Herr Gustl: Welchen?
Herr Pitsch: Den mit der Atombombn und dem Bundeskanzler.
Herr Gustl: Nach dem Essen ...
Herr Pitsch (lacht): Der is so gspaßig. Den müßt man im Radio hören.
Walter: Vergeßts net aufs Match ...
Schwester: Glaubst, haben die in der Küche ein Radio? Wenns eine Grießnockerlsuppe gibt, dauerts immer länger ...
Herr Pitsch: Salz und Maggi sind ja da. Jeder hat an andern Gschmack ...
(Der Hund bellt.)
Herr Gustl: Soll ich mit ihm äußerln gehn? Am Friedhof hat er sich net traut.
Schwester: Nein, er will ja auch zuhörn, wie unsre braven Fußballer für die Heimat kämpfen ...
Herr Pitsch: Im Krieg hat mich das gar nicht so interessiert, aber seitdem hab ich ja nix Gscheits.

Irmgard: Irgendwo hat jeder seine Träume. Wir sind auch schon neun Jahr verheirat...
Schwester: Das Leben is so kurz.
Herr Gustl: Manchmal wünsch i mir a bissl an Krieg, net lang, aber abwechslungsreich.
Herr Pitsch (dreht den Transistor auf. Laute Fußballübertragung.)
(Alle lauschen gebannt. Der Hund bellt.)
Herr Pitsch: I bring das Hundsvieh um!
(Der Hund wird beruhigt. Sie lauschen weiter. Es wird langsam dunkel.)

Familie unterm Lichterbaum

(Die Familie Pitsch unterm Weihnachtsbaum. Die Kerzen sind heruntergebrannt, die Geschenke ausgepackt. Das Essen ist vorüber. Man sitzt satt herum. Die Herren haben den Rock ausgezogen, den obersten Hosenknopf offen.)
(Ein Engel geht durchs Zimmer, wie man so sagt.)
Herr Pitsch: Gut, daß wirs hinter uns haben.
Gustl: War das früher schöner...?
Schwester: »Stille Nacht« hätt ma singen solln.
Pitsch: Wir sind doch erwachsen!
Schwester: Die Kinder sind ja nicht mehr da...
Gustl: A Karten hab i kriegt. Von einer Insel...
Pitsch: Dort sans scho wieder weg...
Schwester: Ich hab mir immer gwünscht: Weihnachten im Wald.
Pitsch: Dann geh in Stadtpark!

Schwester: Um die Zeit, in der Nacht...
Gustl: Ich weiß, es stört die Stimmung, aber ich muß mich für einen Moment entschuldigen... (Ab)
Pitsch: Die letzten Weihnachten waren ... i weiß net warum ... festlicher...
Schwester: Die Kinder waren da, die Mama und... (Sie beginnt zu weinen.)
Pitsch: Ich hab ihn dir eh ausstopfen lassen.
(Er entnimmt einer Tasche einen ausgestopften Hund.)
Schwester: Das is a Freud – so wie wenn i dir die Deinige hätt ausstopfen lassen!
Pitsch (lacht): Du hast Ideen! – Die Meinige unterm Christbaum!
(Er verkutzt sich.)
Gustl (kommt zurück): Der Karpfen ist heimtückisch. – Das vertragt man heute nimmer...
Schwester: Ich hab ihn nie mögen... Schon bei die Eltern nicht... Ich wollt ihnen nur nicht das Fest verderben...
Gustl: Am schönsten war die Kriegsweihnacht. – Da hat man sich besonnen...
Pitsch: Echten Cognac hats geben.
Schwester: Ich hab das ganze Jahr Eingemachtes gespart. – Aber die Männer waren nicht da...
Pitsch: Wie wir zruckkommen san, haben wir dasselbe wie die andern fressen müssen...
Gustl: Habt ihr das Gansl für morgen im Eisschrank?
Schwester: Ich habs auf den Balkon geben. Dort kanns auslüften. Es schneit ja.
Pitsch: I gfreu mi auf das Gansl.

Schwester: Ich glaub, der Karpfen war wirklich komisch ... (Sie eilt weg.)
Pitsch: So werden wir immer weniger.
Gustl: Von Jahr zu Jahr ...
Pitsch: Erst glaubt man, es kommt was, dann wirds nix ...
Gustl: Wie mit der Liebe ...
Pitsch: Wenns mit dem Kindersegen einmal aus is. – I bin eigentlich froh, daß sie heuer net da san ...
Gustl: Man merkt doch, daß alles teurer wird.
Pitsch: Wir haben ja gar nix zum Trinken ...
Gustl: Deine Schwester wird schon was bringen. Sie ist ja rührend als Hausfrau. – Auch wenn man merkt, daß sie ihr ganzes Leben allein gelebt hat.
Schwester (kommt mit Sekt und Gläsern): Eigentlich war er ja für Sylvester bestimmt, aber da bin ich schon im Spital ...
Pitsch: Ich war schon oft im Spital, und nie is was gwesen. – Du wirst sehen, es wird sehr nett sein. Man weiß eh nicht, wo man zu Sylvester hingehen soll ...
Gustl: Ich geh auf den Stephansplatz und schau mir die Leut an.
Pitsch: Was machen die?
Gustl: Sie schauen mich an ...
Pitsch: Warum?
Gustl: Weil i bsoffen bin.
Pitsch: Die sind doch selber bsoffen ...
Gustl: Das is ja eben das Lustige an Sylvester. –
Schwester: Es wart so viel zum Lesen auf mich ... Ich habs noch gar net auspackt. Vielleicht is ein Diätkochbuch dabei. Das soll so gsund sein.

Pitsch: Mir scheint, der Karpfen is a Spätzünder. Sonst war ich doch der einzige, der ihn vertragen hat. (Ab)
Schwester: Der Korken is so zäh. Ich habs schon vor dem Essen probiert...
Gustl: Das is eben der Unterschied zum Champagner. (Er hantiert mit Flasche und Korkenzieher.) Wie die das im Kino immer machen?
Schwester: Das lernens schon von der Wiege auf.
(Der Korken knallt. Sonst geschieht nichts.)
Gustl: Jetzt müßt er schäumen.
Schwester: Wie schmeckt er denn?
Gustl (kostet): Früher wären wir froh gewesen...
Schwester (kostet gleichfalls): Zum Anstoßen reichts...
Gustl: Wir müssen Geduld haben mit dem Herrn Bruder. Die erste Weihnachten ohne seine Gattin...
Schwester: Und er hat sich so drauf gfreut. Seit Jahren schon –
Gustl: Manchmal macht man sich so Illusionen...
Schwester: Das kann uns nicht passieren...
Gustl: Waren Sie einmal verliebt?
Schwester: Einmal...
Gustl: Und er hat nix davon gmerkt? Vielleicht ist es noch nicht zu spät... (Er setzt zu einer Umarmung an.)
Schwester: O ja. Er is ein amerikanischer Stummfilmstar und längst tot...
Gustl: Da hat er ja noch Glück ghabt. Jetzt gibts schon lang Farbfilm...
Schwester (mit Tränen): Warum laßt man die Kerzen so kurz brennen?

Gustl: Es gibt soviel Zimmerbrände.
Schwester: Die armen Kinder...
Gustl: Ich hab immer gleich nachher ins Bett müssen. (Er legt seinen Kopf schluchzend an ihre Schulter.)
Schwester (schluchzt gleichfalls): Ich hab nie ein anständiges Bett ghabt... (Ernüchtert:) Wir haben ja noch gar net getrunken.
Gustl: Mir ist es plötzlich zu Bewußtsein gekommen, daß ich nie ans Christkindl geglaubt hab.
Pitsch (kommt zurück): Überall brennen die Lichter. – Dabei sind nirgends Kinder da. Nur alte Weiber...
Schwester: Du bist der einzige Mann im Haus!
Pitsch (lacht): Der Weihnachtsmann.
(Man hört die Feuerwehr.)
Schwester: Die armen Kinder!
Pitsch: Wieso?
Schwester: Die brennen als erste...
(Stille)
Gustl: Also was gschiecht jetzt?
Schwester: Unsre Geschenke können wir uns ja nicht anziehn...
Pitsch: Spielen wir was!
Gustl: Wann kommt man sonst dazu?
Schwester (zieht unter dem Weihnachtsbaum ein Würfelspiel hervor): Das is ein ganzes Spielmagazin. Also was? Halma, Domino, Wettrennen, Mensch-ärgere-dich-nicht?
Pitsch: Das is ja zu dumm! Von wem is das überhaupt? (Er sieht nach:) Von einem Bürokollegen. – (Er sieht noch einmal hin:) Sein Sohn is grad in Frühpension gangen und hinterläßt keine Kinder.

Gustl: Probieren wirs!
Schwester (legt das Spiel auf den Tisch und würfelt): Ich hab einen Sechser (würfelt noch einmal): Vier.
Pitsch: Blödsinn! (würfelt gleichfalls:) Eins. – Das ist ein dummes Spiel!
Gustl (würfelt): Neun!
Pitsch: Das heißt fünf. (Zur Schwester:) Also du fangst an . . .
(Alle trinken den Sekt.)
Pitsch: Was habts ihr mir da hineingschütt?
Schwester: Er is vom vorigen Jahr. (Zu Gustl:) Wir haben keinen anständigen Keller! (Setzt eine Figur:) Eines machen wir gleich aus. Nicht schwindeln!
Pitsch (würfelt wieder): Zwei. Das hat ja kan Sinn! Wir sind doch erwachsene Menschen! Von oben bis unten Schwindel! – Können wir sonst nix anfangen?
Gustl: Es ist erst halb acht . . .
Pitsch (plötzlich wütend): Heuer wird net gfeiert! – Meiner Gattin wär das gar net recht!
Schwester: Heuer habens sogar im Fernen Osten Waffenstillstand!
Gustl: Laß wenigstens den Baum in Ruh!
Pitsch: Aha! Eigentlich möchtst du ihn umwerfen! Du Eindringling!
Gustl: Sag das noch einmal!
Pitsch: Anhängsel!
Gustl: Ich gehe nächstes Jahr in Pension.
Pitsch: Anfressen hast dich wollen! – Und an meine Schwester anhängen! – An den Familienbesitz!
Schwester (begütigend): Er hat mehrere Einladungen ausgschlagen.

Pitsch: Im Kaffeehaus hat er erzählt, daß wir nur eine Dusche haben und sie nicht benützen!

Gustl: Manche Menschen lernt man erst nach Jahrzehnten kennen. Wir werden uns wohl so bald nicht mehr sehen. (Er will gehen, kehrt noch einmal zurück, nimmt ein kleines Paket:) Mein Geschenk an die Familie. Französische Seife. Sie riecht nach Rosmarin. Schade. (Ab)

(Stille)

Pitsch (trinkt widerwillig den Sekt): Warum haben wir so wenig Freud an dem Fest?

Schwester (schluchzend): Ich kann doch nix dafür ...

Pitsch: Ich glaub, ich weiß es ... Weil es die Juden erfunden haben ...

(Man hört die Feuerwehr.)

(Dunkel)

Zwischenmenschliches

Wien wird wieder Weltstadt

(Ein Burenwurststand. Davor eine ältere Prostituierte und ein Blumenverkäufer.)

Prostituierte: Jetzt regnets erst recht.

Blumenverkäufer: Für meine Blumen zu spät.

Prostituierte: Zwei Kunden hab i ghabt, und morgen wollt ichs zusperren.

Blumenverkäufer: Wann haben Sie zuletzt Urlaub gemacht?

Prostituierte: I darf gar net dran denken... Rimini...

Blumenverkäufer: Dort regnets auch. Manchmal.

Prostituierte: Schmeckt Ihnen die Burenwurst?

Blumenverkäufer: Nach Regen.

Prostituierte: Kein Mensch auf der Straßn.

Blumenverkäufer: Warum gehns net z'Haus?

Prostituierte: Einen muß ich heut noch kriegen.
Blumenverkäufer: I kann meine Rosen auf den Mist haun.
Prostituierte: Wie kommen mir dazu?
Blumenverkäufer: Was meinens?
Prostituierte: Na, daß wir so ohne Gewerkschaft... Ohne Schutz...
Blumenverkäufer: Ich weiß, wen ich wähl.
Prostituierte: Meine Herren werden immer blöder. Heut war einer aus St. Pölten da.
Blumenverkäufer: Dort gibts doch ein'n Puff.
Prostituierte: Dort san zu viel Leut... Und man kennt ihn... Er is in der Handelskammer... Lang hat er mir erzählt von seinem Beruf.
Blumenverkäufer: Wie Sie das aushalten. Das viele Reden.
Prostituierte: I merk mirs ja nicht. Ausländer kommen so wenig. Das san Festwochen. Blumen... Einer hat mir Eins-A-Rosen kauft... Dann is er mir nachgangen von Lokal zu Lokal und hat sich beschwert, daßs schon welk san... Bei Ihnere Händ wird die schönste Blume welk, hab i gsagt... Sie können sich nicht vorstellen, was ich für Beschwerden zu hörn krieg. Gut, manchmal komm ich nicht zum Waschen oder zum Schminken. Aber die könnten ja warten. Sofort wollen sies immer.
Blumenverkäufer: Keine Erotiker.
Prostituierte: Bei die Kongresse kommt manchmal einer.
Blumenverkäufer: Mich laßt oft mein Gärtner im Stich.

Prostituierte: Warum tun wir das alles.

Blumenverkäufer: Weil wir in unserm Wien bleiben wollen. Aus welchem Bezirk sind Sie?

Prostituierte: Essling ... I weiß gar net, was für ein Bezirk das is.

Blumenverkäufer: Ich bin von Währing.

Prostituierte: Schmeckt Ihnen die Burenwurst?

Blumenverkäufer: Seitdem ich weiß, was die da einehaun.

Prostituierte: So arg is das?

Blumenverkäufer: Sehr arg. I geh heut nirgends mehr hin.

Prostituierte: I wahrscheinlich a net. Übermorgen hab i Untersuchung.

Blumenverkäufer: Das könnt i wirklich net jeden Monat ...

Prostituierte: Das is sehr unangenehm. Scheußlich is. Ärger als der ärgste Klient.

Blumenverkäufer: I steh so blöd da mit meine Blumen. Wollns eine?

Prostituierte: Bei dem Regen? (Nimmt zögernd die Blume) Die tun mir ja leid.

Blumenverkäufer: Sie haben ein gutes Herz.

Prostituierte: Drum bin i ja so weit kommen. Erst kommt einer, da machts Spaß, dann kommt der Nächste, da wirds erst richtig. Beim Achten oder Zwölften weiß man, was man will, und wenn man an die Zwanzig is, sagen schon manche Hur. Manchmal auch: liebe Hur ... Oder: Frau Hur ...

Blumenverkäufer: Sind Sie manchmal auch leidenschaftlich?

Prostituierte: Wanns richtig lauft und der Herr entsprechend jung is. Amal in der Zeit.
Blumenverkäufer: Und Ältere? Können doch auch zärtlich sein.
Prostituierte: Was die oft machen, das kann ich Ihnen gar nicht erzählen.
Blumenverkäufer: Nichts Menschliches ist mir fremd. Habens amal einen Neger ghabt?
Prostituierte: Ja, öfter.
Blumenverkäufer: Stimmt das, was man so sagt?
Prostituierte: Na, schwarz sans net unten, wenns das meinen. Unter der Vorhaut san alle gleich.
Blumenverkäufer: Interessant. Und die Chinesen?
Prostituierte: Die lachen immer dabei.
Blumenverkäufer: Darf ich Sie noch zu einer Burenwurst... Oder wollns a Debreziner?
Prostituierte: Na, na, meine Linie, die halt ich mir. Gegens Alter kann man nix machen. Aber bei der Figur bin i stur. I fürcht mi oft.
Blumenverkäufer: Was denn?
Prostituierte: Daß einer amal alte Hur zu mir sagt.
Blumenverkäufer: Aber bei Ihrer Erscheinung. Die Haar... Der Blick...
Prostituierte: Hörens auf, wir san ja Kollegen. Wie heißen Sie?
Blumenverkäufer: Znirsch.
Prostituierte: Sie müssen doch einen Vornamen –
Blumenverkäufer: Herr Znirsch.
(Geräusche der Rettung)
Prostituierte: Schon wieder ein lieber Herr Toter.
Blumenverkäufer (lachend): Sie spinnen ja.

Prostituierte: Vorige Wochn habens a Kollegin von mir erwürgt . . . Keine Spur vom Täter. Nasenpeter haben wir zu ihr gsagt. So a Nasn, und tot.
Blumenverkäufer: Gehn wir z'Haus.
Prostituierte: Seitdems den Strich verlegt haben, is überhaupt nix los.
Blumenverkäufer: An Kunden wüßt i noch.
Prostituierte: Wen?
Blumenverkäufer (zeigt auf sich): Mich.
Prostituierte: Herr Znirsch, das is wirklich net notwendig.
Blumenverkäufer: Habens Angst vor mir?
Prostituierte: Mir kennen sich schon so lang.
Blumenverkäufer: Na? Und das is unsere Zeit. Aber anstrengen müssens Ihnen schon.
Prostituierte: I kanns noch immer net glauben.
Blumenverkäufer (gibt ihr den Blumenstrauß): Ich bitte.
Prostituierte: Na gut (hakt sich ein): Vielleicht mach ich auch einen Sonderpreis. Ausverkauf. Komm.
Blumenverkäufer (im Abgehen): Die Burenwürst müssens Ihnen aber selber zahln . . .
(Dunkel)

Nächtliche Einkehr

(Leere Bar. Eine Bardame. Ein Gast.)
Dame: Müssen Sie heut noch über den Donaukanal?
Gast: Eisern.
Dame: Würfel?
Gast: Eisern.
Dame (holt den Würfelbecher): Sie fangen an.
Gast (hält im letzten Moment inne): I glaub, heut hab i ka Glück, und das mit der Liebe is auch ein Schmäh. In welchem Monat sind Sie?
Dame: Im vierten.
Gast: Da habens ja noch Zeit.
Dame: Es kann auch schon im fünften sein.
Gast: Bei Tag muß das mit der Aufbohrerei auf der Straßn fürchterlich sein.

Dame: Da laß ich mir immer Brötchen holen. Das lenkt ab.
Gast: Wenn morgen jemand für mich anrufen sollt, ich bin nicht da.
Dame: Ist in Ordnung.
Gast: Heut' hat ja niemand angerufen.
Dame: Nein.
Gast: Und gestern auch nicht.
Dame: Da hab ich nicht Dienst gehabt.
Gast: Sie haben auch nie Zeit. Ich meine in der Freizeit.
Dame: Mei Freund hat a Hobby.
Gast: Is das sehr unangenehm?
Dame: Modelleisenbahn.
Gast: Sie sollten fischen, das entspannt.
Dame: Ich glaube, wir müssen langsam ...
Gast: In der Stadt is gar nix los.
Dame: Ein Eissalon hat noch offen. Er zahlt Steuer –
Gast: Wie ist das mit Ihnen und der Steuer?
Dame: Zahlens mir an Drink.
Gast: Ihr werdet auch immer teurer.
Dame (schenkt beiden ein): Ich hab gewußt, irgendwas is mit Ihrer Krawatte los –
Gast: Gfallt sie Ihnen?
Dame: Verrutscht is sie.
Gast: Haben Sie jemals Striptease gemacht?
Dame: Zu dick.
Gast: Wenns Essen nicht so gut wär ...
Dame: Also Prost! – Auf was denn?
Gast: Auf nix. Am Anfang, in der Firma, haben wir uns immer was gedacht dabei.

Dame: Warum sinds immer so traurig? Warum kommens dann überhaupt?
Gast: Zu Haus im Bett bin ich noch trauriger.
Dame: Waren Sie nie verheiratet, vorübergehend?
Gast: Zweimal. Mit derselben.
Dame: Wie lang?
Gast: Wartens, das erste Mal ein' Monat, das zweite Mal zwei, aber die Hälfte getrennt.
Dame: Ladens mich noch auf einen ein?
Gast: Da müssens aber ein freundliches Gesicht machen.
Dame: Geht nicht, ich bin in Zahnbehandlung.
Zweiter Gast: (Tritt mit Chauffeur auf) Heut' lad ich euch alle ein. Seids mir nicht böse, lieber Freund, liebe Freundin. Hier in der Bar hat mein Vater schon verkehrt, bevor ich kommen bin.
Chauffeur: Ich darf nicht –
Zweiter Gast: Wer wird denn so humorlos sein. Eine Flasche Champangner.
Dame (beginnt zögernd eine Sektflasche zu öffnen)
Zweiter Gast: Keinen Sekt, Champangner hab ich gsagt, bis in die Früh. I feier mein' zweiten Herzinfarkt.
Chauffeur: Sie sind erst einen Tag aus dem Spital heraus.
Zweiter Gast: O du kleiner Herzinfarkt, du. Dein' Direktor so pflanzen. Wennst das nächste Mal kommst, übersiedeln wir alle – die ganze Bar – in den Himmel –
Dame (schenkt ein): Ich merk noch immer nicht den Unterschied zwischen Sekt und Champagner.

Gast: Himmelweit. Genau wie Weinbrand und Cognac.
Zweiter Gast: Wenn ich stirb, ists mit der Firma aus. Meine Neffen sind Trotteln. Prost.
Chauffeur: Das letzte Mal hat sich der Herr Direktor in meinem Gnack übergeben.
Zweiter Gast: Aber fesch. Kein Wort hab ich am nächsten Morgen darüber verloren. Warum san so wenig Leut unterwegs?
Dame: Sie fürchten sich vor der Arbeitslosigkeit.
Zweiter Gast: I net. Was macht Ihr Freund? Sie haben doch einen ständigen?
Dame: Der ständige is bei einem Taxiunternehmen.
Zweiter Gast (zum Chauffeur): Da seids ihr ja Brüder. Geh ins Separée mit ihr.
Gast: Haben Sie vielleicht freundlicherweise eine Zigarette? Meine sind leider aus.
Zweiter Gast: Aber bitte. (Zum Chauffeur): Gib ihm was, mein Freund. Wie heißt du?
Gast: Fritz.
Zweiter Gast: Der gschlitzte Fritz und das unbekannte Taxigirl. Gehts alle ins Separée. I schau zu. I hab immer schon zugschaut. Das is viel schöner als selber machen. Früher hats noch Geiger geben. Oben hat er gegeigt und unten war sie ... Laß dich einmal greifen, Schatzi. Oben ein Cognac, unten ein Champagner.
Chauffeur (versucht ihn hinauszudrängen)
Zweiter Gast: Wo is die Rechnung? Auf Heller und Pfennig. I komm eh morgen wieder, Saubagage. Keine Mitmenschen. Glaubts, i hab ka Prostata im Leib? (Verschwindet)

Chauffeur: Das geht so bis fünfe. In der Firma schlaft er dann. Gute Nacht (ab).
Gast: Kommen viele solche?
Dame: Die meisten traun sich nicht.
Gast: Was kosts wirklich, wenn man Sie . . .
Dame: Ich kann meine Freundin anrufen.
Gast: Aber Sie können doch gar nicht unwohl sein.
Dame: Na, i leist mir den Luxus (räumt ab). Ab morgen hab ich wieder jeden Tag Geburtstag. Da kann jeder seine blöden Sprüch aufsagen.
Gast: Sind Sie Serviererin?
Dame: Bardame.
Gast: Wollens Blumen?
Dame: Kommt keine mehr.
Gast: Dieser plötzliche Aufbruch.
Dame (gähnt): Bei meiner Freundin könnens auch übernachten. Mit Bad und Bidet.
Gast: Jetzt werd ich aufs Bidet gschickt.
Dame: Gute Nacht, i muß in meine Heimat.
Gast: Wo is Ihre Heimat?
Dame: Sie kennens sowieso net.
Gast: Darf ich noch einen –
Dame: Es is nicht der Mühe wert (sie sperrt die Bar zu).

Das kleine Hotel auf der Wieden

(Ein Hotelzimmer der Mittelklasse. Fenster im Zuschauerraum angenommen. Er und Sie kommen mit Handgepäck.)
Er (macht Licht): Kennst es noch?
Sie: Ich glaube, es war einen Stock tiefer.
Er: Damals hat der Aufzug nicht funktioniert ...
Sie: Die Aussicht ist mir so fremd ...
Er: Das Haus ist neu. Wo kommen auf einmal die vielen Versicherungspaläste her?
Sie: Der Bevölkerungszuwachs ...
Er: Aber doch nicht in Wien ...
Sie (schaut): Ein Badezimmer habens immer ghabt. Darum hat uns mein Mann am meisten beneidet ...
Er: Wenn ich nicht bsoffen gewesen wär, hätts meine Frau nie erfahren ...

Sie: Das Leben hängt oft an einem Strick.
Er: Wenn du ihn damals nicht rechtzeitig entdeckt hättst...
Sie: Es hat sich alles irgendwie verändert.
Er: Das machen die neuen Bilder.
Sie: Warum haben wir in Rosenheim kein solches Hotel?
Er: In Rosenheim hat niemand Erinnerungen.
Sie: Wann i denk, was da in dem Stock früher los war. Die Huren haben gstritten, und die Polizei hat Razzien gmacht...
Er: Und wies den masochistischen Alleinunterhalter gfunden haben, und kein Mensch hat gwußt, warum er blutet...
Sie: Du hast mir unheimlich imponiert, wie du zum Portier gsagt hast, das ist seine Privatangelegenheit.
Er: Wenn ich ihn im Fernsehn seh, muß ich immer dran denken. Wenn man den Tiefpunkt überwindet, wird man Moderator...
Sie: Wie lange haben wir Zeit?
Er: Niemand drängt uns... Die Nacht ist lang...
Sie: Jetzt ist doch erst fünf Uhr...
Er: Lassen wir uns einen Sekt kommen!
Sie: Den haben wir zu Haus auch. Sogar Champagner.
Er: Haben wir damals nie Magenweh gehabt? Ich weiß nimmer.
Sie: Da steht einer auf der Straßn und schaut.
Er: Dem ist fad. Privatdetektive werden mehr politisch eingesetzt. Oder sie sind gleich bei der Polizei.
Sie: Es ist so sauber da. So fremd...

Er (wirft sich auf das Bett): Na komm schon!

Sie (zieht sich automatisch die Bluse aus): Ich weiß nicht, warum das damals alles so selbstverständlich war …

Er: Die Wiener Messe war eine grobe Enttäuschung. Dasselbe wie im Frühjahr.

Sie: Eine Frau in der Portierloge, das nimmt einem schon die Freud …

Er: Die Chefin hat früher auch manchmal ausgholfen. Grad in der Messezeit.

Sie: Es ist wie mit die Kaffeehäuser …

Er: Wie meinst das?

Sie: Da kann man ja gleich in einem Motel wohnen …

Er: A Wohnung haben wir zhaus. Rosenheim hat sich sehr vergrößert …

Sie: So wild warst du. Fürs Bettzeug haben wir uns geniert. (Setzt sich gähnend aufs Bett.) Warum ich in der Stadt immer so müd bin?

Er: Rufen wir deinen Mann an! Vielleicht gehen wir zum Heurigen.

Sie: Wieso kannst du mein Mann sagen, wenn wir schon acht Jahre verheiratet sind?

Er: Er ist es doch einmal. Dein Kind trägt seinen Namen.

Sie: Der Koffer ist noch von deiner Frau. Wir haben uns beim Friseur gsehen … Sie ist jetzt blond.

Er: Das war sie immer wieder.

Sie: Ich hab sie eh gegrüßt.

Er: Mit ihr war ich nie im Hotel. Sie hat immer eine Wohnung ghabt. Bei ihrer Mutter.

Sie: Ob die noch lebt?

Er: Ich hab ihren Namen bei einem Flugzeugabsturz glesen. Aber der Name ist ja häufig . . .
Sie (zieht sich den Rock aus): Fangen wir an, oder gehn wir ins Kino?
Er: In Rosenheim sind die neuen Filme viel früher da als in Wien . . .
Sie: Gibts a Musik?
Er (dreht das Radio auf): Walzer sind nur am Eislaufverein erotisch . . . (Radio aus.)
Sie: Vom Nebenzimmer hört man auch nichts.
Er: Ich hab das Gefühl, wir sind zhaus . . .
Sie: Dort geht wenigstens das Telefon.
Er: Man muß sich alles einteilen . . . Ist das Parfum von dir?
Se: Nein, bestimmt nicht . . .
Er: Aber dezent.
Sie: Man merkt auch, daß keine Huren mehr da sind . . .
Er: Das Haus hat bessere Zeiten gsehn.
Sie: Wenn du mich jetzt kennenlernen würdest, was wär da?
Er: Ich würde dich ausziehn.
Sie: Und ich würde sagen, daß ich die Regel hab.
Er: Und ich würde sagen, es siehts ja niemand.
Sie: Gott, waren wir verliebt!
Er: Die Zeit ist viel härter geworden.
Sie (zieht sich an): Es hat schon lang nicht geregnet.
Er (steht auf): Ja, komisch. Es ist mir direkt peinlich, daß wir nur so kurz da waren.
Sie: Wir bezahlen ja.
Er: Das Vorbeigehen an der Portiersloge ist halt blöd . . .

Sie: Du hast dirs ja eingebildet . . .

Er: Na ja, wenn wir ein anständiges Trinkgeld geben, haben wir keine schlechte Nachred. (Nimmt die Koffer.)

Sie: Immer hat man da ein schlechtes Gewissen. (Öffnet die Tür.) Vergiß nicht, das Licht abzudrehen.

Er: Ja richtig! (Dreht das Licht ab.)

(Dunkel)

Zaungäste

(Abgelegene Nische eines Ballsaales. Sehr entfernt Musik. Überladene Faschingsdekoration: Girlanden, Konfetti. Ein Tisch mit zwei Sesseln. Da sitzen eine ältere Dame und ein älterer Herr, abgetragenes Abendkleid, abgetragener Smoking. Sie sind schon sehr müde. Beide haben kleine Hütchen auf.)

Er (wutzelt sich eine Zigarette): Stört Sie das?

Sie: Mein Mann hat das auch immer gemacht. – Einmal waren wir beim Opernball . . .

Er: Ich will seit meiner Jugend hin . . . Aber die Zeit vergeht . . . Und wie ich dann richtig wollte, habens mir gsagt, die Oper ist zerstört . . .

Sie: Wir waren auf der Galerie, wir haben nichts bemerkt.

Er: Ich war einmal im Kasino Zögernitz, aber da war kein Ball. Nur ein Kaffeehaus.
Sie: Sie hätten wahrscheinlich ins Baumgartner-Kasino gehn müssen . . .
Er: Ich habs mir dann überlegt und eine Zeitung glesen . . .
Sie: Ich freu mich immer auf den Fasching. Schon als Kind . . .
Er: Hats damals schon an Fasching geben? – Ich erinner mich nicht . . .
Sie: In Deutschland marschierens sogar . . .
Er: Das is ja wie im Krieg.
Sie: Nein, das traun sie sich nicht . . .
Er (nimmt seine Einladung heraus, liest sie nachdenklich):
Kleiner Philharmonikerball . . . Warum eigentlich? Weil die Philharmoniker so berühmt sind?
Sie: Aber das sind doch nur Schallplatten. Der Herr Bezirksvorsteher meints gut mit uns. – Sonst sinds ja zu laut . . .
(Gedankenpause)
Er: Wählen Sie auch manchmal?
Sie: Wenn ich grad Zeit hab.
Er: Wer kümmert sich sonst noch um die alten Leut?
Sie: Im Fernsehen und im Radio ein paar lustige Herren mit Bubengesichtern.
Er: Für mich sind die zu kindisch.
Sie: Aber meine Enkerln mögen sie auch nicht. Das eine schreit sogar.
Er: Ich wollt immer telefonieren . . . Aber mein Telefon is gstört. Ich brauchs auch nimmer . . .

Sie: Haben Sie ein Vierteltelefon?
Er: Ich hab nie nachgschaut. Das hat immer meine Frau gmacht ... Es ruft eh niemand an ...
Sie: Ich hab ein ganzes Telefon mit zwei Anschlüssen. Da gibts oft lustige Fehlverbindungen.
Er: Ich glaub, hier ist Sektzwang. – Na, ich hab Magenweh! (Er nimmt ein Fläschchen aus der Tasche, trinkt es mit einem Schluck aus:) Underberg.
Sie (nimmt ein etwas größeres Fläschchen aus ihrem Pompadour): Kellerknirps. (Sie trinkt gleichfalls. Beide kichern.)
Er: Wir sind doch eingladen ...
Sie: Ich wohn seit fünfzig Jahren in diesem Bezirk. – Wo verbringen Sie Ihren Urlaub?
Er: Bei meiner Schwester. Im fünfzehnten Bezirk. Es ist schon fast wie am Land ... Nur nicht so überlaufen.
Sie: Ich bin so an zu Hause gebunden. Den Hannes kann man nicht überall herzeigen.
Er: Den Herrn Gemahl?
Sie: Mein Mann ist gestorben ...
Er: Furchtbar!
Sie: Für ihn wars ein Glück. Er war Leser vom kleinen Volksblatt.
Er: Entsetzlich ...
Sie: Wie sie das eingestellt haben, wars kein Leben mehr für ihn.
Er: Es gibt doch noch andere Zeitungen ...
Sie: Keine hat er so verstanden ... Der Hannes ist eine Schildkröte. Er ist faul, empfindlich und jeder tritt auf ihn drauf ... Man darf ihn nicht zu lang allein lassen, er kommt auf die blödesten Gedanken.

Er: Aber diese ... diese ... Geschöpfe sind doch sehr langsam.
Sie: Entweder er versteckt sich oder er steht plötzlich, wenn man zu Haus kommt, mittn in der Wohnungstür.
Er: Ich hab einen Papagei. Der kann kaum reden ... Aber, wenn ich spät zHaus komm, gibts ein Krach ...
Sie: Was soll man mit ihnen machen. Die werden ja so alt.
Er: Daran hab ich nicht gedacht. Außerdem is er ein Geschenk. Von einer Nichte, Krankenschwester von Beruf. »Stirb scho, alter Trottel.« Das ist das einzige, was er sagen kann ...
Sie: Ich beneid die Leut mit ein Aquarium. Fische sind anspruchsloser.
Er: Aber sie sind arrogant und haben im Grunde genommen einen kleinen Horizont.
Sie: Elefanten sind nachtragend ... (Pause)
Er: Darf ich Sie zu einem kleinen Walzer ... (Er verneigt sich formvollendet.)
Sie (tanzt mit ihm, nach einigen Schritten): Das ist doch ein Tango ...
Er (mit Blick aufs Programm): Den spielen doch die Philharmoniker nicht ...
Sie (zwingt ihn zum Tangoschritt): Jetzt sind die tollen Tage, wie die Deutschen sagen.
Er: Bei denen muß es fabelhaft zugehn, ich war einmal in Reichenhall auf Kur, aber da hab ich schon allerhand von ihnen gsehn.
Sie: Sie sind halt führend.
Er: Wir sind sensibler und liebenswerter. (Er tritt ihr auf den Fuß:) Pardon!

Sie: Macht nix.
(Beide sind erschöpft. Sie setzen sich wieder.)
Sie: Wie man so rasen kann. Man merkt Ihnen an, daß Sie Ihr Leben lang Sport getrieben haben ...
Er: Ich hab einmal beim Ländermatch zugschaut. Aber da wars kalt ...
Sie: Man kann sich doch ausrüsten.
Er: Ich habs nur im Fernsehn gsehn, aber die Heizung war nicht in Ordnung, obwohls erst Anfang Oktober war ... (Er nimmt einen zweiten Underberg:) Das ist ein feuriges Getränk!
Sie (trinkt gleichfalls): Ich hab mir das Flascherl aufghoben seit meinem Geburtstag. Jetzt weiß ich, warum ...
Er: Bacchus soll leben!
Sie: Heißt so Ihr Papagei?
Er (zischend): Der Ober ist in der Nähe!
(Sie verstecken ihre Fläschchen.)
Sie: Ihre Frau Gemahlin ist im Krankenhaus?
Er: Wieso?
Sie: Man denkt immer dran.
Er: Die wär nix für uns. Eine verschlossene Natur.
Sie: Hat sie andere Interessen?
Er: Ich weiß nicht. Sie wollte ein Einzelgrab. Auf einem Bergsteigerfriedhof ...
Sie: In Tirol?
Er: Am Fuße des Ötschers. Sie war nie anspruchsvoll ...
Sie: Es gibt so viele wertvolle Menschen, die man nicht kennenlernt.
Er: Arrogant war sie nie ... Jetzt schon gar nicht.
Sie: Welche Blumen hat sie mögen?

Er: Die der Louis Trenker im Kino gepflückt hat.
Sie: Ich hab mich immer gfürcht, daß er einmal runterfallt. Drum bin ich nie in seine Filme gangen...
Er: Es ist ihm auch im Aufzug nix passiert.
Sie: Solche Menschen haben schon ein Leben hinter sich...
(Ein Ober erscheint unvermutet.)
Ober: Die Herrschaften haben gewünscht?
(Die beiden erstarren.)
Ober (erschrocken): Ist Ihnen nicht gut?
Er (bietet ihr den Arm): Die Kinder haben grad angrufen...
Sie (hängt sich ein): Sie können nicht schlafen... Sie fürchten sich.
Er: Sie sind so abergläubisch...
Sie: Nie kann man eine Hetz haben...
(Sie gehen langsam und verlegen ab.)
(Dunkel)

Typen

Der Herzenswunsch

Ein höherer Beamter (bietet jemandem Unsichtbaren einen Platz an): Es stört Sie doch nicht, wenn ich sitz. – Wissens, ich telefonier immer stehend und ich telefonier sehr viel. – Rauchen Sie? – Wunderbar, ich hab ohnehin nix bei mir. Also ich seh schon, wir verstehen uns prächtig. – Na, was sagens zu dem Wetter? – Um die Zeit? – Ah, Sie sind wetterfühlig. – Ja, ja, ich merks ja nicht so in meinem Maulwurfsloch ... Zuerst regt man sich auf, dann beschwert man sich und dann spürt mans gar nicht mehr ... Wie unser Leben, nicht? Aber wir sollen unsere Zeit nicht verschwenden, ich komm immer so ins Grübeln, Sie werden das auch noch merken ... Aber vorläufig sind Sie ja jung ... In Ihrem Alter hab ich ja noch nicht einmal Brillen getragen ... Sind Sie kurzsichtig oder weitsichtig? Es könnt ein

grüner Star sein? Jetzt machens aber Witz ... Sind Sie Schifahrer? Der ewige Schnee ist natürlich nicht günstig ... Daß die den noch nicht färben! Ja, ja, da bauens Atomkraftwerke, und der Schnee ist immer noch weiß ... Und wer kümmert sich schon um die Haifische? Ich mein, die Tiere können ja nix dafür, aber der menschliche Geist könnte da ja Vorsorge treffen ... Sie müssen ein großartiger Schwimmer sein ... Ach so, Sie haben einen steifen Fuß! Aber doch nicht von Geburt an ...? Eben, es is ja heute alles zu reparieren ... Wenn mir meine Arbeit es gestatten würde, der Himalaya wäre längst bezwungen ... Ja, er is es schon, aber nicht für immer ... Oder tauchen, so richtig ganz hinunter, ich fürcht mich nicht vor den Fischen, sonst könnt ich sie ja nicht essen ... Leider hindert mich ein Leistenbruch dran. Ein doppelter ... Vielleicht werde ich den einen von den beiden los, und dann soll mich die Tiefsee kennenlernen ... Es is ja alles halb so arg wies ausschaut ... Womit wir bei Ihrem Anliegen sind ...
(Er sucht in Akten herum.)
Sie brauchen mir Ihren Namen nicht sagen! Wenn ich den nicht wüßte! Lebt Ihr Herr Vater noch? ... Nicht, na lassens ihn trotzdem schön grüßen ... Und die Frau Mama hat endlich Ruh und kann ihr Leben genießen ... In einer Anstalt? – Das beste, was ihr passieren konnte! – Die Anstalten sind ja heute ganz anders. Lassen Sie sie herzlichst an mich erinnern! – Ah, sie nimmt nix mehr wahr? Is eh besser, es gibt ja nur mehr Schreckensbotschaften auf der Welt ... Ich bin immer froh, wenn mein Fernseher gestört ist ... Sie haben gar keinen? – Wegen der Augen? Lesen Sie, solange Sie

noch können! – Sie werden jede Minute bereuen ... Wenn ich mit meiner Frau mein tägliches, banales Gespräch hab, denk ich mir immer, was versäumen wir alles! Sinds froh, daß Sie noch Junggeselle sind ... Ihre Frau hat drei Kinder? ... Na, das geht ja noch ... Solang sie gsund sind und reden ... Aber die ständige Angst ...

Ich red da herum und Sie haben doch sicher schon eine Verabredung ... Sie haben nix zu tun? Das ist ja wunderbar ... Da drängt uns ja nix ... Da können wir uns ja genau über Ihre Probleme unterhalten ... Es fällt mir auf, daß Sie eine besonders schöne Krawatte haben ... Nein, nicht der Stoff, der Ton ... Sonderangebot? Ja, da kommt unsereins nicht mit ... Die Zeit, lieber Freund, die Zeit ... Ich hab jetzt schon ein schlechtes Gewissen, daß ich mit Ihnen plauder ... Am Freitag, wenn ich die Bürotür zumache, juckts mich immer: Geh noch einmal hinein! – Das ganze Wochenende hab ich dann ein schlechtes Gewissen ... Dann schau ich mir den Sport im Fernsehen an und plötzlich pfeif ich auf alles ... Wenn man sieht, was diese Menschen erst leisten ... Und noch dazu alle so jung ... Man geniert sich ja direkt ... Wenn der Ball so wie ein Komet durch die Luft fliegt, frag ich mich immer, warum muß es Kernwaffen geben?

Aber ich verlier mich in mein Lieblingsthema, und wir wollen zur Sache kommen ... Ich weiß jetzt nicht genau, wo der Akt liegt, aber ich hab ihn natürlich befürwortet ... Ich hab alles studiert, und es hängt natürlich nicht von mir ab ... Manchmal möcht ich mehr Verantwortung haben und manchmal nicht ...

Nur für Existenzen entscheiden, eine erbärmliche Existenz! Ist es Ihnen einmal zu Bewußtsein gekommen, was es heißt, Opfer zu bringen? Net so Privatopfer, sondern wirklich... Für die Mitbürger... Aber, Sie sind ja noch jung... Gott bewahre Ihnen das... Wohnen Sie noch in dem schönen Alt-Wiener-Haus? In Perchtoldsdorf? – Ah, das ist ausgebombt... Wo diese Flieger alle hinkommen... Ja, man muß die Bomben nehmen, wie sie fallen... Aber der Wein ist noch gut draußen...? Trinkens mir nur nicht zu viel! – Sie sind Diabetiker? – Das hab ich mir schon lang gwünscht, ich nehm so leicht zu... Ja, Ihr Gesuch ist in den besten Händen... Sie haben eine hervorragende Schrift! – Aus einer Maschinschrift erkennt man ja nix, weil die kommen ja meist aus Japan. Und was die ganze Angelegenheit betrifft, ich bin in dem Fall ein zweischneidiges Pferd... Einerseits kenn ich Ihren Onkel, wir sehen uns fast jeden Tag... Der lebt in Salzburg? – Da kann man sehen, wie man sich an einen Menschen gewöhnt... In Salzburg kann man wunderbar fischen... Probierens das einmal... Das lenkt so ab... Andrerseits gibt es natürlich Massen von Bewerbern, ich war in dem Alter nicht so ehrgeizig... Wahnsinnig auf Mädeln fixiert... Dann ist aus den Mädeln eine geworden und – jetzt fischen wir halt im Salzburgischen... Aber Sie müssen ja gar nicht so weit fahren... Was sich im Waldviertel an Prachtbrocken herumtreibt, ist kaum zu glauben... Je mehr ich Sie anschau, desto mehr seh ich, Sie haben einen Fischerblick... Das ist eine große Gnade... Wenn ich den Akt jetzt da hätt... Aber das Fräulein von der Registratur is schon weg... Das sind immer die Ersten... Ich vergönn es ihnen ja... Ich unterhalt mich ja gern mit einem intelligenten jungen Menschen... Über fünfzig sind Sie? – Sie Lausbub ghören ja zhaus zur Mama... Ah so, im Heim is ja kein Platz... Ja, wir überaltern... Mit fünfzig bin ich auch schon auf diesem Stuhl gsessen... Damals war die Aussicht noch weit und jetzt – schauns Ihnen das vis à vis an... Es is zum Verzweifeln...

Sie halten mich gar net auf, ich muß nur zum Sektionschef... Tageskram... Unser Gespräch war sehr aufschlußreich... Sie wollen zu Ihrem eigentlichen Wunsch kommen...? Schon gewährt, wenns nicht tausend Schilling sind... Verzeihen Sie, der letzte Satz war nicht ernst gemeint... Was wollen Sie also werden? – PROFESSOR? – Und da redens so lang herum? Also das kann ich Ihnen in die Hand hinein versprechen... Deswegen hättens doch nicht so lang herumreden müssen... Auf baldiges Wiedersehen, lieber Herr Professor!

(Dunkel)

Heldentod

(Ein Redaktionszimmer. Ein bescheidener junger Mann sitzt unsicher vor Brötchen und Tee. Der Redakteur telefoniert. Hin und wieder liefern Redaktionsboten Druckfahnen ab, verschwinden gleich wieder.)
Der Redakteur: Ja, er sitzt bei mir. – Nein, verletzt ist er nicht. (Zum jungen Mann:) Tut Ihnen irgendwas weh? (Junger Mann schüttelt den Kopf.) Warum er nicht gleich nach Westberlin ist? – Wer will schon dort hin, außer man hat zu tun. Vielleicht wollte er den Plattensee oder die Puszta kennenlernen. – Heute in der Früh hat er sich bei Hegysalom gemeldet. – Den Namen verstehn sie ohnehin nicht, kommt dann durch Telex durch. (Zum jungen Mann:) Wollen sie nicht selber mit meinem Kollegen reden? (Junger Mann schüttelt den Kopf.) Er steht noch unter Schock. – Die Flucht über die weiten, eisigen Felder! – Mauer gibts bei uns keine, an

die man sich halten kann! – Das ist der wirkliche eiserne Vorhang, die Steppe! (Zum jungen Mann:) Trinken Sie noch einen Tee, Sie müssen ja halb erfroren sein! Was sagt die DDR? Nix? – Ab morgen werden sie schreiben und Stellung nehmen! (Zum jungen Mann:) Haben Sie eigentlich schon Matura oder nicht? (Junger Mann schüttelt den Kopf.) Er ist jetzt schon Freigeist! – Millionen junger Deutscher wie er zittern und ertragen die Schmach! – Deutsche zittern nicht? – Bitte, er ist Ihr Held, wir sind neutral! – Was wird ihm vorgehalten? Na ja, aufsässig sind doch alle jungen Burschen! – Waren Sie nie aufsässig? Was geht mich der junge Schiller an? (Zum jungen Mann:) Schreiben Sie ? (Junger Mann schüttelt den Kopf.) – Er kann doch kaum reden! – Die Gedanken sind frei? . . . Das ist nicht das Problem, aber was macht man mit ihnen? Gut, es ist ja Ihr Held und nicht meiner! (Zum jungen Mann:) Was wirft man Ihnen vor? (Junger Mann zuckt die Achseln.) Ich würde sagen, an seinem Besipiel hat sich der stumme Widerstand eines ganzen Volkes manifestiert! Gut, eines halben Volkes. (Zum jungen Mann:) Wenn es Ihnen langweilig ist, können Sie ruhig hinausgehen! In der Kantine gibt es heute Schinkenfleckerln, das kriegen Sie in der deutschen demokratischen Republik nie! (Der junge Mann schüttelt den Kopf und bleibt sitzen.) Für einen Helden ist er mir zu wenig begeisterungsfähig, aber vielleicht sind die jungen Deutschen so. (Zum jungen Mann:) Sind Sie drogensüchtig? – Mir können Sies ja sagen, Sie sind in der freien Welt. (Junger Mann schüttelt den Kopf.) Man merkt, daß Sie erst seit zwei Stunden im Westen sind. (Ins Telefon:) Er dürfte noch keinen Anschluß an die hiesige Jugend gefunden haben. – Also, was wollen Sie eigentlich hören? Das soll er Ihnen selber erzählen! (Der junge Mann flüsterte dem Redakteur etwas ins Ohr.) Er hat schon einen Manager in Westberlin. Der wird sich bei Ihnen melden. – Auf einmal sagen Sie mir, ich bin zynisch! – Wer hat gesagt, daß wir nicht nur Familienmörder und Sittenstrolche haben dürfen, wenn man dem deutschen Sprachraum angehört? – Was hat er schon getan? – (Zum jungen Mann:) Was haben Sie schon getan? (Ins Telefon:) Was kann man heute schon tun? Was? Ein Deutscher sein? Gut. Also, Tachles, er hat Schule geschwänzt, einmal in einer Versammlung öffentlich gesagt, daß ihm das System zutiefst zuwider ist, Flugblätter verteilt mit dem Inhalt, daß was geschehen müßte, am Alexanderplatz mit tausenden Gleichgesinnten herumgestanden... Abertausenden von mir aus... Aber was ist das gegen den einbeinigen Wannseedurchschwimmer, gegen den Drachenflieger vom Thüringerwald, gegen die Maulwurfsfamilie von Helmstedt? (Zum jungen Mann:) Was für ein Gefühl war das, wie Sie zum ersten Mal in einer westdeutschen Zeitung gestanden sind? (Junger Mann zuckt die Achseln.) Er dürfte kein starkes Gefühlsleben haben. – In den Verließen der DDR gebrochen, von mir aus! – Für mich ist das alles ein bißchen wenig für den Sonntag. – Grad am Sonntag zu Mittag brauchen die Deutschen einen Helden? – Nachmittag haben sie Fußball, das stimmt... Fotos habe ich genug, wie er am Schlagbaum mit der Faust dem Osten droht. Die drüben haben uns angerufen, wir sollen den Betrunkenen wegschicken. – Man kann direkt von Glück sprechen, daß er bei uns ist. Die Ungarn mögen doch die DDR nicht, unter uns gesagt... Neujahr ist leider schon vorbei, was haben wir? Mitte März? DER OSTERBOTE AUS DEM NIEMANDSLAND, wenn Sie noch ein bißl warten können! Der bayerische Ministerpräsident empfängt ihn übermorgen? – An seiner Stelle hätt ich ihn aufgehoben. Er gibt sich wohl selbst nicht viel Chancen als Bundeskanzler. – Ja, ich leg auf. Sie rufen mich zurück. – (Zum jungen Mann:) In Ihrem Alter hätt ich mir das gewünscht, so im Mittelpunkt zu stehen! – Damals hat man höchstens als Ritterkreuzträger Chancen gehabt. – Später als Sexualmörder. Aber das haben schon mehrere Opfer sein müssen. Und an einem interessanten Ort gefunden. – Rauchen Sie? (Der junge Mann schüttelt den Kopf.) Man hat das Ihnen sicher in der Haft abgewöhnt! Armer, junger Held! – Ich kann mir Ihr Leiden vorstellen. – Ich habs mir auch einmal abgewöhnt. (Das Telefon läutet, er nimmt den Hörer ab.) Was?... Sie machen einen Witz! – Das hats doch nie gegeben! Ich bin erschüttert. – ERDBEBEN AM HIMALAYA!! Wahnsinn! – Ja, ich glaub, damit ist unsere Aktion abgebrochen. Wenn der Himmel spricht... (Der junge Mann hat sich inzwischen entfernt.) Ja, ich will Sie nicht weiter aufhalten. – Und unsern Helden lassen wir sterben! Es wird sich schon was finden... So entscheiden die höheren Mächte... Als Kolporteur kann er bei uns anfangen... (Er legt ab, vor sich hin:) Er wird lernen, daß einem im Westen nicht alles in den Schoß fällt. Der Himalaya ist ganz schön hoch... Da kommen wir nicht mit... (Dunkel)

Der Pionier

Ein älterer Herr (sitzt im hellen Anzug auf einer Parkbank): Das soll ein Mai sein! Die Vogerln sind gescheiter als ich... Wer wird denn singen für die paar Leut... Am ersten schönen Tag werf ich meinen Wintermantel weg... Ja, einfach weg, ins nächste Haustor... Ich kann mir vorstellen, was das für ein Rätsel für die Bewohner is... Vielleicht wird er eine Decke für ein Jugoslawenkind... Mein Mutterl hat gsagt, ab Mai muß die Lederhose getragen werden. Wir waren arme, aber blitzsaubere Leut... Die ganze Klasse mit blaugefrorenen Knien, einmal in der Gewerbeschule, dann in der Bürgerschule... Mit den Mittelschülern hamma gestänkert... Es waren aber auch liebe dabei... Ich hab ja natürlich die Hosen auch noch zusätzlich aufgekrempelt, das war ja nicht verboten, und in die paar gewissen Parks sind schon die anderen Burschen gsessen ... Wie der erste Krokus! ... Mich habens Fleckerl genannt wegen meim Muttermal ... Ich Idiot hab es mir wegnehmen lassen, denn Naturburschen sind auf einmal nimmer gfragt ... Eine Bluejeans tragt heut schon jeder Hilfsarbeiter, man kennts ja gar nimmer auseinander, die blöden Lausbuben und die Profis ... Nach dem Krieg hats ja noch keine richtige kosmetische Industrie geben, da hat man in der Sonn sitzen müssen, damit man a Farb kriegt, sonst is man a Kellerassel gwesen und hat net mitspielen dürfen ... Blaß sein und blaß sein lassen, hat mir vor kurzem einer gesagt ... I glaub, die Jugend laßt sich von die Weiber unterwandern ... Und von die Amerikaner mit ihren Diskotheken ... Wenn man damals einen Amerikaner gekannt hat, haben beide was riskiert ... Wer kann sich heut noch die Verbotszeit vorstellen, das heimliche Kennenlernen ... Der Geheimtip waren die Tröpferlbäder zwischen Mariahilfstraße und Naschmarkt und dann im zweiten Bezirk. – Da hat man halt manchmal a Watschn kriegen können von einem Arbeiter, der aus der Nachtschicht kommt, aber auch das war schön. – Wenn ich denk, man war jung, hat sich seine Zukunft ausgemalt, eine kleine Parfümerie oder a Blumengschäft in einer guten Gegend mit an Lebensgefährten, der auch langsam älter wird ... Mir habens halt immer die Flatterhaften angetan, eben weil ich eine treue Seele bin. – Ein kleiner Blick in einem Espresso, ein kurzes Umdrehn im Kino. »Willst a Zigarettl, Burli?«, man unterhalt sich über den Film, trifft sich ein paar Mal, man weiß Bescheid. – Ganz Fremde hab ich mir

nie in die Wohnung gnommen, dazu bin ich zu spröd oder – jessas – es könnt ja ein Mörder sein. – Er trinkt drei Gläser Eierlikör, dann sagt er: »Du Sau hast mich unsittlich berührt!«, und haut einem das Glasl, aus dem er grad noch gezuzelt hat, über den Schädel. Der Pülcher! – Viele Freunde haben auf diese Weise gebüßt, aber das waren Trotteln. – Was hat damals dazugehört, in einem kleinen, halbdunklen Kellerlokal ein paar Tanzschritt zu machen, aber heut ghört ja schon jeder dazu ... Diese jungen Affen! Als ob sies erfunden hätten! Die schaun dich ja nimmer an, manchmal komm ich mir vor wie ein Außenseiter unter denen. – Ich bin ein Innenseiter, ihr Lausbuben – man hätte es ihnen nicht so leicht machen dürfen von der Regierung her. – Und diese Transvestiten, die aus Deutschland kommen! – Ich hab immer das Gfühl, die beobachten uns heimlich!
(Er macht kurz Make up.)
I komm mir vor wie ein junger Bub! – Ich hab einen angesprochen, in einem Konzert, da findt man immer wen, er hat sich ausgesprochen für Wien interessiert, ich hab ihm gsagt, ich zeig ihm was, er lacht immer und ist furchtbar freundlich. – Alles möcht er sehen ... Da kommt er ... Er freut sich, so, daß er Anschluß gefunden hat ... Es ist das erste Mal, daß ich so was mach, man sollts eigentlich nicht tun. Er ist nämlich ein Schwarzer!
(Dunkel)

Der Mann am Schlagzeug:

(Singt zur Kapellenbegleitung:) *Du hast Glück bei den Frauen, bel ami*... Was hat man schon von so an Glück... Net amal a Kaffehaus in Favoriten... Mir is no ka Richtige unterkommen – Der Blacky is krank... An Tripper wird er sich gholt haben im Palace Hotel oben... Mit an Tripper kann man doch singen... Er kann eh net singen... Sicher wars die Rothaarige... Da kann ich ja noch von Glück reden (singt die entsprechende Stelle des Schlagers). Die mit der blonden Perücken tanzt immer an mir vorbei – viel Gschäft macht die a net. A Wochn mit demselbn Herrn... Na wie wärs, alte Huatblumen... (veränderter Tonfall:) Küß die Hand, gnä' Frau... Waren sicher am Strand... So was von braun. Ja das liegt am Teint... (wieder der Alte:) Die möcht i net sehn, wenns reg-

net . . . Regen is angsagt . . . Da regnets hier wochenlang. Nachmittag werd ichs einmal besuchen . . . Ihr Alter macht sicher an Kurspaziergang – na, wie hätt mas denn gern, gnä' Frau? – Aha, jetzt fangts mit der Klarinette zum Schmähmachn an . . . Gestern is er erst kommen, der Herr Klarinetten, weil der Fredi hat sich gschlichn. Herzinfarkt hat er gsagt . . . Wer weiß, ob der überhaupt ein Herz hat . . . Aber einen Infarkt kann man auch so kriegen.
Warum es da in dem Bad so gsund sein soll. Klein-Soda, die Perle der Voralpen . . . Solangs zahln können, solln sie sich ruhig gsund fühln in dem Kaff. Wir hätten auch nach Abbazzia fahren können. Da ist die Auswahl an Weibern international . . . Natürlich bevorzugen sie dort die Zigeuner . . . (in seinem Conferencierton:) Auf besonderen Wunsch dieser charmanten Dame einen Csardas (Er beginnt pseudoungarisch zu singen). Vorigs Jahr haben wir a Zigeunerin ghabt. Alle haben wirs ghabt . . . Aus Oldenburg was. Wanns regnet, müssen wir zweimal am Tag spieln. Five o'clock tea.
Die Gewerkschaft sagt, sie ist nicht zuständig. Meine Freund . . . Acht Jahr habens gspielt in einer Bar, die jetzt schon den sechsten Besitzer hat. Die Gewerkschaft hat immer dieselben Besitzer. Man is per du, trifft sich einmal im Jahr, richt die toten Kollegen aus und so . . . Irgendeine Nadel hab ich kriegt, Ehrennadel . . . Was ich damit machen soll . . . Mit an Professor könnt man schon mehr anfangen. Kollege redens einen an . . . Wann die Burschen auf einmal nicht mehr Freund oder Haberer sagen, weiß man, die kommen bald in die Gewerkschaft (summt den Csardas). (Zu

seinem Publikum:) Bravo, bravo. (Privat:) Applaudieren tans a net. Bei der nächsten Nummer laschieren mir ... mir ... Der Klarinettist kann ja net amal Noten. A Ungar, glaub i, is er. Vielleicht haben die andre Noten ... *(Frauen sind keine Engel* beginnt. Er singt immer den Refrain). Der Zrutz Spulä sagt immer: »Wenn ich zhaus komm, geh ich immer zum Kalender, reiß a Blattl obe und denk mir, wieder ein Scheißtag vorbei.« Wenn ich nicht in Damenbegleitung bin, les ich an Krimi, und wann i merk, die Zigaretten hat die Tuchent anbrennt, wach i auf und schlaf wieder ein.
Na, untertags – die glaubn, wir probn – schleicht man so herum. Billard gibts ans in Klagenfurt ... Na ja, mitm Volkswagen kann ich mir das leisten. Im Kino, da schlaf i immer ein ... Na ja, und die Katzn kennt man in zwei Wochn. Und die, die net wolln, die wolln net. Was soll man sonst in der Saison machen. Zum Schwimmen fahr ich doch nicht an einen See ... Wer einmal in Caorle war, dem gebn die Sumpflacken bei uns nichts mehr.
Jetzt kommt die blöde Gschicht ... Da singen wir alle »O wie schade« und klatschen in die Händ ... Mit die Füß hättn wir auch was machn solln ... Ja, am ersten Abend ... Aber dann »Cinque« ... Ausgwachsene Männer mit die Füß ... Mein Anzug muß i mir richten lassn – die ganze Band dieselben Fetzn ... Amal hat sich der Charly angspieben ... An an Sonntag ... Eine Katastrophe! Na, was war? Im Hemd haben wir gspielt – wie die Sirs.
Wumm, is die antschechert. (Singt, Kapelle verstummt:) *Happy birthday to you, happy birthday to you,*

happy birthday, happy birthday, Missis Katzenfeind, to you. Die hat auch nicht in Amerika ihren Birthday ghabt – I hab immer träumt von Amerika – Amal hat mich einer hinüber engagieren wolln ... Aber ich hab nie mehr was von ihm ghört. Dabei hätt er a Riesengschäft mit mir machn können. Kein Brief, kein Telegramm, na ja die Post. Alleinunterhalter. Die wissen ja heute gar nicht mehr, was das heißt ... Zwölf Nummern am Repertoire. Noch in einem weißen Smoking ... Da hast nix gsehn, wannst mit aner Katz im Separée verschwunden bist. (Musik spielt *Strangers in the night*) Wenn ich den Namen vom Sinatra hätt – mindestens a Villa in Baden möcht ausseschaun oder am Semmering.
Haus Frankieboy möcht ichs nennen. Das kann man sich heute nicht mehr vorstellen – Kerzenlichtdinner – dirigiert ist damals noch worden. Das Schönste warn die Potpourris ... Die habn ein ganzes Wunschkonzert ersetzt ... Ein bißl Lehár, ein bißl Kálmán ... dazwischen Salonstücke ... so kann man die Leut noch für Musik gewinnen. Zum Schluß immer »Blume von Hawaii« ... Das ist ein Text ... Was heißt dagegen *dibidiubidiub* ... Der Billie hat die goldene Hawaiigitarre überreicht bekommen ... Ein Senkrechtstarter! Angfangt hat er beim Straßenbahnermandolinenorchester Simmering. Leider is er im Krieg geblieben. Den Kameraden im Unterstand hat er »Wann der Herrgott net will« vorgspielt. Das hat die Russn geärgert, und sie habn angfangt zu schießen. Wann er an der amerikanischen Front »Saint-Louis-Blues« zupft hätt, vielleicht möcht er noch heut mit uns spieln ... Thank you,

Missis Katzenfeind. Brauchst dir nix einbildn auf deine Dollar, wir nehmen auch Schilling. – Soll ichs mit ihr machen . . . Man weiß ja bei so reichen Leuten nie, was sie für Ansprüche stellen – Gfahr is kane, das Penicillin kommt ja aus Amerika (singt *diubidiubid*). I kenn ihre Zimmernummer, i kenn alle Zimmernummern. Notwendig hätt ichs net. Mein Schwiegersohn hat a Musikaliengeschäft, und im Herbst hab ich ein Angebot für ein Striptease-Lokal. Da lassn an die Damen immer a bißl obeißn. Man muß sich gut mit ihnen stellen. Mit meiner Frau kann i net redn. Die interessiert das net, was ich so tagsüber und vor allem nachtsüber erlebe. »Halt die Goschn«, hör i immer, und dann weiß ich, i bin zhaus. Weiber . . . Wir habn eiserne Regeln ghabt – vor dem Krieg . . . Vor allem in der Tschechei. Bettregeln. Zuerst die Schauspielerinnen, dann die Friseurinnen, dann die Kellnerinnen und erst zum Schluß die verheirateten Damen.

Weil, wenn der Mann draufkommen is, sind wir ausgwiesn worden. Das war eine mächtige Industrie.

Ich werd mir doch die mit der Perückn aufreißn. Vielleicht is drunter schwarz. (Im Conferenciertonton:) Das Hobo-Ratznfadler-Trio empfiehlt sich seinem Publikum. Wir hoffen, Sie haben dieselbe gute Laune mitgebracht wie unsere Band.

Sitzenbleiben! Trinken!

Zeitungskolporteur, aus dem Fernen Osten:

Hallo, Sie haben Beilage vergessen – Zeitungsbeilage – wenn er nicht will, ich verkaufe als Extrazeitung ... Heute schlechtes Geschäft – entweder Abd el Ulla hat sich vorn auf Platz hingestellt, oder es war wieder Überfall von El Fatah ... Dann Leute immer schimpfen mit uns. Manchmal auch gut sein. Eine Herr gekommen, wie große Explosion war in Aeroplan. Herr sagen, Sie haben recht. Immer noch zuviel Israeli.
Leute viel schimpfen, immer schimpfen, wenn lesen. Warum dann kaufen? Eine Frau kommen, nehmen Zeitung, blättern, dann sagen, alles gestern schon in Television ... Ich sagen: auch Kochrezept? Dann kaufen. Jetzt immer fragen: wo bessere Kochrezept ... Sehr schwer für mich ... Beide Zeitungen kosten gleich ... Beide Zeitungen ... Wenn ich habe kein Geld

zum Zurückgeben, sie gehen zu Abd el Ulla – er immer Geld ... Auch Mark, Dollare, Lire. Er will aufmachen Lokal mit mir »Sindbad« – ich immer sagen, Namen »Aladin« besser ... Lampen auf Tisch. Beide Zeitungen, beide Zeitungen ... Eine Pfarrer mit mir wollen reden wegen Muhammed ... Ich sagen, ich bin Buddhist. Dann Leute immer machen Witze wegen Öl ... Ich sage, müssen gehn zu Kaufmann, gut kochen mit Öl ...

Eine Herr mit schwarzer Krawatte immer schimpfen ... Sagen: für unser Geld leben in schöner Stadt, Haschisch trinken, mit Frau schlafen, weiße Frau Essen zahlen, schießen, Messer stechen ... Wir nicht stechen Andersgläubige, Koran hat verboten.

(Er stammelt unverständliche Fernostlaute.) Arwan el Ghiauro sehr traurig ... Hat noch immer sitzen Geisel auf Toilette in Pisa ... Kleiner Flugplatz, sehr heiß – er mir wollen Geisel verkaufen.

Jetzt wieder viel Geschäft – Abd el Ulla wahrscheinlich sitzen in Kaffeehaus mit Freunde. Wahrscheinlich Geschäfte machen. Zeitung ist gutes Versteck. Vieles ist hier verboten. Zu mir ein Mann kommen und sagen: »Geben mir neue Zeitung. Bei Ihrem Freund ich haben gekauft und immer Salz drinnen.« Ich sagen: gut gegen Grippe. Muß nicht wissen, daß Rauschgift drinnen.

Frau, wo ich jetzt wohne, sehr eifersüchtig. Mann noch mehr. Sagen, wenn ich gehe, er kommt dran.

Mädchen hier immer wollen, dann enttäuscht. Sagen: »Ich glauben, du ganz schwarz.« Ich weggehen aus Hotel, böse. Ich Khun al Sir. Meine Großvater Befreier von Karatien. Schlacht von Osram. Alle Leute so

freundlich zu mir ... Einer mir auf Schulter klopfen und sagen: »Wenn wir euch nicht hätten.« Was steht im Blatt? Kibbuz überfallen, 15 Tote. Vorige Woche alle böse ...
Einen Tag nur zwei Stück verkauft. Überschrift: Israeli sechs Flugzeuge abgeschossen. Ich sagen Redakteur: Für Geschäft besser Kriegsmeldungen auf letzter Seite. Österreicher viel reden. Ich zuhören lang, dann sagen: keine Zeitung. Leute gehen zu Abd el Ulla. Er immer sagen, er sein aus Dar-es-Salam. Dann sie schauen blöd, manchmal fragen, wo das ist. Er sagen, im Meer.
Wiener Kopf schütteln und gehen. Mich immer fragen: »Was du machen in Wien?« Immer sagen: Student. Abd el Ulla sagen, er Teppichprofessor. Viel Professor hier. Wenn sehr kalt ist, Leute lang stehen und sagen: »Kalt ist?« (Fernöstlicher Fluch) Einmal böse, dann wieder gut, böse, gut, man weiß nie, was ihnen einfällt. Ach, ich geh nach Hause und handle mit Silberschmuck auf Straße. Und für meine Standplatz hier hab ich schon Nachfolger gefunden. Ein Ire. Irischer Student. Gestern es hat gegeben zwölf Tote in Belfast. (Verhallend:) Beide Zeitungen, beide Zeitungen ...

Der freundliche Herr

Ein Herr (im Hochsommer, auf der Straße mit billigem Hut, spricht junge Damen an): Guten Tag, auch wenns schon vorbei sind! – Wenn ich Blumen hätt, möcht ich Ihnen eine geben! – Ecuse moi ... Ich hätt gwett, daß Sie eine Französin sind ... Is ja ka Schand ... Das Leben is so kurz. Darf ich Ihnen meine Karte ... Es gibt soviel Ausländer, und wir sind weltoffen ... Die Adress stimmt nicht, aber ich hab wieder ein Fotoatelier im selben Bezirk. (Er streicht auf einem Zettel etwas durch:) In Farbe, denn der Körper ist mir heilig ... Entschuldigen Sie, sprechens verständlicher, der Straßenlärm ist nicht spurlos an mir vorübergegangen ... Jetzt ist Rot, sehns, Sie hättens nicht bemerkt ... Da kann man sich ja in Ruhe unterhalten ... Sie wissen ja noch gar nicht, was ich Ihnen sagen will ... Die mei-

sten Männer schaun auf die ... Na ja, auf die übrigen Sachen, aber ich schau aufs Gsicht ... Haben Sie eine Telefonnummer, es kann auch ein Vierteltelefon sein ... Sinds ehrlich, Sie wohnen bei einer Freundin! Ich hab auch einen Freund ... Mit einem Balkon ... Sie lächeln? Sie glauben, daß ich an jeden Menschen ansprech? Blöde Hur! – Grün wirds mitten in der Konversation!
Verzeihen Sie, daß ich Sie anspreche! Ich weiß, es ist ungewöhnlich ... Gebens acht, die Leut fahren auch bei Rot über die Ampel ... Na, was sagens? ... Gestern sind drei Leut mit zwanzig überfahren worden ... Mit einem alten Volkswagen ... Am Wochenend ... Was machen Sie am Wochenende? Im Donaupark ist ein Fest! Mit einer Gruppe! Ich geb Ihnen meine Karte ... Was lachens? Sie wohnen im Hotel? Ach, aus Deutschland? Berlin, herrlich, immer noch stark ... Prostituiert sind Sie? Pardon, gnädige Frau. (Pause) Ja, ja, die Berliner, direkt ins Gsicht ... Für die ganze Welt ein Ärgernis.
Verzeihung, Gnädigste, ich hab mich grad mit einer Dame aus Berlin unterhalten, warum der Verkehr in Wien so schlecht geregelt ist ... I understand ... I'm a fotographer ... Hilton is gleich um die Eckn ... Wo findens eine Stadt in der ganzen Welt, wo das Hilton gleich um die Ecken is ... I give you my card ... Flugplatz? A halbe Stund ... Schleich dich, wer hat dich braucht! Good bye, lady ... Verzeihen Sie, daß ich Sie anspreche, gnädige Frau ... Finden Sie auch, daß diese Amerikaner widerlich ... Sie sind aus Deutschland, dann werden Sie mich ja verstehn ... Man siehts gleich

am Chic ... Sind Sie schon einmal, außer privat, fotografiert worden? In Bad Kissingen? Sie werden lachen, gestern hab ich auch eine Dame aus Bad Kissingen kennengelernt ... Die gleiche Reisegesellschaft, meinen Sie? Sie wohnen in Mödling? In einer kleinen Pension? Wenn das kein Zufall ist ... Die Wälder um Mödling sind ja das Schönste ... Die Höldrichsmühle ... Ja, die Höldrichsmühle ... Wenn Sie die nicht kennen, dann kennens kan Schubert Franzl ... (Nachrufend:) Über dreißig und angezogen wie a Achtzehnjährige vor zehn Jahren ... Ich kann die Weiber nicht mehr auseinanderhalten ... Das Ansprechen ermüdet ... Per Saldo gehns lieber Fernsehen oder zum Autobus ... Dann fahrens wieder nach Kissingen.
Ob mir nicht gut ist? Wie kommen Sie auf die Idee? Man wird doch noch a bissl plauschen dürfen ... Ich hab leider keine Karte mehr, aber ich geb Ihnen meine Telefonnummer! Wir können jetzt auch gleich spazierengehen ... Es ist nicht mehr so heiß, und um die Zeit gibts immer was zum Herzeigen ... Das weiß kaum jemand, daß das Riesenrad nicht im Herzen von Wien liegt ... Da hab ich vor kurzem a Japanerin ghabt, die hat glaubt, es is das Foyer von der Oper ... Gnädige Frau, glauben Sie mir, Sie sind ein Mensch ... Was machens denn? Was habens denn? ... Was fallt Ihnen ein! Gehen sie sofort weiter, oder ich hol die Polizei! Trampel! – Will mich da fotografieren in der schönsten Jahreszeit!
(Im Dunkelwerden:) Entschuldigen Sie, daß ich Sie um die Zeit anspreche ... (Dunkel)

Der Ableger

Ein männliches Wesen (sitzt in der Stadtbahn, blickt hin und wieder aus dem Fenster). I bin der größte Trottel von Wien ... Daß mir das noch nie aufgfalln is. Ich habs ja schon oft ghört in mein Leben, aber i hab immer glaubt, daß is nur so a Redewendung. Und wenn man so in der Straßenbahn sitzt, würde mans ja nicht vermuten. Siebenundsechzig Jahre habe ich geschwiegen, und jetzt hört mi niemand. Am Anfang hab i ja noch net reden können, und meine Mutter hats mir erst am Totenbett gsagt... Sie ist ja sitzend gstorbn. Mitten im Beruf in der öffentlichen Bedürfnisanstalt am Neuen Markt. 1918 hat die Grippe viel dahingerafft, drum ist das Geld seither nix mehr wert... »Geh nach Deutschland wie dein Vater, hats gsagt, dort sans nervös ... Laß dir an Bart wachsn und

reiß die Goschn auf, dann glaubens, du bist einer von ihnen ...« Mit acht Jahr wird man lieber Straßenbahnschaffner, und deutsch hab i a net gut können. Meine Schulfreund waren alle Böhm und Juden.
Mei Vater hats sicher a net mögen, die Deutschen, bis zu seinem Tod net, sie haben ihn nicht einmal anständig begraben ... A Grab hätt er sicher in Wien, und ich hätt zu Allerheiligen eine zweite Bleibe ... Aber vielleicht möcht er noch leben, und ich müßt ihn pflegen, und das hab ich in meinem ganzen Leben, zu allen Zeiten erreicht, daß ich allein bin.
Der Donaukanal wird auch net schöner. Ich hab nie verstanden, warums ihn net zuschütten ... Ich hätt a Menge Pläne zum Neubau Wiens ghabt, wies zerstört war, aber zuerst waren die Alliierten da, und die habens an die Parteien verkauft ... Jetzt bauens wenigstens. Wie ich zum Arbeiten angfangen hab, ist grad die Arbeitslosigkeit nach Österreich kommen, und i war wieder ohne Einkommen ... Aus der Wohnung vom Mutterl hat man mich nicht ausweisen können ... So an Mieterschutz gibts in ganz Deutschland nicht ... Und Vergnügungen wie Oper oder Heuriger waren mir fremd ... Für was soll ich mich begeistern in einer Stadt, wo man von der Stadtbahn in die Gemeindewohnungen hineinschaun kann und das ganze Elend sieht? Drum hab ich auch nie eine nähere Bindung eingegangen, auf kan Foto werds ihr mich mit einer anderen Frau außer meiner Mutter sehen können. Dabei bin ich viel fotografiert worden, mit die Arbeitskollegen, mit die Hund und Kinder aus der Nachbarschaft.

Zum ersten Mal hab i mein Vater reden ghört, da hats noch die Kopfhörer geben. Es war unbequem, im Bett, und er hat gsagt, daß die Deutschen früher aufstehen sollen, erwachen. Mich hat das nicht berührt, weil wenn i aufgstanden wär, hätt ich eh nix ztun ghabt. Da hab ich beschlossen, Hundeführer zu werden, beim alten Bundesheer... Viel Möglichkeiten hab ich ja net ghabt, mein angeborenes Augenleiden hat sich verschlechtert, dann hab ich Augengläser tragen müssen. Der Fehler war, die Leut haben mich immer für intelligenter ghalten als ich bin, jetzt fallts mir erst auf, ich hab nie Freund ghabt, nur Kameraden, Arbeitskameraden.

Vom Bundesheer bin ich weg, einen Hund hab ich mir behalten, einen Blindenhund, man kann ja nie wissen.

Dann is mei Vater zum ersten Mal nach Wien kommen, aber ich hab mich net aufgedrängt. Es war eh a Art Familientreffen, aber mich hat niemand kennt. A schöner Märztag wars, die ganze Gassn war leer, und i hab die Grippe ghabt. An sich hätt ich ihm ja gern mein Hund zeigt und auch Wien. I glaub, er war net einmal beim Heurigen, nur beim Juwelier, weil er immer von Perlen gredt hat und von Fassungen.

Kaum war ich fieberfrei, is er wieder nach Deutschland. Bis Linz hätt er mi wenigstens mitnehmen können, weil i hab in meiner Roßfleischhauerei, wo i tätig war, an Ariernachweis braucht, und er war doch dort aus der Gegend. I persönlich hab ja nie an Arier kennenglernt, aber vielleicht arbeitens jetzt auch bei der U-Bahn, das Gsindel, man weiß ja net. Mein Chef hat a Tafel aufgstellt »Vegetarisches Geschäft«, und da hat der Krieg angfangt. Alle Leut san herumkommen auf der ganzen Welt, an schönen Urlaub hat er sich gmacht, der Vater, sogar in Paris war er und überall, wo er hinkommen is, haben die Leut gsungen. Und er is nie zum Sitzen kommen. Dabei war er nicht gesund, das weiß ich von meiner Mutter. Einlagen wird er ghabt haben, aber die Leut haben net so auf seine Füß gschaut. Die Hand war immer ausgstreckt, aber umgekehrt, net so wie bei die Bettler, das hab ich an ihm bewundert. Glacht hat er selten, aber das liegt in der Familie. Mir gehts a so. Manchmal im Traum lach i, aber da kann i mi in der Früh net erinnern.

Dazwischen hat er Händ gschüttelt und hat Reden ghalten. Wie ihm das alles eingfallen is! Und manchmal im Kino, wenn ihm was net gleich eingfalln is, hab i direkt den Eindruck ghabt, er denkt an mich. Meine Mutter hat gsagt, er hat sich nur für die Oper interessiert. Ich war nie in der Oper. Wenn man sich ernste Gedanken macht übers Leben, hat man ka Zeit für so was.

Die Mariahilferstraße hat ihren Lichterglanz angelegt. Für die ist das ganze Jahr Weihnachten. Mir hat er nie was gschickt, aber i hab mi ausschlafen können. Zum Geburtstag wollt ich mir immer selber was schenken, aber i kann mi für nix entscheiden. Fernsehen hats damals noch net geben, sonst hätt er sicher a eigene Show ghabt. Das hätt mi vielleicht interessiert, weil i mag schöne Lieder und Kostüme.

Man hat ihn immer seltener gsehn, nur mehr Panzer und Flugzeuge, ich bin immer weniger ins Kino gangen. Das hat mi net interessiert, denn die Flieger hab i in der Luft gsehn, und in unserer Gassn war a Panzer, der hat sich beim Hausmeister a Benzin ausborgt, a Ausländer, frech, wahrscheinlich is er jetzt a bei der U-Bahn.

Irgendeinmal habens ihn umbringen wollen, i verstehs net, er hat doch nix ghabt, aber es san Leut schon für weniger umbracht worden. Wahrscheinlich hat er sich gstritten mit die Deutschen, die wollen einen ja net verstehn. Wanns net grad beim Heurigen und antschechert san.

Ich hab meinen Beruf gewechselt und hab ein Lager beaufsichtigt. Ein Lagerhaus an der Donau. Dort wars ungemütlich. Ich war froh, wie die Zeit vorbei war. I will von die Lager nix mehr wissen.

Die Zeit is net besser worden, dann hat man lang nix mehr ghört von ihm, die einen sagen, er lebt noch, in die Zeitungen sieht man hin und wieder Bilder von ihm, aber im Grunde genommen is er verkommen wie a Schaas im Wald.

Einen Freund hat er noch, der sitzt in Berlin im Häfen, aber ich kann mich nicht entschließen, ihn zu besuchen, obwohl wir uns vielleicht viel zu sagen hätten.

Na ja, so lebt man halt, in die Kirchn geh ich manchmal, i war schon lang net dort, die heizen so schlecht, ich hör auch net gut.

(Stille)

Aus Fehlern lernt man, aber ich hab nie Fehler gmacht. Vielleicht war das mein Fehler ... Komisch ... I bin kein politischer Mensch, aber ans wollt i mein Vater immer fragen: was er gegen die Juden hat, wenn er sogar die Deutschen aushalt. (Dunkel)

Der Herr im Salonsteirer:

Am Jägerball merkt man noch, daß es ein unvergängliches Österreich gibt ... Haben Sie schon die Reichsinsignien gesehen? ... Soll man sich immer wieder anschaun ... Die deutsche Kaiserkrone! – Können Sie sich die in Bonn vorstellen? ... Die Kaiserkrone, und dann marsch ins Sacher, die Deutschen ... Beides haben sie sich ganz anders vorgestellt ... die Krone und die Torten –

Ja, setzen Sie sich ruhig ... Ich sitz am liebsten in so Stüberln ... Hat so ein bissel was von einer Jagdgesellschaft ... Zum Zwunschi hab ich vor kurzem gsagt ... in einer philosophischen Stunde: Wer sind die Jäger und wer sind die Gjagten ... Ich hab das natürlich politisch gmeint ... Wo gibts heute noch an politischen Witz? Über die Juden darf man nicht ... Sind sie viel-

leicht...? Aus der Steiermark... Bravo! Hab ich mir gedacht.
Servus, Sylvester – Komm doch her... Was hat das Ministerium beschlossen?... Ich brauch euch doch nicht vorstellen?... Hat sich der neue Minister schon eingelebt? Na ja, für die kurze Zeit... Drum gibts ja keine politischen Witze... Außer man wechselt die Namen aus... Aber da kann man sich leicht irren, und dann steht man da... Ich muß ja immer lachen – Am Jägerball die Polizisten salutieren vor mir ... jedes Jahr... Obs das überhaupt dürfen?
Ich freu mich schon jetzt wieder auf das neue Jahr... immer auf das nächste... Dazwischen Heringsschmaus... und dann Ostern... Eier find man zwar keine mehr... Aber, Sylvester, laß mir doch meine Gspaß... No, und zu Pfingsten fahr ich nach Tullnerbach-Pressbaum – zum Kommerzialrat Fähnrichsberger – mußt ihn doch kennen ... der mit dem (Er hustet diskret). Leider weiß man noch nicht, ob es Krebs is... Asthma wär angenehmer... Wunderschönes Jagdhaus... Leider liegt es direkt an der Westbahn... Da sitzen wir dann ... eine vergnügte Runde – erzählen uns die Neuigkeiten... Die Zeitungen können mir gstohlen bleiben – vor kurzem hab ich eine gstohlen. Am Sonntag... Ich hab manchmal so Anwandlungen zu Lausbubenstreichen... Der tolle Burli, nennens mich manchmal. Da muß der Kommerzialrat Fähnrichsberger herzlich lachen... Er sollt eigentlich nicht – es könnt ja Kehlkopfkrebs sein – hoffentlich kommt er in kein Spital... In Tullnerbach-Pressbaum sein Leben aushauchen... So was hab ich mir immer ge-

wünscht ... Gepflegter Friedhof ... Die Ärzte sind entweder Scharlatane oder Trotteln ... Was brauch ich ein neues Spital? Wenn ich krank bin, bin ich krank – Einen ganz hervorragenden Witz über die Pille hab ich ghört ... Wir sind ja alle über sechzig –: Also, der Papst empfängt den Reagan und – leider hab ich ihn vergessen ... Ich könnt ja in der Trübauer Wirkwoll AG anrufen ... Mein Freund, der Direktor Perlacher, schreibt sich das immer auf – ein Buch könnt er herausgeben ... Ich les ja kaum, aber zum Verschenken is es immer was Persönliches ... Ja, der Papa Perlacher ... Von dem krieg ich immer ein Weihnachtsgeschenk ... Mozartkugeln ... Aber in Salzburg aufgegeben ... Spezialanfertigung der Wirkwoll AG ... Ich heb mirs schon jahrelang auf ... Wer das einmal erben wird?
Da is er ja, unser Benjamin – Servus, Herr Ingenieur ... Die Herren kennst du bereits ... Na, wie gehts auf der Baustelle? – Ja, die Jugoslawen ... Die Türken sollen besser sein – Weißt du, daß ich in dem Haus eine langjährige Freundin ghabt hab ... Mit einem furchtbaren Namen, aber ausgschaut hats gut ... Wie eine Filmschauspielerin ... Stummfilmschauspielerin ... Im Altersheim hat sies eh noch am besten – Also, wenn ich schon sterben muß, beim Schwimmen ... Aber der Neusiedlersee, wo ich manchmal mit dem Perlacher hinkomm, is so flach – man kann natürlich auch mit einiger Geschicklichkeit, wenn die Wellen von den Kommunisten herüberkommen, auch ertrinken ... Aber ob das anhalt? ... Ich war einmal im Krieg an der Ostsee ... mit meiner Dienststelle – mit manchen der

Herren hab ich noch Verbindung ... Die würden nur so schaun. »Mensch!« würdens sagen.
Meine Herren, erklären Sie mir bitte den Unterschied zwischen dem Neusiedler See ... kann auch der Bodensee sein ... und der Ostsee! Also sehen kann man Mädchen im Badeanzug, und der Osten is kalt ... (Totenstille) Ich seh schon, ich habs falsch erzählt ... Der blöde Osten! – I mein, ganz blöd sinds ja nicht, die Kommunisten. Die Amerikaner zeigen hin und wieder auch Zeichen von Intelligenz ... Wir liegen so dazwischen – aber wir zeigens ihnen immer wieder ... Die Israelis sollen auch einmal wissen, mit wem sies zu tun haben. Ein friedliches Beispiel sind wir für sie. –
Wenn die solche Politiker wie wir in der Nachkriegsgschicht ghabt hätten, die hätten längst einen Staatsvertrag mit die Russen, die Amis und die Araber ... Und keine Geiseln ... Die Geiseln Gottes, hat einmal einer gsagt ... Sicher der Perlacher –
Ich hab mir oft in Mußestunden überlegt, was ich damals getan hätt – am Flugplatz ... Zuerst hätt ichs strategisch im gütlichen versucht: »Meine Herren, darf ich Sie nach Fischamed zum Forellenessen einladen?« Ich weiß allerdings nicht, ob die Juden Fisch essen dürfen. Irgendwas dürfens nicht ... Da gibts auch einen Witz drüber ... Da weiß ich wenigstens die Pointe ... (denkt scharf nach:) »Aber beschneiden hättens ihn nicht dürfen.« (Stille)
Der Benjamin schmunzelt ... Denkens lieber an Ihren Bau und Ihre ... Ah, das darf man ja nicht sagen ... Es ist, meine Herren, nebenbei kein Zufall, daß es für uns Österreicher keine Schimpfworte gibt ... Das ist nicht

Zufall, das ist Geschichte ... Darum beneidet uns die ganze Welt. Vor allem die Itaker und ... sprechen wir es ruhig aus ... die Tschuschen ... Also, um auf unser Thema zurückzukommen. Ich wäre auf dem Flugplatz auf einen dieser Pimpfe zugegangen und hätte – vorläufig noch höflich – gesagt: »Meine Herren! Ich war im Ersten Weltkrieg bei den Sechser-Ulanen, im Zweiten Weltkrieg in einer Sondereinheit. Sie sind umstellt, also verlassen Sie den Raum! Denkens, was Ihren Leuten im Krieg passiert ist. Und wenn Sie dazu zu jung sind, dann lassens sich von Ihren Vätern erzählen. Also gemma!« Na, die hätten gschaut – Sechstagekrieg ... So ein Blödsinn! Österreich ist nix für an Terror. Sie habens ja zweimal versucht. Die Sozis und die Nazis. Heut sitzens schön brav beisammen. Im Parlament ... Die Türken belagern nimmer und bauen das neue Wien ... und die Nazi ... Einen Flugplatz neben dem Zentralfriedhof hinbauen – diese Herzlosigkeit hätten sie nie besessen ... Die Toten in ihrem Frieden stören ... Nazi ... Wenn ich das Wort nur hör ... Nazi oder Nichtnazi, ein Österreicher ist ein Österreicher. Die paar Kommunisten sollen nach Deutschland gehen oder nach Amerika ... oder nach Rußland. Da können sie sich die Haar wachsen lassen so lang wie der Rasputin ... und Rauschgift sollns fressen ... Dumme Kerle ... In einem Land, wo man eine Virginia hat ... Fräulein Gitti, einen Liter für unsere Runde ... Rot ... Sie wollen weiß, Herr Ingenieur ... und Sie rot ... Rot-Weiß-Rot. Das schreib ich mir aber jetzt auf. Der Perlacher wird zerspringen. Haben Sie einen Kugelschreiber? Das laß ich mir gefal-

len ... Firmengeschenk ... Wissen Sie, meine Herren, was die heimische Industrie allein dafür ausgibt? Industrie und Sport halten Leib und Magen zusammen.
Bei mir um die Ecken im Café Hadrawa ... Ich geh nicht hin, da sind mir zuviel ungwaschene junge Leut ... Also ich schau ins Kaffeehaus ... nein, durch die Scheiben ... Da seh ich manchmal Sportfernsehen ... Es gibt noch eine Jugend ... Nicht lang, aber schön ... Manchmal hab ich direkt Lust, durch die Luft zu fliegen ... Natürlich haben die heute ganz andere Bindungen ... Auch die Ski kommen mir ganz eigenartig vor ... so aufbogen ... Na, Benjamin, Sie sind ja noch aktiv in der weißen Zunft ... Wo? In Vorarlberg? Fleißige Leute ... Aber ich sag Ihnen, der Wienerwald ... Ganz schönes Training ... Da hat sich so mancher einen Meniskus gezerrt fürs Leben ...
Auch zwei anständige Menschen gibts im Kaffeehaus. Die spielen Schach. Vielleicht geh ich doch einmal hinein und schau ihnen zu. Das ewige Kreuzworträtsellösen führt auch zu nichts. Man eignet sich zwar eine umfassende Bildung an, aber wer tut schon was in diesem Land für die Kultur?
Benjamin, wieviel Marillenknödel essen Sie eigentlich? ... Da bin ich Ihnen immer noch um fünf voraus. Von Zwetschkenknödel gar nicht zu reden. Und dann in die Sauna! – Gesunder Geist im gesunden Bauch! – Da schwitzen wir, ein jeder erzählt, was er gegessen hat ... Oder getrunken ... Nach dem Opernball war das ganze geistige und einflußreiche Österreich versammelt ... Uj, da hats gstunkn – Pardon – auf einen gewissen Ort muß auch der Kaiser ... Das Recht auf

körperliche Ausdünstung hat jeder. Das werden Sie mir auch nicht glauben, daß ich den Kaiser noch persönlich gekannt hab. Parade auf der Schmelz, Kaiserwetter. Eine Dunstglocke hätt sich dort gar nicht hintraut.

Der Hitler hat mich schon nicht mehr interessiert. Vielleicht war es ein Fehler. Wenn man schon in so einem historischen Zeitalter lebt, soll man es auch ausnutzen. Aber wie gesagt, das hab ich mir beim Jägerball gedacht, wir haben wieder einen Abschnitt, einen Punkt hinter uns. Hinter uns die Vergangenheit, vor uns die Zukunft. Prost! (Gläserklingen)

Ich hab gelesen, daß wir Österreicher für den Wein empfänglicher sind als die Friesen ... Sie glauben gar nicht, wie diese schwerblütigen Menschen aus dem Norden für den Süden empfänglich sind ... Von der D-Mark zur Südmark. Die glauben auf ihren Inseln, daß Südtirol zu Österreich ghört. Ghöret sich eigentlich schon. Würden mehr Friesen hinkommen. Weil langsam spricht es sich auch dort herum ...

Ich hab einen Corpsbruder, der so kleine Steirerhüte aus Papier herstellt ... Vielleicht kennen Sie ihn, den Kapplkönig ... Hauptabnehmer: Friesen ... Nordfriesen natürlich ... Er hat sich um einen Auftrag fürs Bundesheer bemüht – mit seine Kappeln. Aus erstklassigem steirischen Stoff ... Aber solang ein Heer so verpolitisiert ist, schaut keiner auf die Landesverteidigung. Mein Plan: Nix wie in die Berg ... Egal, ob hoch, ob nieder. Hauptsache, es sind die Tauern. Und dann Aug um Aug, Zahn um Zahn. Auch die Prothesenträger müssen da ihr Scherflein beisteuern. – Dann zeigen

wir diesen Dilettanten, was ein europäischer Krieg ist... Die Zivilbevölkerung kommt in die Flaktürme – Gott sei Dank hat sie unser Herr noch stehn lassen... Die Jets sorgen für Ordnung – Da werden sich die Herrn im Parlament einmal wundern.
Ich hör so manchmal die Debatten – wenn sie nicht zu ausfallend werden... Und dann... Und dann... Und dann schreib ich ihnen meine Meinung. Natürlich sinds verbittert und antworten nicht. Hier in unserem Lokal verkehrt ein Nationalrat, ihr kennts ihn, der so oft aufs Häusl geht und dann nichts bestellt.
Zeitweise grüßt er mich ... sehr höflich... Ich grüße zurück – mit leichtem Sarkasmus... Am nächsten Tag sind dann die Parlamentsdebatten sehr zahm...
Die sollen sich nicht spielen, die Brüder... Wer kein Geld hat, braucht auch kein Budget – mit den Handwerkern werdens auch nicht fertig. Berge von Schilling-Volksvermögen gehn durch diese Pfuscher der Nation verloren... Mir hat einer beim Heurigen einreden wollen, wir sind ka Nation. Da hättens mich sehen sollen... Ich habe ihn einfach scharf angesehen und gesagt: »Mein Herr!« Lacht der blöde Kerl. »Sie scheinen nicht zu wissen, wer ich bin.« Dann haben die Schrammeln zum Spielen angfangt, und die zweifellos interessante Debatte ist untergegangen. Sehr lustige Partie, diese Schrammeln dort. Hochmusikalisch... »Die vier Trotteln.« Jetzt spielt allerdings eine neue Partie: »Die vier Teppen.« Lang nicht, was die »Trotteln« waren. Hingegen die Philharmonischen Neujahrskonzerte enttäuschen nie. Auch wenn ich sie nur in meinen vier Wänden höre, dazu ghört ein dunkler

Anzug. Wenns den Bruckner oberieseln lassn, dann denkt man an einen Altar. Das gibt dem lieben Gott mehr, als wenn man in eine Messe geht. Obwohl, in der Michaelerkirche ist es zu Weihnachten ganz gemütlich. Man trifft viele Bekannte. Erstaunlich viel Sozialisten. Auch in den Oststaaten macht die Kirche Fortschritte, eine nicht zu unterschätzende Macht. Ich glaub, drum zögern auch die Chinesen, den ersten Schritt zu tun. Na ja, für Heiden ist es schwer. Ich meine nicht den Komponisten, Herr Ingenieur. Früher hat man von ihnen nur gwußt vom Reis und vom Tee, und jetzt werden sie auch sonst anerkannt. Man kommt ja nirgends hin – im Sommer grad auf den Semmering oder nach Maria-Zell ... Im Waldviertel weiß ich eine Pension mit Frühstück ... eine liebe Gemeinschaft. Wenn man jemandem sagt, darf ich den Rest von Ihrem Kaffee haben, ich seh, Sie trinken ihn eh nicht, Sie werden es kaum glauben, man wird nicht ausgricht ... Es regnet die ganze Zeit ... Was will man mehr. Die Menschen, die man dort kennenlernt, haben dasselbe Niveau ... Leider sterbens langsam aus. Aber das muß ja so sein ... Von mir aus solln die Ärzte streiken – ich hab mich nie an ihre Anweisungen gehalten. Ich war mein Leben lang ein Genußmensch – Renaissancemensch, drückt sich der Perlacher aus. Linkswalzer tanz ich ... Komisch, ich bin doch Rechtshänder.

Ich sag immer, Humanismus bedeutet, daß es einem egal is, ob einer eine Hasenscharte oder einen Klumpfuß hat. Außer den Bettnässern. Die sind gefährlich, weil sie Fanatiker sind. Prost! Ich hab mich schon so an

unsern Reschburgunder gwöhnt, daß ich kaum was anders trink – Beim Jägerball natürlich schon – Das letzte Mal habe ich die Frau Kammerrat Zwern aufgefordert – der ganze Saal hat uns zugschaut. Nachher großer Applaus. Bescheiden, wie ich bin, hab ich gedankt und bin nach Haus gangen ... Schöner kanns nimmer werden.
Manchmal ... Ich möcht in keinem Neubau wohnen. Wenn die Sonne sinkt, das ist bei mir ganz etwas anderes. Auch wenn sie aufgeht. Wenn man mir als Astronaut befehlen würde, ich soll hinaus, »danke« würd ich sagen, die Kluft ist zu groß ... Jessas, es is schon zwei Uhr ... Leberknödelsuppen wird aus sein. Der Apfelstrudel auch. Hoffentlich krieg ich noch eine gfüllte Kalbsbrust, weil sonst weiß ich nicht, was ich heut noch machen soll. Zahlen bitte ... Alles für mich ... Servus ... *Was laßts mich denn auch so viel reden?*

Der Mann, der durch die Stadt geht, hin und wieder Unsichtbare begrüßend ...:

Jetzt weiß ich nicht, ists Dienstag oder Donnerstag ... Freitag hätt ich genau gewußt ... Da bereitet sich der Sonntag vor ... Wien hat eigentlich nur eine halbe Woche. Was ist am Sonntag los? Essen tuns außerhalb – Montag ists schwer, wieder starten ... Wenn Sie mich fragen würden – Servus –, was in die vierziger Jahr war ... Da sind wir a bissl langsamer gangen – Aber wenns mich nach dem Bundespräsidenten fragen ... Oder nach dem Mond, ob wir da schon oben waren: keine Ahnung. Warums mich so nach der Inneren Stadt zieht? ... Weil ich nicht dort wohn ... Weinhaus ... Da mach ich immer eine Pause ... Immer dieselben blöden Gsichter ... Manchmal is einer gstor-

ben ... Na geh, der lebt nimmer? So ein Schnipfer ... Schleicht sich da einfach ...
Mein übliches Achterl ... Wird auch immer kleiner ... Jetzt weiß ich, was sich bei dir verändert hat, Nandi, du hast an Schnurrbart ... 1955 hab ich auch an ghabt ... Wegen Staatsvertrag ... Das Bundesheer is durch die Tür am Heldenplatz marschiert – und durchs Hintertürl wieder raus ... Die Buben sind heute alle Obersten oder Ranchers oder wie das heißt ... Die grünen Teufel, die ... Na, unsere liebe Ida verwöhnt uns heute gar nicht ... Ja, ich hab schon vor einer Viertelstund bestellt ... Immer mit die alten Trottel, hats gsagt ... Sowas erhält einen jung, find ich ... Was gibts Neues? – Nix? – Na, und der Regen is nix? Und der Autounfall Ecke Tuchlauben ... Aus den Gschäften sind die Leute ... Ein Briefmarkenhändler wollte Erste Hilfe leisten ... Habt ihr was von der Mund-zu-Mund-Beatmung gehört? ... Na ja, natürlich ein Voyeur, der Briefmarkenhändler ...
Heut is mir ein Gedanke gekommen ... Manchmal bin ich so philosophisch, so tief ... Wieviel Kilometer sind wir eigentlich durch die Stadt gegangen, wie oft sind wir an der Ecken gstanden? Welche Gespräche haben sich ergeben ... Ich glaub, der Einstein war gar nicht so gscheit ... Was lests ihr so ... Wenn ichs vermeiden kann, gar nichts ... Ich hab noch einen Volksempfänger aus dem einundvierziger Jahr ... Wie neu ... Nur damals war er lauter ... Geht einer mit mir mit? Bonzo? Ja, du weißt immer so Gschichten ... Zahlen tu ich morgen ... Da solls freundlicher sein, die Ida ... Na ja, einmal im Monat ists erlaubt ... Weißt, wie mir seit

unserm U-Bahn-Bau den Graben genannt haben? ... Den Aufgraben – du kannst darüber gar nicht lachen ... Mit die politischen Witze ists auch schlecht, es gschieht zuviel ...

Erinnerst dich, wie wir die ersten Borsalino-Hüt ghabt haben – und die alten Ami-Platten aus der Schweiz? ... So mancher Aufriß hat in Ehe geendet ... Der Herbert is im Kamelhaarmantel mit der Trixie in die Schweiz gangen – dort habens sich dann scheiden lassen ... Besser als Gattenmord ...

Ja Wurzi, daßs dich noch gibt ... Die Alten sind noch immer die Alten ... Jeden Sonntag Kaffee Pichler ... Die alte Runde – ich hab schon erfahren, Bridge tuts ihr jetzt – schamst di net? Nein, laß dich net aufhalten ... Auch ein altes Stück Wien – (ruft ihm nach) Gehst noch manchmal in die Oper? ... Da ärgert er sich immer – er spielt selbst Klavier ... schon lang nicht mehr ... es soll verstimmt sein ... Wer gibt schon Geld für Kultur aus ... Die ... die ... die ... na, jeder hats sehen wollen ... In einem Altersheim ist sie jetzt ... hochgeehrt ... Dem ... dem ... habens den Fiaker ausgspannt ... Hat eine wunderbare Stimme ghabt ... Ich war ja nicht dort, aber vor allem Mozart ... Wer Mozart sagt, muß auch Wagner sagen ...

Du mußt mich einmal besuchen – einen guten Tropfen vom Wirt an der Ecke hab ich immer bei mir ... Ein frisches Brot, eine Konserve, gfüllte Paprika sind am sichersten ...

Ein paar deutsche Keks in einer schönen Schachtel ... Die kann man immer wieder verwenden ... Den ganzen Casanova in einer neuen Ausgabe, sie kommt zwar

aus Mecklenburg, aber allgemein verständlich. Wozu soll ich das Joch der Ehe ...
Ja Servus, Uschi ... Ihr kennt euch noch aus dem Luftschutzkeller, wo wir so lustig waren ... An Schlager haben wir komponiert:

»In einem Warenhause
Abteilung Himbeerbrause
Ist Fräulein Erikas Revier
Da trink ich ohne Pause
Nur immer Himbeerbrause
Denn Fräulein Erika ist hier.«

Beim Peter Alexander muß ich immer daran denken ... Der hätt zu uns paßt ... Es geht doch nichts über die Bombenzeit ...
Die Fußgängerzone ... Das is eine glatte Besatzungsmacht ... Die Leut aus der Vorstadt ... Die Ungarn gehn mir am meisten auf die Nerven ... Auch wenns gar nix in der Hand haben, hat man den Eindruck, sie machen Geschäfte ... Wer hat die braucht? – Wann i an Aufstand mach, bleib ich gleich dort oder fahr nach Amerika ...
Das waren schon peinliche Sachen damals, wie wir die Kochsalzlösung als Penicillin verkauft haben – »Dritter Mann« habts mich genannt damals, und jedesmal, wenn ich zum Karas sein Heurigen gegangen bin, hat er die Melodie gspielt ... Mit zwei Assistenten, die haben mitgezittert ... Der Meister persönlich hat mir erklärt, daß er mehr zupft als zittert ... Aber die Welt hat wieder was von Wien gehabt ... Ich weiß nicht, warum wird der Welt soviel geben ... Wer einmal in

dieser Stadt verhaftet war... Wer einmal in dieser Stadt verhaftet ist, kann ohne den ehrwürdigen Dom und der Jonasgrotte nicht mehr sein...
Siehst drüben, die Susi mit der Zampfi... Sonst sinds immer später dran... Donauweibchendiele... Die eine hat die andere angsteckt, weils selber angsteckt war... Die Amis haben gleich Penicillin dabei ghabt... Einer hat gfragt: Du Jungfrau? Die Zampfi hat gsagt: Seit meinem zwölften Lebensjahr... Und die Susi war origineller und hat glacht: Nur über meine tote Leiche...
Die Nazisoldaten haben so Schilder hängen ghabt wie Tortenecken... Streifendienst... Und das alles manchmal ohne Schnurrbart... Es ghört schon viel dazu, Leut aufhängen, wo einmal das Hotel Erzherzog Karl war... Das hättens ja gar nicht können, wenn die Amerikaner ihre Bomben nicht ober hätten lassen... Ich hab einmal zugschaut beim Entschärfen... Fazit: 4 Tote... Ich bin entsprechend weit weggangen. Habs aber gleich weitererzählt... Unsere Widerstandsbewegung hat immer funktioniert... »Na so was«, hat der Nandi gsagt, »da muß man doch etwas dagegen unternehmen.« Wir waren eigentlich immer die Pioniere der Fußgängerzone... Wann hast dir den feschen Stock angschafft... Ah vom Onkel Bü... Der hat doch ein Raucherbein... Ist das nicht ansteckend? ... Am Naschmarkt seh ich ihn manchmal schleichen und Obst goutieren... Dann schleicht er in die Leihbibliothek... Drei Pfirsich und drei Bücheln... Was liest er denn?... Leichtes freilich... Die Zeit is eh schwer...

Schaun wir in den Neuen Markt eine ...
Brunnen fließt gar nicht, na freilich, es regnet ja ... Hast den gsehn, der mich so bös angschaut hat, den muß ich doch kennen aus die fünfzger Jahr ... Ich hab mir ein System geschaffen, die Gsichter aus den siebziger Jahren, die sind noch nicht ganz fertig ... Die sechziger bestimmt, als wollten sie was fordern, die Idioten, und die dreißger Jahr sitzen z'Haus ...
Mein Zuhause ... Was hält mich dort ... Solang der Hektor noch gelebt hat ... Der hat sich zuviel erwartet vom Leben ... Daß ich ihn am Sonntag äußerln gführt hab ... Kennenglernt hat er niemand ... Er hat kein Appeal ghabt ... Die andern haben an ihm geschnüffelt und sind gleich weiter ... Dabei war er ein Aristokrat ... Er hat gar nicht Hektor gheißen ... Tschibutsch von Sonnenstein war sein Name von der Zucht ... Manche Lebewesen mögens in Wien nicht ... Schau in die Buchhandlung ... Ich schau nicht hinein, schaust du vielleicht hinein? Ich kenn niemand, der hineinschaut ... Wann kommt man schon dazu ...
Vom Sacher hab ich soviel Gschichten ghört ... Einen Prinzen habens ohne Krawatten eineglassen ... Nein ... Einen Fürsten habens mit Krawatten eineglassen ... Wir haben so glacht ... Wenn ich jetzt wenigstens wüßt, worüber ... Lachen ist selten geworden ... Ich bin neugierig, ob wir mit der Untergrundbahn auch hin- und herfahren werden ... Das wird a Hetz ... A bißl düster halt ...
Kaufst du dir eine Zeitung? Vielleicht ist wieder wer gstorben? Bist in letzter Zeit kulturell desinteressiert, und gehen tust du mir zu rasch ... Hast vielleicht an

Schrittmacher ... Nein, nein mit so was soll man nicht spaßen ...
Mich hat einmal das Fernsehen interviewt: was ich so tue ... Na, is mir eingfallen, daß ich den Bundespräsidenten wähl, daß diese Straße längst Kaiserstraße heißen müßt und daß mir vorübergehend ab und zu ein Mozartkügerl schmeckt ... Hab ich doch gscheit gsagt.
Der mit der Glatzen, der grüßt mich jetzt auch schon seit Wochen ... Ich glaub, die haben da irgendwas vor in dem Land mit mir – mein Cousin ist im Heeresmuseum – Hausinspektor. Aber hochbelesen mit Clausewitz und Mommsen ... Was die Herren vom Bundesheer halt so auf der Toilett vergessen ... Da fallt mir immer der Gandolf von Habertitzl ein, mein Regimentskommandeur ... Der hat immer gsagt, heut muß ich noch lachen: »Der Krieg wird auf der Toilett geschlagen. Oder im Sanatorium. Na ja, er is ja der Vater aller Dinge.« Nicht der Habertitzl, der Krieg.
Auch im Krieg hats immer noch Mozartkugeln gegeben. Bis zur Ausbombung der Oper ... Na ja, das wär ja pietätlos gwesn ... »Grüß Sie Gott!« Wo habens denn den ausglassn. Ich weiß nicht, das Gsicht war mir fremd. Und ich kenn doch alle. Zumindest zwischen elf und ein Uhr ... Jetzt kommt wieder der von vorhin ... Ja zum Teufel, wem ghört denn jetzt die Straßen ... Gehn wir auf die andere Seite, ich glaub alleweil, da is a Verschwörung im Gange ... Welche is jetzt die richtige Seitn ... Die rechte oder die linke ... Man muß immer von der Stadt ausgehen ...
(Das Gespräch verliert sich).

Der Mörder

(Vor ihm liegt sein Opfer, das Instrument, einen Fleischklopfer, hält er in der Hand.)
Wie hast du mir das antun können? – Nach dreißigjähriger Ehe – Und jetzt soll ich womöglich noch dein Blut abwaschen. Ich hab ja gleich gesagt: Schau, obs einen in Plastik gibt . . . Laß mich nur machen – vom Flügel bis zur Glaswand bei den Büchern . . . Na mach! Mach! Wie oft hast du Klavier gespielt? Wie oft hast du gelesen? Zeitungen . . . Aber *vor* mir . . . Vor mir, *vor* mir . . .
Gestern hat man sich die Haar färben lassen . . . Rosa . . . Ausgschaut hast als a ganzer wie ein Geschwür – Putz dir einmal die Zähn, na, ins Kino muß sie . . . »Und der Topf kann nicht beten« . . . Früher is manchmal ins Theater gangen . . . Einmal im

Monat ... Als interessierter Mensch hab ich gfragt: »Was spielt man?« ... *Ich weiß nicht, lustig is* ... Lustig, jeden Freitag im Monat (gibt ihr einen Tritt). *Schau, das ist die Vrba-Lyzenz. Na, wast eh, die vom Kino –*
Mich interessiert das nicht – Im Kaffeehaus – net amal anständig Bauernschnapsen ... Einegschlichn is und sagt: *Wennst amal Zeit hast, muß ich dir was sagen.* Mir is die ganze Lust zum Schnapsn vergangen (Tritt). Sie merkt nichts: *Weißt du, wo die Gustav-Zwinz-Gasse ist? Die Frau Lebedan möchts wissen.* Die Lebedan hat an Namen wie a Gallenpräparat und schaut aus wie ein Thunfisch ... Ich kenn Thunfische nicht persönlich – nur aus der Dosen (neuer Tritt). Verwöhnt hast du mich – das Hochzeitsessen – Thunfisch – Vorspeise – Nachspeise Malakofftorte (bei jedem Wort Tritte): Schwarzwäldertorte, Doboschschnitte, Erdbeertorte, Cremeschnitte, Schaumrollen, Punschkrapferln, Esterházytorte, Salzburger Nockerln (Er hält erschöpft inne).
Am Nachmittag in der Konditorei ... Nach jedem Bissen hats nach Luft gschnappt in dem rauchigen Lokal ... *Heute schmeckts mir wieder* ... Es hat ihr eh jeden Tag gschmeckt ... Dann hat sie sich die Finger abgschleckt. Als obs 24 Finger hätt ... ghabt hätt ... lang ... Und mit den Freundinnen gredt ... Ich habs öfters beobacht ... Was die da gredt haben? ... Ja, ja, eine erfüllte Ehe wars ...
Mach mir ein Putzerl ... Wos so hochentwickelte Fahrtgurten der Liebe gibt ... Wenn ich einmal still und besinnlich war, gleich bumm! los: *Hast was? Hast bestimmt nichts ... Ich hab dir einen Wunschzettel geschrie-*

ben ... Na, du weißt noch nicht ... Soll ich dirs sagen ... Bist mir nicht bös ... Am 16. hab ich meinen 60. ... Gelt, da freust dich ... Du brauchst mir nichts zu schenken ... Fahren wir hinaus ... Wo die Berg nicht zu hoch sind ... Wos überall schöne Jausenstationen gibt ... Am Abend könnten wir fernsehen ... Das tust du doch so gern ... Vielleicht lernt man ein paar Leute kennen ... Die trifft man in Wien dann wieder ... Grüßt sich und denkt an den Urlaub ... Man kann mit so wenig den Menschen eine Freude machen. Ich hab vor kurzem am Fußgängerstreifen einem Auto den Vortritt gelassen. Bitte, junger Mann, dann hätte er mich fast niedergstoßen ... Macht nichts, hab ich mir denkt, kriegt ein anderer meine gute Tat ... So bin ich ...

So wars. So ein Leben führt ja niemand ... Aber ich ... Ich bin ja katholisch – muß Steuer zahlen und heiraten ... Immer noch besser als in den Ostländern ... (Er nimmt ihre Hand hoch) Beim Fleischhauer wars sehr beliebt – *Was haben wir denn heut besonders, ich stell mich gern an – darf ichs angreifen ... a bissl fett ... Bedienen Sie ruhig die andere Dame ... Ich hab Zeit* (läßt die Hand fallen).

Immer hats Zeit ghabt ... Heftl und Romane san herumglegn und Fernsehzeitschriftn, für jeden Sender a Zeitung ... Vorlesen hats mir immer wollen ... Na, i siech ja eh ... I bin kein Fernseher ... Das graue Regenwetter, eingsperrt in a Aluminium ... Stellts mir a paar gsalzene Bröseln hin, die nach Leim schmecken ... Was ist das? *Fernsehgebäck ... Wohin fahrn wir im Sommer ...* Bei dem Gsicht gibts bei mir kan Sommer – das Gsicht zaht mir die ganze Wohnung mit ... An die Rax ... An den Klopeinersee ... Da könnt ich auch am

Himalaya steigen... Nix war mit mir... Drum nützt mir auch eine größere Wohnung nix... Wenn ich amal am sogenannten Häusel sitz, gehts vor der Tür auf und ab und sagt: *Ich hab nicht gwußt, daß d'drinn bist. – Schön ists, daß man sich nach all den Jahren noch liebhat.* – Das war auf der hohen Wand, wo ich sie zum ersten Mal obifalln hab lassn wolln. Es war mir nur nicht hoch genug. Ich selbst bin auch nicht schwindelfrei. Das waren ihre Bergfreunde. Dann hats wieder Freunde ghabt bei den Zeugen Jehovas. Da is beten gangen für die Hungernden im Himmel. Auf einmal hats einen Kreis im Verein »Altes Wien« ghabt. Überall wos hinkommen is, hats an Kreis ghabt...

Am schönsten war für sie der Krieg. Beim Luftschutz hats an ziemlich hohen Posten kriegt. Das Zeug is bei uns herumgelegen, die Gasmasken fürs Volk und die Gase von die Feind, die uns vernichten wollen. Gelbkreuz, Grünkreuz, Blaukreuz – Rotkreuz? ... Rotes Kreuz war keines dabei. Für den Fall, wenns amal so weit kommen sollte. Wie die Terrorbomben gefallen sind, hat sie sich in unseren Schrebergarten geflüchtet. Ich hab mich schon so gefreut, wie ich Urlaub ghabt hab von der Front, daß sie die Bomben erwischt haben, aber da is noch immer gstanden unterm Weihnachtsbaum. –

Gelt, ich bin dein schönstes Geschenk? Ich hab ihr Seidenstrümpfe geschenkt, aber die Füß warn noch immer dieselben. Dann hab ich ein Bild machen müssen von ihr unterm Baum mit so an Schnoferl (vollzieht es nach). Das wollts mir an die Front nachschicken. Tu das nicht, hab ich gsagt. Der Krieg is eh bald aus.

Gfangenschaft, Heimkehr, gekocht hat sie nicht schlecht. Jetzt haben wir die schwere Zeit überstanden, das Alter kann noch wunderschön sein. Wann ich nur gwüßt hätt, wohin ich gehen soll?
Meine Freund, alle verheiratet, mitm Sport bin ich nicht befreundet, Interessen, ja, wie man so sagt, hab ich wenige. Ich weiß nicht, dann bin ich immer bei ihr blieben ... Na, antwort schon, wie hat uns das passiern können!! (Er setzt sich neben sie auf den Boden.)
Unappetitlich ... Na, steh schon auf, ich habs ja nicht so gemeint ... Nach all den dreißig Jahren ... Eins mußt zugeben ... Schön wars schon ... Die Sonntagsausflüg ... Die Gespräche im Schrebergarten mit den Nachbarn ... Die Geburtstagsfeiern, wos immer, auch in der schwersten Zeit, a Glasl Sekt gebn hat ... Und die Weckgläser ... Mit Marmelad und Fleisch ... Jetzt sind noch welche da aus den schweren Tagen der Prüfung ... Sie haben dich überlebt, du hast etwas hinterlassen ... Die Mayonnaiseeier leider nicht, die muß ich mir jetzt selber machen, aber nur zweimal im Monat, sonst schmeckts wie ein Montag, und es soll ja wie ein Sonntag schmecken ... Die blöden Fischeier, zu denen die Russen Kaviar sagen, hab ich nie mögen. Kaviar im Gemeindebau ... Erbaut aus den Mitteln der Wohnbauhilfe ... von bis ... unter Bundeskanzler – der Bau ist schon alt, und der Bundeskanzler ... der liegt auch unter der Erd ... Wie das Nebenhaus samt der Milchfrau ... Es freut mich, daß die Kinder das Mosaik nicht mögen ... Ich hab amal nachm Mayonnaiseei träumt, alle Häuser in Wien habn solche

Mosaike ... Dann hat sie zum Schnarchen angfangt, und i bin wachglegn ... Wenns leis angfangen hat, da hats mich ja nicht gstört ... Glaub mir, deswegen hab ich dich nicht getötet ... Ich bin nämlich kein Mörder ... Und du wirst aus mir keinen machen ... Vielleicht krieg ich auch so einen Wohnbauaufbauhof – Mörder sind viel berühmter ... Der weltberühmte Robert Stolz hat weit draußen sei Gassn, ganz weit, durchn Gatsch muß man hatschn ... Der Mozart ist schon etwas näher ... Wer weiß, vielleicht brauchens Namen für neue Anlagen ...

Ich möcht mir den Richter aussuchen können ... Ich weiß schon, was ich trag – bei der Verhandlung (Er steht auf) ... Dunkler Anzug – einfarbige Krawatte ... Und ich weiß auch schon, wie ich schaun werd (Er schaut feierlich) ... A Abzeichen wär halt schön dazu ... Aber das darf man nicht –

Warum sind Tote, wenns auf einmal tot san, so schiach – (Er zieht ein Bild aus der Tasche). Eine stattliche, junonische Person – auf dem Hochzeitsbild kurz nach dem Weltenringen, nach dem Völkermord – Mit Feuersteinen hab ich angfangt – dann ist Sacharin dazugekommen – ab da hats manchmal Papa zu mir gsagt ... Sie hätt eh nie ein Kind bekommen können ... Das kalte Baden im Gänsehäufel – Duschen werdens ja haben in der Strafanstalt – ich komm ja direkt in die Reform hinein ... Schachspieln werd ich lernen ... Ich bin neugierig, wie die das berechnen, meine Tat ... Dabei hat sie gar nix gesagt ... Ich bin z'Haus kommen wie immer (Zum Opfer:) Ich hab wirklich nichts gegen dich ... Sollst es gut haben, da drüben ... Du hast ja immer dran geglaubt, ans Weiterleben ... Dasd a Viech wirst (klatscht sich auf die Schulter). Wannst a Fliegn worden wärst, wärst jetzt schon wieder hin. Die Viecherln merken das gleich. Is schon wieder eine da. (Zeigt auf das Opfer:) Da, da müßts hinfliegen.

Mit dem Strauß Schani hast reden wolln auf den Wolken. Im Kino war ein Film mit dem kleinen Bladen, mit dem Schubert Franzl ... *Einmal, auch wenn ich nicht mehr sein werd, wird er für mich spieln.* »Mensch, der hat ja Brillen auf, der kann dich doch sehen.« *Er wird spüren, daß ich ihn fühl.* »Putz dir lieber die Zähn.« Das Hochzeitsbild muß ich den Journalisten geben. Ich weiß nicht, warum schaun Leichen als a Lebendiger so teppert aus. Weil das wahrscheinlich Teppen san, die lebendig gar nicht in die Zeitung kommen wärn. A Mund wie a Herzerl, aber a böse Goschn hats ghabt. Keine Busserln mehr, kein *Wie wars heut im Gschäft?* Kein *Hast die Vorverkaufsscheine für die Tramway?* Aus is mit dem Traum vom Volkswagen ... Ka Auto gibts mehr, kein Schöner Wohnen, kein Christbaum, den Wüstenrot kannst dir weißt eh wohin stecken, Dein Hut hängt im Vorzimmer.

Kein Osterhasi, keine Eier, auf die man überall tritt, und dann kriegt man vier Wochen harte schwarze Eier wie bei den Chinesen, und die habens auch nur, weils so gelb san (leises Klopfen, lauteres Klopfen, schließlich die Türglocke).

Ja, wer is denn da? – Kurz hab ich mir überlegt, ob ichs wegräum. – Aber die Umständ. So is schöner ... Soll ich dir an Mantel anziehn, es is ziemlich kalt draußen. –

Schirm brauchst keinen. (Fröhlich:) Jetzt fang ich wieder zum Leben an. Das soll mir einmal einer nachmachen. In dem Alter! (Dunkel)

Bridge zu dritt

(Wiener Kaffeehaus, ein älterer Herr.)

Der Herr (liest ärgerlich eine Zeitung): Alle Zeitungen sind heute dieselben... Man kann aufschlagen was man will, kein wirklicher Boulevard... Drum sterben auch die Kaffeehäuser aus... Das ist es ja, was Paris ausmacht... Eine Welt entsteht nur durch Weltmänner... Wo sind die Persönlichkeiten, die Namen? Die glanzvolle Aristokratie, die großen Firmen, ich war vor kurzem bei meiner Schwester in London, glauben Sie, ich hab an Gentleman gesehen? Die Zeit ist nicht mehr da dafür... Die können heut doch nicht einmal eine Todesanzeige formulieren... (Liest): Unser lieber Vater, Großvater, Onkel, Schwiegervater, Bruder, Doktor Vasastrasser ist nach langem, schweren Leiden usw. Erstens einmal Doktor Doktor, dann Kommerzialrat, dann die Auszeichnungen, das ist ihnen schon zu teuer... Dabei ist es das, was einen Tod ausmacht... Wozu hat man gelebt? Von seinem Bridgegenie will ich gar nicht reden, das ist Privatsache... Aber sie brauchen ja den Platz für den Sport und für die ausgezogenen Mädeln... Nichts gegen ein ausgezogenes Mädel an der richtigen Stelle, auch dafür hat es immer Herrenmagazine gegeben... Das Blaue-Donau-Magazin war eine Weltmarke wie die Sachertorte... Aber neben einem russischen Politiker macht sich das nicht gut... Das ist keine Erotik... Die trauernde Belegschaft... Jahrelang haben sie ihn geplagt mit Lohnforderungen, das macht doch eh die Gewerkschaft, außer Bridge ist ihm zum Schluß nix geblieben. (Telefonläuten, abgewandt): Wenn wer mich verlangt, ich bin nicht da! Ach so, war nicht für mich. (Vor sich hin): Keiner ruft mehr an, wahrscheinlich haben sie die Nummer geändert, und die Kellner wissen es noch nicht... Der Ingenieur ist noch im Büro und der Kammerrat wird beim Anwalt sein wegen der Presseklage... Ich würd mich nicht hinstellen, liest doch niemand. (Er vertieft sich in die Zeitung.) Jaja, die Russen sind nicht dumm, ein Bauernvolk... Schach und Ballett laßt sich durch keine Revolution ausrotten... Ich halts ja für keinen Zufall, daß die Revolution kurz nach dem Tod vom Franz Josef ausgebrochen ist... Irgendwie hat man noch Respekt vor Österreich gehabt... Im Bridge sind sie nicht groß, auch die Amerikaner müssen viel dazulernen... Nur Business macht auch noch keine Weltmacht aus... Die Wallstreet wird sich einschränken müssen, und unser

Finanzminister ist zwar fesch, aber kein Weltformat... Früher wär er ein Chorherr im Theater an der Wien gewesen oder Offizier. Aber nicht in der Kavallerie... Wie der arme, verstorbene Laczi Vasastrasser gsagt hat, für ihn fangt der Krieg erst im Kasino an. Solche Bonmots hats nur so geregnet in den Stadtcafés... (Telefon, abgewandt): Vielleicht bin ich in einer halben Stunde da... Ach so, nicht für mich. (Vor sich hin): Die gefährlichsten Gegner für uns waren die Operettenlibrettisten. Die Komponisten selbst haben wir nur als Kiebitze verwendet... Wo sind die Kiebitze alle hingekommen? Aber schaun Sie, andererseits, wer spielt heut noch Klavier? Ich hab auch als Kiebitz angefangen, im Café Fleckgruber, dann war der Phönixskandal, da hab ich einen Platz übernommen... Der Phönixskandal hatte Format, die wissen doch heut gar nicht mehr, was a anständige Korruption ist... Woher sollen sies auch wissen, in den Schulen lernen sies nicht, und Welthandel ist kein Studium für Proleten... Der Ingenieur hat kein Zeitgefühl... Ich weiß doch genau, daß er nach dem Mittagessen nix mehr tut im Stadtbauamt. Von Zimmer zu Zimmer geht er und erzählt alte Witze... Manchmal is ein neuer drunter, den er hört, den hebt er sich aber für zu Hause auf. Man kann sich die Partner nicht mehr aussuchen, ich weiß nicht, was die Leut zwischen halb fünf und halb neun machen... Es gibt sozusagen keine Nachmittage mehr... Mit dem verlängerten Wochenende hats angefangen. (Telefon, abgewandt): Wenn mich wer verlangt, ich bin da... Ach so, nicht für mich. (Meditierend): Das Telefon ist die ganze Zeit blockiert, da soll einen jemand erreichen ... Das hektische Großstadtleben ist nichts mehr für mich. Ab nächste Woch sitz ich im Kurhaus in Goesern, da ist a Partie zusammen, alle im selben Haus, zwei Brüder aus Leoben und ein Witwer aus Schärding, das wird ein Leben ... Rauchen hab ich aufgegeben, getrunken hab ich nie, verheiratet war ich, weil es so üblich ist, a sogenannte Weltanschauung kann man wechseln, aber ohne Bridge wärs ka Leben. Der Laczi Vasastrasser hätt sich an schönern Tod verdient als beim Spazierengehen am Semmering von zwei Hornissen gestochen zu werden ... Blöde Hornissen. Fahrt doch eh niemand mehr am Semmering ... Ja, früher! St. Moritz hingegen war eiskalt, und der Araberfürst, der Aga Khan ist dort gesessen ... Ich weiß nicht, ich halt die Schweizer für heimliche Antisemiten. Allerdings seriöse Antisemiten ... Der Semmering hat was von die Alpen, und man is doch nicht in die Berg ... Was wird aus die prachtvollen Hotels, wer kümmert sich um die Gletscher? Museen könnten sie daraus machen oder eine Bridgeakademie, man soll die geistige Schulung – so wie Latein – nicht unterschätzen ... Wenn der Einstein in seiner Freizeit mit den richtigen Partnern, wohlgemerkt mit den richtigen, zusammen gewesen wär, das mit der Atombombe hätten sie ihm ausgeredet ... Geige hat er spielen müssen wie a Volksschullehrer! (Telefonläuten, er ruft): Wenn es für mich ist, ich bin nicht mehr da! Ach so, nicht für mich. (Meditierend): Wer nicht mit der Fritzi Kircheck an einem Sonntag nachmittag im Oktober mit einem Austro-Daimler durch die Neunkirchnerallee gefahren ist, der weiß nicht, was Österreich einmal war ... Und wie ich dann weg bin, obs in Prag war oder in Zagreb oder in London, immer ist irgendwo wer auf einen zugekommen und hat gesagt: »Verzeihen Sie, kenn ich Sie nicht von irgendwo?« Man mußte vorsichtig sein, ich hab gesagt: »Vielleicht haben wir gemeinsame Bekannte!« Früher oder später war die Partie perfekt ... A paar Kiebitze sind aufgetaucht, man hat sie toleriert, sie waren meist auch nur aus Brünn ... Zwischen Bridge und Bridge sind eben Welten, das kann man niemand erklären. Tief enttäuscht war ich von Israel, ich habe das Gefühl, die haben andere Interessen ... Zum Bridge muß man sich konzentrieren, wie sind die Engländer zu ihrem Weltreich gekommen? Was wissen die Leute da unten in Haifa von der Welt, die meisten haben nicht einmal den Ersten Weltkrieg miterlebt! Viel zu jung, um mitreden zu können! (Telefon, er ruft): Ich hab hier kein Büro, ab Montag bin ich wieder zu erreichen ... Ach so, nicht für mich. (Meditierend): Der Ingenieur hat gesagt, er hat einen Ersatz für den Laczi, wo er doch heute begraben wird. Aber auf ihn ist doch kein Verlaß ... Der Kammerrat ist der geborene Renegat, der is womöglich morgen schon im Café Kornteufel bei die Preferanzler, es kann das Ende unserer Partie sein ... Meine ganze Tageseinteilung ist futsch. Man hat doch seinen Beruf! Der Diplomkaufmann vis à vis wart schon seit Monaten! Er wird sich täuschen! Nicht, daß er die Firma Anoch und Erben arisiert hat, es ist im gegenseitigen Einverständnis geschehen, und daß er die Bemerkung über den Begin gemacht hat ... Ich bin auch nicht unbedingt für die Emanzipation. Aber er ist

bei die Heimatvertriebenen. Und woher hat man ihn vertrieben? Aus dem dritten Bezirk? Immerhin, er ist Musikliebhaber. Menuhin laßt er gelten, Bernstein ist ihm zu oberflächlich. Aber nur, weil er Karajan schätzt, er muß ja kein Nazi gewesen sein ... Der Hitler hat auch manches Richtige gesagt über die Jugend, und wenn ich mit jedem in dem Land bös wär, könnte ich mir keine Firma leisten. Bei die Textilien hört sich der Haß auf, wenns kalt ist, braucht man Unterhosen, und ich hab noch nie gesehen, daß er a kommunistische Zeitung liest. Nicht einmal bei der Tschechenkrise, und da hats viele gejuckt ... Fachmann ist Fachmann, am Kartentisch ist es wie bei der Politik ... Den Witz über das Schiff in Tel Aviv hätt er sich sparen können, und wie sie am Nebentisch gelacht haben, hab ich »Herr Ober, zahlen« gerufen. Aber der Ober ist nicht gekommen, und mich hat er ja nicht gemeint ...
A was, ich geh zu ihm hinüber und frag ihn!
(Dunkel)

Nächtliche Schmährede

(Eine stille, dunkle Gasse. Ein erleuchtetes Fenster.)
Eine Gestalt (zum Fenster hinauf): Und das traut sich noch Licht machen! Und das Fenster aufreißen! In einer Sommernacht! Ja, feierts nur und singts, ihr Bagage! Drehts meine Heizung auf, benützts meine sanitären Anlagen, meine elektrischen Anschlüsse! Aus einem Verlies habe ich ein Paradies gemacht! Mit meiner Hände Arbeit! ... Mit euren dummen Proletenhaxen trampelts mir auf meinem Terazzoboden herum. Zerkratzts ihr meine Kacheln, machts mein Klofenster auf! ... Aber die Rache lauert um die Ecke ... Gerechtigkeit muß sein, da gibt es keine Schonung! ... Ein Leben, nur dem Fernsehen, der Wiener Küche, der Lebensfreude gewidmet, zerstört, zerrissen! ... Ein stattlicher Sechziger, das Auge auf putzsaubere Madln

gerichtet, in der Gemüsehandlung das Gebotene mit der Hand prüfend, mit dem Fleischhauer auf du und du, in der Gosse gelandet, im Männerheim! Beim ersten Umbruch hätt ich schon gewarnt sein müssen ... Ein Junggeselle erbt von seinen Eltern, den früh verstorbenen, a Wohnung, breitet sich aus, lebt wie ein Mensch. Heiratet nicht, entzieht sich der Volksgemeinschaft, muß nicht einrücken, weil er eine Fachkraft ist ... Er stinkt nicht, geht nicht in den Luftschutzkeller, hört im Radio das Schatzkästlein des deutschen Volkes, hat einen eigenen Wasseranschluß. Da fangen die Leute an, ihn nicht mehr zu grüßen ... Warum is ka Bombn auf des Hurenhaus gfalln? I war eh immer im Büro. Meine Naturliebe wurde mir übelgenommen, daß ich in der Gasse spazierengehe, mich mit Heimatkunde beschäftige ... Dann kommen die Russen, es erscheint ein schöngeistiger Oberst, der in meinen Büchern Puschkin findet, er quartiert sich ein, bringt Pferdefleisch und Erbsen, ich lese ihm Puschkin vor, obwohl er nicht deutsch versteht und ich nicht Puschkin ... Die Weiber gehen mit den Amerikanern tanzen, statt den Russen kommen zwei Engländer, sie sind wie ein Ehepaar ... Zweimal im Jahr gehe ich zum Grab meiner Eltern, zur Christmette in die Kirche und bete, daß es so bleibt ... Einmal habe ich eine Operation, dann fahr ich zweimal auf Urlaub, nicht weit, damit ich immer wieder herkommen kann, wenn was ist ... Das Leben ist erfüllt, ich vermiet das Speisezimmer an ein Wohnungsbüro, alles ist, wie es war ... Die Leut im Haus sterben, neue kommen, die grüßen mich wieder nicht, na klar, weils mi net kennen ... I merk an den

Gsichtern, daß meines Bleibens nicht mehr lange is... Es kommen Briefe, die ich nicht unterschreib, Kommissionen, die irgendwas nachschaun in der Wand. Einmal geschieht ein Mord, man weiß net, wers war, viel Fremde san im Haus, i schaff mir einen Hund an. Aber der red auch nix mit mir und stirbt. Was soll aus mir werden? Ich bekomm a unbestimmte Angst, laß a Telefon einleiten, aber niemand ruft mich an... Zu Weihnachten mach ich mir schöne Geschenke, zu Ostern versteck ich Eier, manchmal schleich ich als Krampus herum. Hören Sie, sagt der Hausmeister, das ist in der Republik verboten... Der Hausherr bestellt mich zu sich, im Büro fragens mich, ob ich net in Pension gehen will, alles belästigt mich... Wie ich dann die Vase von der Mama auf die Mopedfahrer gworfen hab, holt mich die Polizei. Der Bursch hat geblutet, aber ich nehm das nicht weiter ernst, ich bin gutmütig, dann habe ich, ich geb es zu, angfangt, an den Wohnungstüren zu läuten. Und die Leut zu schrecken. Aber alles nur zu gewissen Zeiten. Ich teil mir das ein. Jetzt sind Versammlungen gegen mich einberufen worden, vor der Universität habens demonstriert, im Fernsehen ist das Bild unscharf geworden, da habe ich gewußt, sie habens auf mich abgesehen. Ich hab meine Notdurft vor den Wohnungen verrichtet, nur in der Nacht und mit Papier, eine Zeitlang habe ich das Haus beherrscht... Ich habe ja gwußt, wie ich sie treffen kann. Ihre Kinder hab ich abpaßt im Hausflur, wos ganz dunkel is, wenn man aus der Helle kommt. Gezwickt hab ichs, Tritt hab ich ihnen geben, Watschn, dasselbe, was alle Eltern

machen ... Wie ich dann unbekleidet am Fenster gstanden bin, habens wieder die Polizei grufen. Mein Neffe hat sich eingsetzt für mich, das hat nix gnutzt, i hab nie verstanden, was sie reden, so ordinär sans worden ... Dann is das Gerücht entstanden, i bin a Deutscher, und damit war i draußen ausm Haus ... Niemand hat gwußt, daß i a Genie bin. (Aus dem Fenster Gelächter, jemand wirft Geld auf die Gasse.) Ja, ös Trottel. Ihr werdts euch meinen Namen merken, Beethoven heiß ich. Ludwig van Beethoven! (Er tappt weiter.) Wenns net so laut wär ...
(Dunkel)

Der Sitzengebliebene

(Ein Stammlokal. Ein Mann mit bunter Krawatte, in einem amerikanischen Anzug der späten vierziger Jahre, sitzt an einer Theke und trinkt. Aus einem Hinterzimmer hört man den animierten Lärm von Kartenspielern. Er spricht zu unsichtbaren Anwesenden.)
Mann: ... Please, ich geh. Aber mit mir geht der Colonel und der General ... Die ganze US Army. Dann habts euer Vietnam beinand. Übermorgen kassieren euch die Ungarn oder die Tschechen ... Euer Tschecherl – ohne Paß und Visum ... Wir halten uns da raus ... Bey, bey, baby ... (er geht und kommt sofort wieder, setzt sich:) Ihr wißts ja gar nicht, was ein Ami war ... Ein King! Der Bundeskanzler hat mir zugeprostet am Thanksgivingday ... Der Bundespräsident hingegen war nüchtern, er war ja verantwortlich. Man, this is live ... So an Sir wie mich habn net amal die Engländer ghabt. Der Amerika-

nerpeppi hab ich in ganz Wien gheißen ... Happy Jeff vom achtzehnten Bezirk ... Bei der Sternwartenstraßen war die CIA ... Zigaretten und Informationen. Außen a hienige Villa, aber innen ... A Aufzug vom Parterr zum ersten Stock und in den Keller ... Lügendetektor ... Lügendoktor ... Doc Holiday ... Holiday on ice. Eiskalt. Direkter Draht nach Washington ... Entscheidungen haben wir gefällt ... Die Welt ist von Währing aus regiert worden ... Da war der Dollar noch ein Dollar wert und keinen Präsidenten habens uns umbracht. (Er markiert Schießen und wirft ein Glas um:) Okydoc, stranger, I go. (Er macht seinen Rundgang, rückt seinen Mantel zurecht, geht zur Türe, torkelt zurück, läßt sich auf den Hocker fallen:) Derweil kann i net amal englisch ... I'm a selfmademan ... American slang I talk perfectly, you motherfucking son of a bitch ... You know, what a blow-job is? (Er lacht unendlich, dann todernst:) Glaubens, die Welt möcht so ausschaun, wann i heut noch dabei wär? An Prestige haben wir verloren ... wie der Colonel und mit ihm die ganze Army weg ist, hat sich der Colonel mit aner Flaschn Whisky von mir verabschiedet und gesagt »Bey, bey, Peppi ... It will never be the same.« Mit Tränen. I hab ja Whisky in Hülle und Fülle zu Haus ghabt, aber ich wollt ihm die Freud net verderben. Gottseidank hab i mir noch an Jeep organisiert, bei der Verhandlung hab i gsagt: »Es war der Sergeant«. Der is eh schon in Oregon gwesen. Warum kanns nie mehr so a Zeit geben, damals hast no was kriegt for an Information. Damals hats noch ka Telefon geben ... In Amerika schon, aber die haben ja nix erfahren. Top secret. – Mit die Neger wars einfach, die haben jazzen können, in die Clubs bist mitgnommen worden. Girls habens immer wollen ... Aber im Grunde muß man Distanz halten. Der Schwarze will den Herrn sehn. Wieviel Ehen habe ich gestiftet, Mischehen, aber in der Kirchn. Die Ami haben ja einen eigenen Gott, er schaut unserem schon sehr ähnlich, aber er muß an größeren Überblick haben. Jetzt wundern sie sich, daß ihre Weiber net amal in Denver oder Seattle aufn Strich gehn wolln. Sie san a schon zu alt dazu. Den John Wayne hab i schon gsehn, da hat ihn die Zivilbevölkerung noch gar net sehn dürfen. Off limits. Die Kinos ... I kenn mi jetzt nimmer aus, i bin Bundesbahnbeamter. Ich darf die Notbremse ziehen. Das mach i manchmal aus Hetz und die Leut wundern sich, was los is ... ja, i weiß, an alten CIA Veteranen sieht man das net an ... Supermanheftln hab i ghabt, da hat noch keiner von euch Trotteln gewußt, wer das is. Superman is nämlich die CIA, und wann irgendwo auf der Welt was passiert, wirds schon gestoppt. Was glaubens, warum ich so ein guter Beamter bin. Gehaltsklasse zwei. (Singt:) »I know, where the sun is, when its raining ...« Ich hab im Club oft gsungen ... wenns drunk waren: »Chattanooga chou chou ... chou chou ...« Nie was ghört ... – An James Bond habens braucht, um die Welt zu retten. An blöden Engländer ... Einen einzigen Kennedy, den habens noch. Der hat auf unsern Rat gehört. Drum is er auch nix worden. Direkter Draht nach Wien achtzehn ... Gleich hinterm Gürtel ... If jou want Jeff, Jeff is your man ... Vom Carwash bis zum Discjockey ... (Das Lachen wiederholt sich. Ernüchtert, mit amerikanischem Akzent:) Kann ich bitte noch einen doppelten

Whisky haben, mein Herr? (Es geschieht nichts.) Thank you, thats enough . . . Meine Herren Gentlemen, was in den nächsten Monaten in der Welt vorgeht, das wird hier beschlossen. (Er klopft sich aufs Hirn:) Mei Alte is mir durchgangen, die Sau, und jetzt rufts mi aus San Diego an . . . »Mir haben Sonn zu Weihnachten, und i möcht ein Christbaum sehn . . . Und die Pummerin hören« . . . »Den Christbaum kannst dir zwischen die Haxen stecken und mit der Pummerin ghörst derschlagen!« . . . Sie ist sehr gut verheiratet. Yes Sir, aber hier war er Captain und drüben Metallarbeiter . . . Und die streiken . . . Aber net so wie bei uns. Wo sies nur für die Zeitungen machen, damit die Genossen wieder an die Wahl erinnert werden, sondern echt . . . Its a hard country . . . Durch die Wüste . . . (Jemand fixierend:) Würstl, was schaust denn so blöd? This is your Sheriff! . . . Abselasnerschonamistenwemmire ernstmachnwirstverestnetswisnempf . . . (er lallt unverständlich. Zäsur. Er antwortet befriedigt:) Allessowiesnochamalwedelnixwerschoimmeresisallsnixzusagn . . . Thank you . . . I muß in Dienst! Im Nahen Osten is immer was los . . . Können die Herren mir sagen, das wißts ös Trotteln eh net, des is mein einziger Kummer: *wie Amerika wirklich is!*
(Keine Antwort).
Na bitte!
(Rasch ab.)
(Dunkel)

Der Alleinherrscher

Ein Hausmeister (auf dem Fensterpolster, in die Gasse blickend): 65 Jahr bin i jetzt worden und i hab von Kind auf nur einen Wunsch ghabt: Hausmeister zu werden. Die Gassn ghört mir. – Als Kind – mei Großmutter hat leider im dritten Stock gewohnt, bin ich ganz unruhig gworden, wenns gregnet hat. – Da hab ich nicht hinausschaun dürfen, und man hat gsagt: geh schön aufs Topferl! – Niemand hat mich verstanden ... Wie ich sie beneidet hab, die Erwachsenen, die den ganzen Tag am Fenster glegen san und ausse gstiert haben. – Sie haben eh nur meist die anderen Gsichter vis à vis gsehn, die dasselbe gmacht haben, so leer war die Gassn damals. – Man hat sich gegrüßt, manchmal gelächelt, manche haben »Servas Franzl« oder »Jö der Toni« gsagt, und dann war alles still. Das ist meine

Auffassung von Demokratie: Pappen halten und grinsen! Alle haben immer dieselben Fahnen heraussen stecken ghabt, jeden andern hätt ma derschlagen. Wenn gar nix los war an einem Sommersonntag, haben manche die Zeitung glesen, aber das waren Außenseiter. Die Weiber haben das gleiche Recht ghabt wie die Männer, und wie i das Gsicht vom Herrn Vremsenekker hinter der Haubn von der Frau Vremsenecker auftauchen hab gsehn, war ich aufgeklärt. »Dank schön, gnä Herr« hats gsagt, und die ganze Gassn hat glacht. – Man hat sich nicht genieren brauchen, und wanns dunkel worden is, da habens nix kennt in die Haustor. – Is ja viel schöner als in an schmutzigen Hotelzimmer, und meistens habens dann eh' heiraten müssen, weils niemanden wo anders kennt haben, und mit Wohnungen wars immer schwer. – Nach der letzten Vorstellung im Ganghoferkino ist der meiste Nachwuchs in unserer Gassn entstanden. – Aber nur wenige von den vertrauten lieben Gsichtern von damals haben diese schweren Jahre überlebt. – Der Herr Fünzli im Rollstuhl wird auch noch manchmal in die Sonne gschoben, und die Frau Lebenberger mit der halben Gesichtslähmung scheangelt an schönen Maitagen auf die Tauben. Und immer hats a freundliches Gsicht für an jeden. Das hats auch an den Tag ghabt, wos erfahren hat, daß ihr Sohn gfallen is, weil sie war ja net dabei. – Die Jungen waren überhaupt immer unfreundlich. Gassenbuben haben in den Park um die Ecken müssen. – Ich bin nie hingangen, ich hab a Angst ghabt im Freien und, auch wenn a Gwitter war, in der Wohnung hats immer nach dem Essen grochen. – Jetzt hab ich mir angwöhnt, mich zu entschuldigen, wenn i mi umdreh und mei Augsburger mit Gröste ess, weil es san, wie gesagt, weniger gworden in unserm kleinen Paradies.

Die Zeiten san kommen und gangen, wir haben wenig bemerkt davon, einzogen is kaum jemand, die Rettung war manchmal da, dann hat man an Partezettel kriegt.

Man denkt sich, man ist auch nicht mehr der Jüngste und hängt die neue Hausordnung auf. Es is eh immer dieselbe. Drum wird sich bei uns die Politik nie ändern, weil wir sind keine Chinesen und schon gar keine Neger. Obwohl die Chinesen schon eher ein Kulturvolk san. Das hab i beobacht. – Den Neger hat man nie gsehn, vielleicht weils so dunkel is in die Wohnungen, aber der Chines is nach einer Wochn auch am Fenster glahnt und hat grinst. Jetzt hat er das Beisel an der Eckn übernommen, aber es geht eh niemand hin.

Dafür grinst a anderer Chines am Fenster, vielleicht sei Bruder oder sie wechseln sich ab. – Sie sollen ja a Gefahr sein, aber i glaub, für unsere Gassn net. Dann schon eher die Autos, aber es is ja a Einbahn und wenn einer verkehrt eine fahrt, schreib ma uns die Nummer auf und aner, der grad weg muß, geht zum Kommissariat.

An Vorteil hat der Chines, es gibt kane Bsoffenen, kan Lärm in der Nacht. Beim Opiumrausch singens wenigstens net.

Zwei Häuser habens abgrissen, weil sie den sanitären Anforderungen nicht entsprochen haben. A Blödsinn!

Gstunken hats bei uns immer, das hat jeder von Kind auf kennt.
Aber i hab a furchtbare Angst . . .
Atombomben sollns werfen bis zur Vergasung und was a verschmutzte Umwelt is, damit kann man sehr gut und gemütlich leben. Das haben wir ihnen in unserm Bezirk zeigt, no lang, bevor sie sich damit wichtig gmacht haben. Aber ans hab i ghört von an, der an kennt, ders a ghört hat. Die wollen, i weiß ja net wer, die Kommunisten oder die neuchen Architekten, die ganze Gassn abreißen. – Seit die aus der St. Krösus Kirchn an Gemeindebau gmacht haben, geht keiner von uns mehr in die Mess. – Es ist ja eh noch a Kirchn, aber es schaut aus wie der Karl Marx Hof in an Schrebergarten. Net amal zu Weihnachten kann man sich da die paar Sachen vom lieben Gott wünschen. – Es is ja eh net viel und man sieht ihn eh kaum. – Allerweil hat Er was zu tun. – I glaub, Er kommt net amal zum Beten.
Na, wenns das abreißen, was wir ein Leben lang erarbeitet haben, und es steht dann a Hochhaus – damit hab ich ihm gedroht, dem Lieben Gott, – und i bin dann Hausmeister im zwölften Stock und schau oba und i hab nix mehr zum schaun außern Himmel, da stürz i mi glei hinunter aufs Pflaster und mach a Loch bis in Kanal eine, weil der wird immer no derselbe sein in unserm alten Wien . . .
(Dunkel)

Ortsübliche Ansprache

(Zwei Tische in einem Kaffeehaus. An einem ein Mann, der Zeitung liest. Am Nebentisch ein zweiter Mann, der eifrig auf ihn einspricht.)

Der zweite Mann (fast nüchtern): Sie entschuldigen schon, wenn ich Sie anspreche. – Es wird doch noch erlaubt sein. – Wenn Sie etwas dagegen haben, sagen Sie es ruhig. – Wir haben Zeit. – Es ist ja kein Verbrechen, wenn man mit jemandem reden will. – Manche Leut haben das nämlich nicht gern. – Sind Sie mir bestimmt nicht böse? – Es könnt ja sein, daß Sie was anderes im Kopf haben. — Ich finde, drum sitzt man ja im Kaffeehaus, daß man Kontakt hat. – Sonst könnt man ja gleich in der Straßenbahn sitzen. – In der Straßenbahn würde ich Sie nie ansprechen. – Oder in der U-Bahn. In der U-Bahn schon gar nicht. – Also sehr

freundlich sind Sie nicht! – Ich muß mich ja nicht mit Ihnen abgeben. – Sie sind ja nicht der einzige Gast. – Es ist ja doch eigentlich selbstverständlich, wenn man schon im Kaffeehaus sitzt. – Wozu sitzt man denn in einem Kaffeehaus? – Vielleicht haben Sie einen anderen Grund und warten auf jemand? – Vielleicht ist es eine Sie? – Wenn die Dame kommt, werde ich sofort aufhören mit meiner uninteressanten Geschichte. – Es ist ja noch keine Beleidigung, wenn man mit jemandem in Kontakt kommen will. – So viele Menschen sind einsam und wären froh, wenn sich jemand mit ihnen beschäftigen möcht. – Glauben Sie vielleicht, ich bin betrunken? – Wir können sofort zur Polizei gehn und eine Blutprobe machen. – Ich hab den Eindruck, Sie mögen mich nicht. Sie hören mir ja nicht einmal zu! – Sie lesen die ganze Zeit Ihre Zeitung. – Ich könnt ja auch Zeitung lesen.
(Zu den anderen unsichtbaren Gästen):
Er hört einfach nicht zu. Sie sind Zeugen!
(Zum ersten Mann): Habe ich Ihnen etwas getan? Ich habe Sie in meinem ganzen Leben noch nicht gesehn. – Glauben Sie, ich habe meine Zeit gestohlen? – Ich habe mir eigens keine Zigarette angezündet, weil das manche stört. Wenn ich Ihnen lästig falle, dann sagen Sie es ruhig! – Aber reden Sie nicht herum! – Ich bin ein Staatsbürger genau wie Sie. Auch, wenn Sie Doktor sind oder Diplomingenieur. Wenn Sie müde sind, bleiben Sie zu Hause. – Ich weiß ja nicht, wo Sie wohnen. – Wenn Sie verheiratet sind, kann ich Ihre Frau nur bedauern. – Wenn Sie mich nicht mögen, dann sagen Sie es offen! – Aber ich will Sie nicht mit meinem

Namen belästigen. Sie kennen sicher so viele Leute. – Ja, ja, ich bin kein berühmter Mann, mein Name wird Ihnen nichts sagen.
Keine Antwort ist auch eine Antwort! – Aber glauben Sie, Sie machen sich ein falsches Bild von mir, ich spreche nicht mit jedem. – Nein, wirklich, ich habe mich noch niemandem angebiedert. – Glauben Sie, das ist das einzige Kaffeehaus? – Wenn Sie mir nur einmal kurz zuhören, werden Sie mich verstehen. – Ja, wenn Sie überhaupt kein Interesse haben, verstehe ich nicht, was Sie hier zu tun haben. – Die Tische sind rar. – Viele Leute wären froh, so einen Tisch zu haben bei dieser Kälte. – Mit dem Blick auf den Eingang. – Wenn Sie schlecht hören, können Sie sich mir ruhig anvertrauen. – Hier kennt jeder jeden. – Niemand wird Sie verachten! – Das ist ja der Sinn dieses Lokales, daß jeder für sich allein ist. – (Die Zeitung fällt dem ersten Mann langsam aus der Hand, er hat gläserne Augen und fällt im Zeitlupentempo um.)
Ah deswegen!
(Dunkel)

Robinson im Wienerwald

Eine alte Frau (im Schlafrock, vor einer Landkarte mit Lupe, gibt die Suche auf): Vom Hermannskogel zum Dreimarkstein kanns doch nicht so weit sein ... Um zwei Uhr ist er weggegangen. Beim hellsten Sonnenlicht – und jetzt ist es zwölf ... Zehn vor zwölf, die Uhr geht ein bissl vor ... Er wollte sie persönlich richten, aber es ist eine Stehuhr, und schon bei seinem ersten Versuch ist sie stehengeblieben ... Wenn er nicht wüßte, daß ich mich nicht gesund fühle ... Und es ist doch schon Herbst ... Ein halbes Leben bin ich hinter ihm her getrottet ... Von Au am Kraking bis zur Baunzen ... Aber da hats noch andere Wanderer gegeben ... Und Ameisen ... Ich bin oft hineingetreten, und er hat mir dann erklärt, daß die Ameisen im Grunde genommen gut sind ... Mir sind sie immer vorgekommen wie Massenmenschen... (Greift zur Lupe): Die Gsengerhütte ist um die Zeit zu... Er braucht keine Markierungen, sagt er, und die Taschenlampe hat er vergessen... Vielleicht erreicht er noch die letzte Straßenbahn, fürs Taxi hat er ja kein Geld... Mit zwanzig Schilling komm ich aus wie vor zwanzig Jahr, jubelt er... Verpflegung hat er ja mit, aber das Mineralwasser ist so teuer geworden... Die jugendlichen Verbrecher im Wald wissen ja nicht, daß er keine Beute hat... Der Arzt hat ihm bestätigt, daß er für seine 75 kräftig ist und wandern soll... Er neigt halt zum Absoluten... Ich wollt ja auch nicht heiraten, mit 50, und meine Pension hab ich sicher ghabt... »Stürzen wir uns in das Abenteuer!«... Ich hör ihn heute noch... Jetzt könnt er bei der Rohrerhütte sein, da sind wir oft gesessen, sogar im Winter, und haben Orangensaft getrunken... Er war aus der Dose und aus Amerika, das ist ihm gleich aufgefallen und er hat den Ober darauf aufmerksam gemacht... Der hat mit den Achseln gezuckt, und wir haben das Geld hingelegt.... Aber kein Trinkgeld... Es wird ihm doch nichts passiert sein, die Nibelungen mit dem Siegfried sind ja eine Sage. Oder eine Oper. Wir sind nicht abergläubisch, obwohl ich vor Schlangen und Spinnen eine furchtbare Angst habe... Vielleicht ist ihm ein Wildschwein begegnet, aber mit denen kann man ja reden. – Ich glaub, das sagt der Konrad Lorenz auch, aber daß er für ein Gansl den Nobelpreis kriegt hat, macht ihn mir verdächtig. Warum er nie anruft? – Die anderen Männer gehen zum Heurigen oder zu den leichten Frauen, aber die haben wenigstens ein Tele-

fon. – Wir besitzen immerhin ein Vierteltelefon, aber das wird von den anderen Teilnehmern schamlos ausgenutzt. – Wir grüßen auch deswegen niemand im Haus!
Wenn er mir das nicht schon öfter gmacht hätt, würd ich ja die Polizei verständigen oder mich anziehen. – Die Donau kennt er, aber wenn sie im Nebel liegt? ... Vielleicht hat er nur den Haustürschlüssel vergessen und steht vor der Tür, er ist ja so rücksichtsvoll! ... Seinen Paß hat er immer bei sich und Toilettenpapier auch, wenn es zum Äußersten kommt! – Das haben uns die schweren Zeiten im Krieg und nach dem Krieg gelehrt. Wieso hab ich immer a Angst? – Er ist so rasch und jetzt ist er schon zehn Stunden weg. Alle Pfadfinder und Wandervögel hat er überholt und gsagt: »Da schauts mich an!« Einmal haben sie ihm Steine nachgeworfen, aber das waren wahrscheinlich die Roten Falken.
Hinter Steinriegel und der Windischhütte gibts zwei Wege, er sagt immer, durch die Hagenbachklamm ists ein Abschneider, ich frag wohin, er sagt, egal, es ist ein Abschneider ... Früher konnte man ja über Wolfsgraben nach Ranzenbach, aber da ... (Sie läßt die Lupe fallen): Mein Gott! Da ist ja die Autobahn! Die fürchtet er wie die Pest! Wenns ihn da zsammgschoben und für a Reh ghalten haben, dann bleibt er bis morgen früh liegen. – Aber er hat ja an Rucksack mit, denselben mit dem wir geheiratet haben ... Also nach der Trauung, da ist noch der Pendelzug gefahren und wir: Ab nach Neulengbach! – Vielleicht ist er so gscheit und baut sich ein Lager. – Seinen Überzieher hat er ja mit. – Einen

Förster hab ich noch nicht gsehn im Wienerwald, und an Gendarm auch noch nicht. – Die sind nie da, wenn man sie braucht. Und dafür bezahlt man Steuern! – Vor ihm würd ich nie so reden . . . (Sie vertieft sich erneut): Ameisberg . . . Ja, ja, lach du nur! . . . Untermauerbach, Wilhelmshöhe, Jochgraben . . . Ich kenn das ja alles, aber, wenn ich jetzt weggeh, verirr ich mich am End auch . .
Dann gehts zur Südbahngegend, die hat er nie mögen, weils zum Semmering führt, wo die reichen Leut ihre Hotels haben . . . Wir haben noch nie in einem Hotel übernachtet, auch wenn sich die Pensionen jetzt so tarnen . . . Breitenfurth, Hundskehle, Sulz, daran darf ich gar nicht denken! Er wird von der Endstation nach Haus gegangen sein. Das dauert ja auch eineinhalb Stunden auf dem Pflaster.
(Schrilles Läuten an der Wohnungstür):
Mein Gott, jetzt ists passiert!
(Dunkel)

Allzumenschliches

Wiener Mädeln

(Eine Konditorei, ein großer Tisch mit viel Mehlspeisen und Sandwiches. Gusti, eine unförmige Spätvierzigerin, ist damit beschäftigt, Tischkarten auszuteilen.)
Strupsi (gleiches Alter, tritt auf, blickt sich suchend um.)
Gusti: Sie wünschen?
Strupsi: Kennst mich nimmer? (Zieht eine Karte aus der Tasche.) In der fünften hab ich mir beim Basketball den Fuß gebrochen . . .
Gusti (flüchtige Umarmung): Ich weiß jetzt nicht . . .
Strupsi: Strupsi. Ich bin dann in die Handelsakademie gekommen. Jetzt heiß ich Huchenreiter, bin aber schon geschieden.
Gusti: Ich hab so viele eingladen. Bist halt ein bisserl früh dran.

Strupsi: Es ist halb sechs. Ich wollt nicht die erste sein. Du weißt, ich war nie die erste...
Gusti (zerstreut): So was... Der Verkehr ist in der Stadt sehr ungünstig.
Strupsi: Die Grippe ist auch im Ansteigen begriffen. Von der Türkei kommts diesmal...
Gusti: Also du hast gar nicht mit uns maturiert?
Strupsi: Meine Eltern sind gestorben. Du warst einmal bei uns im Garten...
Gusti: Wir sind dann umgezogen.
Strupsi: Warst du nicht mit einer Heidi befreundet?
Gusti: Vielleicht war sie in der B-Klasse.
Strupsi: Die Heidi lebt in Amerika...
Gusti: Ja, es hat so viele geben. Die Sissi hab ich nicht eingladen. Sie hat nie richtig zu uns ghört.
Strupsi: Kann ich dir irgendwie helfen?
Gusti: Mit dem Kaffee warten wir noch... Wenn wer Tee will, kann er auch Tee haben. Ich hab mir gedacht, ganz zwanglos...
Strupsi: Manche nehmen auch Kandisett... Ein Foto hab ich gfunden. (Zeigt es ihr): Da hast du noch Brillen getragen.
Gusti: Hoffentlich haben alle Platz... Ich hab eigens reservieren lasen.
Strupsi: Sehr schön ists da. Möcht man von außen gar net vermuten... Hast du noch immer Schnupfen?
Gusti: Ich hab nie Schnupfen ghabt. Auch wenn die ganze Klasse krank war, ich bin Eislaufen gangen.
Strupsi: Einmal haben wir wegen Diphterie schulfrei ghabt. Das war das schönste Schuljahr. Hast du Kinder?

Gusti: Mich füllt mein Beruf völlig aus. Seit ich keine Mandeln mehr hab, bin ich nie mehr krank gewesen. Willst dich vielleicht setzen?

Strupsi (setzt sich): Ich glaub, die Sissi wär gar nicht gekommen. Ihr Mann steht doch immer in der Zeitung.

Gusti: Ich komm wenig zum Lesen ... Hast du irgend wen seither gsehen?

Strupsi: Ich hab in der Straßenbahn vor kurzem ein komisches Erlebnis ghabt. Ich sag zu einer Dame: »Sind wir nicht zusammen in die Schule gangen?«, und sie kann nicht mal deutsch ...

Gusti: Unsern Deutschprofessor hab ich eingeladen. Er muß schon über siebzig sein ...

Strupsi: Nicht möglich. Er war der fescheste im ganzen Lehrkörper. Wir waren ja auch die schlimmste Klasse ...

Gusti: Na ja, wenn das Leben nicht wär ...

Strupsi: Dann wärs was anderes. Von der Sissi hab ich ein Foto in einer Illustrierten gsehn. Die Figur ist noch blendend ...

Gusti: Es gibt ja heut schon Mittel ... Langsam könntens schon eintrudeln, die Mädeln.

Strupsi: Ich hätt ja wen mitnehmen können ... Aber andrerseits, der Parkplatz ... Du kommst auch nie zum Sitzen, was?

Gusti: Ich sitz eh den ganzen Tag im Büro. Ich hab mein eigenes Zimmer. Ich kann mirs einrichten, wies mir paßt. Nur den Bundespräsidenten muß ich in Kauf nehmen. Aber der ändert sich ja manchmal. So ist immer eine Abwechslung ...

Strupsi: Ich war auch mein eigener Herr in der Abteilung ... Bis ich gheirat hab ...

Gusti: Mir ist es nie darum gangen. Du weißt, ich bin nicht altmodisch.

Strupsi: Ich hätt ja die Wohnung vermieten können. Du kennst sie ja. Der schöne Ahornbaum im Garten ...

Gusti: Ich kann mich nicht erinnern ... Bäume brauchen viel Pflege. Ich weiß das. Ich habe einen Gummibaum, und jedes Jahr zittert man.

Strupsi: Meine Ehe hat nur acht Monate gedauert. Er war mir zu oberflächlich, und das Herz war auch nicht in Ordnung ...

Gusti: Wer hat heute schon Herz?

Strupsi: Wenn man dreißig Gauloises im Tag raucht ...

Gusti: Ich hoff, ich hab mich nicht im Datum geirrt.

Strupsi: Die Post ist auch nicht verläßlich. In Italien ist es noch ärger. Warst du schon in Italien?

Gusti: Ich hab doch noch das Häuschen von der Großtante im Waldviertel. Dort bringen mich keine zehn Pferde weg.

Strupsi: Hast du sonst noch Landwirtschaft dabei?

Gusti: Der Mesner kümmert sich um alles ... Wenns nicht regnet, ist es wie im Süden ... Jetzt weiß ich nicht, sollen wir schon anfangen?

Strupsi: Mit was?

Gusti: No, mit dem Treffen ... Voriges Jahr war es so lustig.

Strupsi: Voriges Jahr war ich im Spital ...

Gusti: Zum Schluß haben wir noch ein Glas Sekt getrunken ... Na, am nächsten Tag dann ...

Strupsi: Ich muß dir ja so viel erzählen von meiner Ehe.

Wenn man denkt, wie wir damals unverdorben waren...
(Beide kichern.)
Gusti: Wann bist du weg? Mit fünfzehn? Na, ich weiß nicht...
(Sie kichern noch mehr.)
Strupsi: Ich hab mir doch den Fuß gebrochen. Ganz unschuldig war ich. (Das Kichern steigert sich.)
Der alte Deutschprofessor (erscheint mit Blumen): Na, die Damen sind ja schon in bester Festeslaune. Setzen! Küß die Hand! (Er tut es.)
Gusti: Nein, die Maturablumen! Jetzt darf ich Ihnen doch ein Bussel geben. (Sie küßt ihn auf die Wange.)
Professor: Darf man erröten?
Gusti: Gehns, eine ältere Dame darf sich das erlauben. (Vorstellend:) Sie kennen doch die... die... unsere...
Strupsi (einfallend): Strupsi.
Professor: Ja natürlich. Reizend. Bleiben Sie ruhig sitzen. Ist es jetzt besser mit Ihrem Leiden?
Strupsi: Den nächsten Winter bin ich schon wieder Schi gfahren...
Professor: Na ja, die Medizin ist ja jetzt schon sehr weit. Eine Kinderlähmung ist eigentlich nur bei Erwachsenen ein Problem...
Strupsi: Herr Professor, ich hab nie...
Gusti: Wollen Sie nicht den Ehrenplatz übernehmen?
Professor (setzt sich): Überhaupt, wenn man denkt, wie man sich damals schon bei Masern gesorgt hat... Sind sie eigentlich noch geimpft worden?

Gusti (setzt sich): Gleich werden die andern antanzen. Aber wenn Sie jetzt schon was wollen?
Professor: Nein, ich bin auf schwere Diät gsetzt... Haben Sie nicht die dumme Gschicht mit dem komplizierten Blinddarm ghabt?
Gusti: Nein, ich hab ihn jetzt noch... Komisch, ich möcht ihn auch gar nicht mehr hergeben. Wie man sich dran gwöhnt...
Professor: So was Ähnliches hat Adalbert Stifter auch gsagt... Und was machen Sie so?
Strupsi: Ja, man wird nicht jünger...
Gusti: Die Zeit eilt. Da kommen wir nicht mit.
Professor: Ja, ich bin auch nur auf einen Sprung gekommen. Die Anforderungen werden immer höher...
Gusti: Aber, es haben sich doch alle so auf Sie gefreut...
Strupsi: Was machen Sie eigentlich?
Professor: Ich bin in Pension.
Gusti: Wo müssens denn hin? Irgendein Auto wird doch zur Verfügung stehen.
Professor: Ich sprech in der Volkshochschule. Über einen zu Unrecht vergessenen Dichter. Clemens Maria Unsegen.
Strupsi: Wann ist der gstorben?
Professor: Das weiß man nicht genau. Jedenfalls in Weitra... Waren Sie eigentlich die Rötelklasse?
Gusti: Sie waren lange unser Klassenvorstand.
Professor: So viele kommen und gehen...
Strupsi: Und so viele gehen und kommen nicht wieder...

Professor: Der Schuldiener ist von der Straßenbahn überfahren worden.
Gusti: Mumps hab ich einmal ghabt. Und Sie haben damals gsagt, es heißt Ziegenpeter, auch wenn wir in keiner Bubenklasse sind ...
Professor: Von den Buben krieg ich hin und wieder einen Neujahrswunsch oder eine Urlaubskarte ... Manchmal stirbt auch einer ...
Gusti: Das sind die anhänglichsten.
Strupsi: Ja, die Kolleginnen werden es bedauern ...
Professor: Verständigen Sie mich halt wieder. Wenn ich noch am Leben bin ...
Beide Schülerinnen: Aber Herr Professor!
Gusti: Sie sind doch im besten Alter ...
Professor: Wenn man den Beruf ernst nimmt, kommt man nicht zum Heiraten.
Strupsi: Sie haben nichts versäumt ...
Professor: Also, herzlichsten Gruß und alles Gute, auch schon für Weihnachten. (Im Abgehen): Wo ist eigentlich die Zifkagasse? Na, ich werds schon finden. Hut hab ich keinen ghabt.
Gusti: Sie waren immer schon barhaupt.
Professor (lächelnd): Ja, soweit kommts noch.
(Ab)
(Stille)
Gusti: Er ist halt doch schon sehr alt ...
Strupsi: Vielleicht hätten wir ihn mit unserem Klassenlied begrüßen sollen. (Singt): Wem Gott will rechte Gunst erweisen, den schickt er in die weite Welt ...
(Stille)
Gusti: Die Sandwiches werden welk.

Strupsi: Die Kuchen werden trocken.
Gusti (nach langem Entschluß, seufzend): Essen wir was!
(Dunkel)

Die gute schlechte Zeit

(Drei ältere Herren sitzen an einer zerschlissenen Bar, im Hintergrund spielt ein Pianist konstant Melodien aus den vierziger Jahren.)
Der Erste: Wenn man denkt, was das für ein Prachtlokal war ...
Der Zweite: Eine Schande für Wien!
Der Dritte: Es soll eine Nordsee werden.
Erster: Fischstäbchen wird man den deutschen Touristen servieren ...
Zweiter: In der Kärntnerstraße gibts eh schon so an Stand ...
Dritter: Und alles, weils a neue Lüftung verlangen ...
Erster: Wenn i a Lüftung will, geh i glei an die Luft ...
Dritter: Die Toilett soll auch umgebaut werden ...

Zweiter: Wo find man a Bar, wos noch so nach Häusl riecht?
Erster: Man sollte Unterschriften sammeln...
Zweiter: Es gibt außer uns dreien keine Gäste mehr. Manchmal kommt einer herein, erschrickt und sagt: »Ich habe nur jemanden gesucht.«
Dritter: Die Dunkelheit verscheucht auch viele...
(Der Pianist spielt besonders falsch.)
Erster: Eine Elektrokerzen könntens schon noch investieren. Der Künstler sieht ja nicht einmal die Noten...
Zweiter: Daneben gegriffen hat er schon immer. – Das ist ja sein Charme.
Dritter: Manchmal geht er mir schon auf die Nerven. Seit der »Lili Marleen« hat er sich nichts mehr einfallen lassen.
Zweiter: Schon. Es klingt nur alles so ähnlich.
Erster: Mein Gin schmeckt schon jetzt nach Fisch...
Dritter: Gin-Fisch...
Erster: Vor dreißig Jahren hättst dir das nicht getraut.
Dritter: Vor dreißig Jahren haben wir keine Zeit für Witze gehabt. – Da ist auf deinem Sessel der Captain gsessen und hat gwart auf meine Informationen...
Zweiter: Den letzten Tratsch hast ihm erzählt und irgendwelche Adressen hast aufgschrieben...
Dritter: Es ging um Atomgeheimnisse!
Zweiter: Du hast doch nicht einmal die Matura...
Dritter: In der Wüste Nevada geht ein Pilz auf, und in Wien sitzt ein Herr, den man »Mister Kilroy« nennt, und lächelt...
Erster: Kilroy ist doch damals auf jeder Toilett gstanden.

Dritter: Außer in diesem Lokal, weil hier war er ja wirklich.
Zweiter: Ich finds blöd, daß sich einer Kilroy nennt in Wien. – Ich weiß, wofür ich meine Legion d'Honneur bekommen hab ... Der Algerienkonflikt hat hier seinen Anfang genommen ... Stichwort: Sidi bel Abbes ...
Erster: Ist Sidi bel Abbes überhaupt in Algerien?
Zweiter: Das kann dir wurst sein. – In Nordafrika hat sich seither viel geändert. (Trinkt.) Der Pernod schmeckt wie ein Hustenbonbon, seit die Franzosen weg sind.
Erster: Wunderts ihr euch nicht, daß die Iren so aufsässig san? – Seit die Engländer Wien verlassen haben.
Zweiter: Geh, dein Sergeant! Das war doch eh ein Wiener Jud.
Erster: Er ist in Budapest geboren. – Belfast ist immerhin eine Tatsache. (Trinkt.) Zu dem Whisky braucht man kein Soda, der ist schon längst gwassert.
Zweiter: Wo is eigentlich der Barkeeper?
Dritter: Er holt Getränke. Die haben doch nix mehr.
Erster: Wenn ich denk, was sich hier getan hat. Die Jugend von Wien. Handel, Finanz, Wirtschaft, Aristokratie, Schauspielerinnen, Maler, immer a paar Zuhälter, damits net fad is, was is aus ihnen geworden?
Dritter: Die Hälfte ist pleite, und die anderen sind Minister.
Zweiter: Soviel Minister gibts doch gar nicht ...
Erster: Dann regierns halt so.
Dritter: Wir haben uns zu sehr auf die Alliierten verlassen ...

Zweiter: Vielleicht kommens wieder...
Erster: Die nimmer. (Zum Zweiten:) Wovon lebst du eigentlich?
Zweiter: Man lebt.
Dritter: Gelder, Zuwendungen...
Zweiter: Ein Konto in der Schweiz, das war doch das Mindeste, was bei dem Staatsvertrag herausschaun hat müssen...
Erster: Davon spricht keiner, was der Staatsvertrag von uns für Opfer gefordert hat...
Zweiter: Plötzlich alle Informationen wertlos...
Dritter: Die Telefonnummer vom Gaswerk...
Zweiter: Die Einnahmen der Gebietskrankenkassa...
Erster: Wer Mitglied bei Wüstenrot ist... (Ein Mann mit Burnus betritt das Lokal, stellt sich an die Bar.)
(Nach kurzem Zögern spielt der Pianist »Salome«.)
Erster: We have all the informations, you want...
Zweiter: Nous sommes la crème des agents Viennoises...
Dritter: Do you want the adress of Persian Restaurants or Jewisch Cafés?
(Stille)
Erster: Come on! Tell us!
Zweiter (verzweifelt): Kommen Sie von Bagdad oder von Kuweit?
Der Mann: Na, vom Straßenbahnerball.
(Dunkel)

Jessas, die Elfie

(Drei Junggesellenbuden nebeneinander. Alle drei Männer gehen höchst erregt auf und ab. Sie haben Zeitungen in der Hand.)
Burli: ... der zwölfte Mord im dritten Bezirk. Aber sie schreiben ja nicht, seit wann?
Schurli: Seit wann macht man wegen einem Wochenendmord so ein Aufsehen ...
Hussein: In meiner Heimat hat Achmed, dieses faschistische Schwein, acht aufrechte Männer enthaupten lassen. – Bei uns man sagt, junge Mädchen sollen nicht allein sein ... Dann ist man der Mörder.
Burli: ... alle Hinweise, die Hausmeisterin hat einen Herrn mit Vertreterkoffer gesehen ... An Borsalino soll er ghabt haben. (Er nimmt seinen Borsalino ab:) Blödsinn! A Weltmarke!

Schurli: Wer trägt heut schon an Borsalino. Meinen letzten hab ich vor zwei Jahren ghabt, und das war ein Homburg. (Liest:) Die Staubsauger waren die ganze Zeit in Betrieb. Mitten am Tag. Ein komisches Haus.

Hussein: ... ich kenne dieses Haus. Wir haben oft Sitzungen gehabt. – Fortschrittliche Studenten. Die Zungen werden wir ihnen ausreißen!

Burli (liest): Das Zungenbein ist gebrochen. Wahrscheinlich hat sie ihn erkannt, und er hat sie noch totmachen wollen. – Würgemale, aber kein Sexualverbrechen.

Schurli: Wenn ich die Kleine schon – so blöd es klingt – umbringe, dann möcht ich wenigstens an Spaß dran haben. Nachher oder vorher.

Hussein: Meinen Lieblingsbruder haben sie gequält, bevor sie ihn angezündet haben. – (Liest:) Die Tür ist offen gestanden ...

Burli: Offene Tür und leichte Bekleidung! Ja, das reizt! Meist erwartens dann schon ein Kind von einem andern. – Ich bin da ungeheuer vorsichtig, der Pillenkonsum geht zurück. – Hauptmieterin wars, immerhin ...

Schurli: So was kann sich leicht eine Garçonniere leisten. – Boutique-Angestellte ... Boutique! Puff hat man früher gsagt ... (liest:) Fußabdrücke im Gsicht, das ist brutal.

Hussein (zieht seine Schuhe aus): Ich muß achtgeben. Hausfrau ist sehr streng. Ich immer sagen, jeder Ausländer muß sein wie Muezzin. – Das Opfer hielt eine Brosche umklammert ...

Burli: Wenn ich schon soweit geh, laß ich ihr doch die Brosch. So ein Mord muß ja ein Schock sein für so ein Mädel. – Alle Hinweise an das Sicherheitsbüro ... Wer will mit denen schon zu tun haben?
Schurli: Auch wenn ich nichts damit zu tun ghabt hätt, die Polizei möcht ich mir nie antun.
Hussein: Polizei! Ich weiß, wie wir geschrien haben bei Stephansplatz für Freiheit in Chlabinistan, Polizei hat geschlagen. Polizei immer schlagen! – (Liest:) Mädchen ist erst achtzehn ...
Burli: Fast noch minderjährig. – Da ghört schon was dazu. Denkt denn niemand an die Eltern? – Der Mann, der mit einer blauen Krawatte die Hausmeisterin beschimpft hat, möge sich melden.
Schurli (nimmt seine blaue Krawatte ab): Kann man denn nie seine Ruh haben in dem Bezirk! – Ich zieh aufs Land hinaus, dort werdens meist im Freien umgebracht. – Und jeder findet das ganz natürlich. – So lange sind wir noch kein Kulturvolk.
Hussein: Immer sprechen von Kultur, wir haben Mörder schon vor tausend Jahren gepfählt und gerädert. – Das Mädchen ist aus Klagenfurt. Ich war einmal in Klagenfurt demonstrieren.
Burli: Wenn man in Klagenfurt sitzt, soll man froh sein und höchstens an den See fahren. – Ihre Freundin und Zimmerkameradin hat er nicht erwischt, und die ist viel hübscher. – Büschelweise wurden Haare ausgerissen.
Schurli (kämmt sich): Das könnt mir nicht passieren. Warum werden eigentlich so wenig alleinstehende Herren umgebracht. Außer Schwule. (Liest:) Blut-

gruppe zwei. Das find ich pietätslos. Wen das schon was angeht.
Hussein: Wie sagt der Große Ismail: Wo Blut ist in der Wüste, es ist kein Wasser. Wo ist Bild von Mädchen? Seite drei!
Burli: Immer diese Annoncen dazwischen! Da, eine Beilage, da, noch eine Beilage!
Schurli: Der Fußballteil is sowieso interessanter. Tot schauns immer gleich aus. (Er blättert weiter.)
Hussein (stößt einen Riesenschrei aus): Elfie! Meine Verlobte!
Burli (verstört): Elfie! Meine Braut!
Schurli (ruhig): Elfie! – Seit wann sind wir jetzt geschieden?
(Dunkel)

Wiener Seefahrt

(Eine Fähre, die den Donaukanal überquert. Am Steuer eine alte Dame. Drei alte Damen als Passagiere, eine davon abseits.)
Die Frau am Steuer: In drei Minuten legen wir im Prater an. – Die Temperatur im zweiten Bezirk ist 15 Grad plus, der Westwind ist etwas heftig, auf die Luftfeuchtigkeit wird gschissen.
Die erste Dame: Gestern wars lieblicher ...
Die zweite Dame: Den letzten Sonntag werd ich nie vergessen. Wie in Hawai ...
Die Erste: Waren Sie schon in Hawai?
Die Zweite: Na, ich möcht auch nicht hin. Jetzt, wo die Schwarzen so wild san ...
Die Erste: Im dritten Bezirk ists auch nicht mehr sicher.

– Gestern in der Nacht hat mir ein Bursch mit einer Taschenlampen ins Gsicht gleucht.
Frau am Steuer: Was hat er gsagt?
Erste: Ich hab ihn nicht verstanden. Es war ein Ausländer. – Aber freundlich wars bestimmt nicht.
Frau am Steuer: Bei mir verrichtens immer ihre Notdurft in der Nacht. Und dann schreibens noch dazu: »Warum hast ka Papier, blöde Alte?«
Zweite: Es gibt ja genug Klos in unserem Bezirk, aber es laßts niemand richten …
Erste: Das is ja auch das Hauptproblem mit die Neger in Amerika …
Zweite: Die Menschen können nicht mehr friedlich miteinander leben …
Frau am Steuer: Net amal im Gemeindebau. Am Freitag nachm Ersten ist das ein entfesselter Kontinent. Ich hab einmal dem Grzimek gschrieben.
Erste: Was hat er geantwortet?
Frau am Steuer: Er kennt die österreichischen Viecher nicht. – So, da wären wir! (Schweigen)
Zweite: Ich glaub, wir bleibn. Es is so gemütlich.
Erste: Hoffentlich kommen keine neuen Fahrgäste …
Frau am Steuer: Um die Zeit is meist ruhig … Darf ich um drei Schilling bitten?
(Die Damen zahlen.)
Frau am Steuer (geht ans Steuer, singt): Auf der Reeperbahn nachts um halb eins … Am andern Ufer steht auch niemand. Wir werden eine ruhige Überfahrt haben.
Zweite: Voriges Jahr bin ich noch mit meinem Mann gefahrn …

Erste: Meiner war um die Zeit immer schon bsoffen. Jetzt kann er sich sein Rausch ausschlafen. Seit November...

Zweite: Ich glaub, er war keine Seefahrernatur.

Erste: Einmal war er in Hamburg. Als Soldat. Das hat er dem Hitler nie verziehn.

Frau am Steuer: In seiner Jugend soll er oft mit der Überfuhr gfahren sein, der Führer. Ich glaub, drum hat er den Dönitz zu seinem Nachfolger bestimmt. Den Admiral.

Zweite: Das Schöne ist, man is am Wasser und hat doch die Kontrolle über die Wohnung...

Erste: Wenn man auf der Lände wohnt...

Zweite: Das ist natürlich ein Segen. Auch wenn die Wasserleitung am Gang ist.

Erste: Dafür hat man das Wasser ständig vor Augen...

Zweite: Heute stinkts gar nicht. Was ist los?

Frau am Steuer: Ab morgen wirds regnen! – Jetzt wären wir wieder am Festland. –

Erste: Man hört die Musik vom Prater... Mich ziehts hinüber...

Zweite: Ich bleib sitzen, damit ich nicht aus der Übung komm.

Erste: Ich lad Sie ein...

Zweite: Das nächste Mal bin ich dran. Es ist ja noch so früh...

Erste: Ich stell mir immer vor, wenn die Brücken einstürzet. Das wär ein Leben!

Frau am Steuer (kassiert): Verschreins es nur nicht. – Einen Fischer hat amal der Herzschlag getroffen.

(Sie geht zum Steuer.)

Erste: Was habens gmacht?
Frau am Steuer: Ich war am andern Ufer. »Kopf hoch!« hab ich grufen. Aber die Leut wollen einen ja nicht hören.
Zweite: Ich hab einen Schwager auf der alten Donau – mit einem Garten.
Erste: Warum fahrens nicht dorthin?
Zweite: Man muß immer was mitbringen ...
Erste (zur Dritten): Sind Sie zum ersten Mal hier?
Dritte: Ich war emigriert ...
Zweite: Ist das sehr unangenehm?
Dritte: Mein Mann ist so gern hier gefahren. Zum Ländermatch ...
Erste: Hat er geschäftlich zu tun?
Dritte: Er ist gestorben. – Das Baseball hat er nicht wollen ...
Zweite: Jetzt, wo wir auf der Mitten vom Kanal sind, kommen auf der anderen Seite zwei Leut ...
Erste: Gehn schon wieder weg. Ich bin eh lieber unter uns ...
Frau am Steuer: Mir sind die Stammgäst noch am liebsten. Da muß man sich nicht so beeilen.
Zweite (zur Dritten): Wie gfallt Ihnen Wien nach so langer Zeit?
Dritte: Ma gewöhnt sich. – Früher um die Zeit bin ich am Sonntag immer im Kaffeehaus gesessen ...
Erste: In welchem, wenn ich fragen darf?
Dritte: Ich weiß nicht mehr. Im zweiten Bezirk wars. – Viele Leute haben vom Rennen gesprochen ...
Frau am Steuer: Der zweite Bezirk hat sich sehr verändert ...

Zweite: Mehr als alle anderen.
Erste: Seit so viele Leut von dort weg sind.
Dritte: Hören Sie auf zu politisieren. Ich will in der Sonn sitzen und keine Wolkenkratzer sehn . . . (Stille)
Erste: Eigentlich wollt ich fernsehn.
Zweite: Ich bleib da. Ich hab noch Kleingeld . . .
Erste: Sie sind eine richtige Verführerin.
Frau am Steuer: Is Ihnen lieber, wenn ich stehn bleib?
Beide: Na, na, fahrens weiter.
Frau am Steuer (kassiert): I mach das schon 15 Jahr . . .
Zweite: Wir waren halt nie berufstätig . . .
Erste: Und selten auf Urlaub. Alles Geld zum Heurigen.
Zweite: Als Witwe fangt für eine resche Frau das Leben an . . .
Erste: Manchmal glaub ich sogar, ich seh ein Fisch . . .
Frau am Steuer: Dieser Täuschung sind schon manche zum Opfer gefallen, das ist die Sonne . . .
Zweite: Was Sie allweil sehen. – Wer weiß überhaupt, wohin wir fahren?
Erste: Hauptsach, wir merken nix davon . . .
(Langsam Dunkel)

Die Rose von Gumpendorf

(Ein dämmriges Wirtshaus. Die verschlafene Chefin mit zwei gleichfalls älteren Stammgästen an einem Tisch.)
Chefin: Gestern is wieder spät worden. Zum Schluß hab i selber nimmer nach Haus wollen.
Erster Gast: Es gibt Lokale, die sperren jetzt schon um neun...
Chefin: In meinen vier Wänden mach ich die Gesetze...
Zweiter Gast: Das war im wilden Westen auch so...
Chefin: Viel gute Witze sind erzählt worden, glacht haben wir...
Erster Gast: Na, erzähl!
Die Chefin: Ich weiß net. Glacht haben wir wie früher...

Zweiter Gast: Die Witz sind jetzt so, daß man sie sich nimmer merkt ...
Chefin: Dem Kommerzialrat ist schlecht worden. »Ich mache jeden verantwortlich!«, hat er gsagt und is umgfallen ...
Erster Gast: Seit dem Schlaganfall ist er nicht mehr wiederzuerkennen ...
Zweiter Gast: Ich hab zwei Schlaganfälle hinter mir und bin immer noch der Alte. Den zweiten allerdings in Mönichkirchen, und dort sind Berg in der Nähe. Schweinsbraten eß ich nicht mehr ...
Chefin: Der Gurkensalat ist das Schädliche, hab ich mir sagen lassen ...
Erster Gast: Ich hab mein Blinddarm noch.
Chefin: Und die Mandeln?
Erster Gast: Auch ...
Chefin: Das ist erstaunlich. Solche Menschen wie du sind selten!
Zweiter Gast: Mei Frau hat beides ghabt und is überfahren worden. Mit 65 ...
Chefin: Ich hab sie nicht mehr gekannt.
Zweiter Gast: Die hätt mich auch nicht ins Wirtshaus gehn lassen. – Für sie wär das nix gwesen. Sie hat nie glacht ...
Chefin: Na, wenn ich wüßt, worüber wir glacht haben ... Irgendeinmal wirds mir schon einfallen ...
Erster Gast: Ich hab auch die Wochn einmal glacht ... Ich wollts euch noch erzählen ... Aber der Wetterumschwung!
Die Gäste: Viele derpackens nicht mehr ...
(Ein undefinierbares Wesen weiblicher Art mit einem

Einkaufskorb geht zur Theke, zieht eine Bierflasche heraus.)

Die Frau: Ein Viertel und einen Eierlikör! (Die Runde verstummt, die Chefin gießt ein Viertel Wein in die Bierflasche, einen Eierlikör in ein Schnapsglas.)

(Stille. Das Wesen stürzt den Likör hinunter und betrachtet die Runde lange. Dann geht sie ab.)

Chefin (setzt sich wieder zum Tisch): Ich weiß nicht einmal, woher sie kommt.

Erster Gast: Bei uns wohnen nur anständige Leut...

Chefin: Sie kommt auch nur am Sonntag.

Zweiter Gast: Vielleicht hat sie einen kranken Vater...

Erster Gast: Die hat doch keinen Vater mehr. Außerdem ist sie selber krank...

Zweiter Gast: Man kommt immer mehr auf neue Sachen.

Chefin: Solche Menschen dürfts in einer Großstadt eigentlich nicht geben...

Erster Gast: Ich glaube, sie kann nicht deutsch...

Zweiter Gast: Du hasts doch selber ghört.

Erster Gast: Stimmt auch wieder.

Rita (Anfang sechzig, flott geschminkt, fröhlich, mit Handtasche und Fliederstrauß, wirbelt herein): Kinder, heut is wieder was los beim Heurigen. Ich hab gsungen als Gast und die Witwe von Robert Stolz hat geklatscht, viel Frankfurter waren da und haben erzählt, daß es dort Apfelwein gibt, sie sind auf Betriebsausflug und schon zwei Tage überfällig, irgendwas blüht, ich hab die ganze Zeit niesen müssen, den Flieder hab ich geklaut, man lebt nur einmal, ein Rosenzüchter aus dem Tullnerfeld hat Annäherungsversuche gmacht, aber nur bis zur Bluse, dann hat er sich an der Brosche gestochen, ein Taxi war grad da, und ich hab mir gedacht, der Abend is noch nicht aus, ein Viertel zum Drüberstreun . . .

(Die Herren sind aufgestanden, die Chefin stellt die Blumen ins Wasser, bringt den Wein.)

Erster Gast (küßt ihr die Hand): Das duftet heut wieder . . .

Zweiter Gast (desgleichen): Darf ich Fliedermaus zu Ihnen sagen?

Rita: Den Witz hat der Taxischauffeur gmacht und dann wollt er mich gleich in den Prater einladen. Dabei ist seine Frau im Spital, wie er mir erzählt hat, und er sieht in mir seine Tochter, weil er keine Kinder hat . . .

Chefin: Schad, daß du gestern nicht da warst. Wir haben so glacht.

Erster Gast: Wir waren auch nicht da . . .

Zweiter Gast: Ich hab einfach verschlafen . . . Zwei Bier zum Mittagessen . . .

Rita: Es tut mir leid, aber ich war gestern im Burgenland und ich wollt schon gehen, aber der Abend war so schön, und das muß man genießen, bevor die Gelsen kommen, meiner Schwägerin ist das Auto nicht angsprungen, dann haben mich Bekannte mitgenommen, der Wein ist halt sehr schwer und die Leut schenken immer noch ein, obwohl sie Ärzte sind, dann sind wir bis Mitternacht im Garten gsessen, aber wir haben kein Reh überfahren, ich hab ja immer solche Angst, mein Schwager ist zudringlich gworden am Steuer, das nächste Mal nur am Rücksitz, aber kein Kopfweh . . .

Erster Gast: Man siehts Ihnen gar nicht an. Als ob Sie aus den Federn kämen . . .
Zweiter Gast: Sie führen ein Leben! Man merkt, daß Sie in einer Ballettschul waren . . .
Rita: Gymnastik mach ich noch immer, und wenn meine Nachbarn auf Urlaub sind, mach ich Gesangsübungen . . .
Erster Gast: Dazu gehört eine eiserne Energie.
Zweiter Gast: Können Sie Kopfstehen?
Rita: Nur nicht unanständig werden, junger Mann! – Gibts was zu essen?
Chefin: Wir haben alles aufgegessen gestern, weils so lustig war.
Rita: Dann krieg ich noch ein Viertel, aber Roten, man soll nicht wechseln, ich bin immer froh, wenn ich wieder in unserem Bezirk bin, die kleinen Parks, jetzt im Frühling . . . Die jungen Leut . . .
Erster Gast: Sie waren da sicher auch drunter früher . . .
Rita: Wir haben ja nichts von der Zeit gehabt, diese verrauchten Amiklubs, und man hat sich ja Sorgen gemacht. Man hat ja nicht gewußt, was mit unserm Land passiert, als Touristen benehmen sich die Leut ganz anders, obwohl, man bemerkts genau, wenn sie aus dem Osten kommen . . .
Erster Gast (tief): Der Ostblock . . .
Chefin: Dort gibts kan Heurigen.
Zweiter Gast: Ich vergönns ihnen . . .
Chefin: Was?
Zweiter Gast: Überhaupt . . .
(Das undefinierbare Wesen erscheint. Derselbe Vorgang wie vorhin.)

Erster Gast: Mich störts ja nicht, aber sie könnt wenigstens grüßen! Wegen der Dame . . .

Chefin: Ich nehm sie nicht weiter ernst . . .

Zweiter Gast: Woher sie das Geld hat?

Rita: Ich seh sowas gar nicht. – Außenseiter gibts immer. Und grad, wenn man in der besten Stimmung is, und das schöne Wetter, kommt so a Alte mit Blumen oder den Illustrierten von der vorigen Woche . . .

Erster Gast: Eine Frechheit!

Rita: Wenn eine Illustrierte eine Woche alt ist, rühr ich sie nicht mehr an! Frisch muß alles sein!

Chefin: In meiner Küche kannst du aus und ein gehen!

Rita: Hab ich mich je beklagt?

Erster Gast (zu Rita): Wissen Sie einen neuen Witz?

Rita: Ich komm ja zu nichts mehr. Nächste Woche gibts einen Wirbel.

Zweiter Gast: Ein Fest?

Rita: Handwerker. Und am Wochenende kommen Freunde aus München. Denen muß ich doch was zeigen! Mein Prozeß mit der Hausverwaltung scheint gut auszugehn, meinen Anwalt muß ich auch einladen . . . Vielleicht krieg ich ein neues Auto, man brauchts ja nicht, nur wegen einem Viertel die Mitmenschen gefährden, aber dann kriegt man halt gar nichts mehr dafür . . .

Erster Gast: Sie führen ein Leben!

Chefin: Du hast eines, was den meisten Menschen in dieser Stadt fehlt: Schwung!

Rita: Ich weiß ja, warum ich nie geheiratet hab. – Was machen meine Freundinnen an so einem Wochenende? Sie gehen zum Friedhof . . . Wozu brauch ich einen Mann? Nur, daß er mir auch stirbt?

Zweiter Gast: Man muß ja nicht gleich heiraten! An Nachmittagen ist es manchmal ganz angenehm...

Rita: Sie sind aber heute sehr anlassig! – Der Wein ist auch bsonders gut...

Erster Gast: Ich hab einen guten Tropfen zHaus. Spätlese... Aber der Platz ist beschränkt. Eine Garçonniere... Damals war ich noch 55 und das Bad war mir wichtiger...

Rita: Kann man in der Wanne auch schlafen?

Chefin: Aber Rita, man merkt, daß du vor dem Krieg in Berlin warst...

Rita: Die Gegend liegt heute im Osten, und ich war ein halbes Kind.

Zweiter Gast (gähnt): Ich war nie in Berlin. Es interessiert mich auch nicht. Budapest ist auf jeden Fall feuriger!

Erster Gast (zu Rita): Haben Sie ungarisches Blut, Gnädigste?

Rita: Das haben mich schon viele gfragt... Wissen Sie, daß ich auf dem Tisch tanzen kann?

Chefin (geht zur Theke): Ich bring noch einen ganz Spezialen...

(Das Wesen erscheint. Dasselbe Ritual. Stille.)

Erster Gast (danach): Ich muß morgen zu einer Untersuchung. (Er küßt Ritas Hand.) Ich hätt Ihnen viel zu sagen, aber vielleicht das nächste Mal. (Er steht auf, blickt umher.) Mantel braucht man ja keinen mehr. Ja, dann auf das nächste Mal. Einen Witz hätt ich noch gewußt, aber der wär zu lang. Zehn Uhr! (Kopfschüttelnd ab.)

Zweiter Gast: Was hat er denn?

Chefin: Hast nicht gmerkt, er ist eifersüchtig.
Rita: Aber ich hab doch keinerlei Anlaß ... Wenn ich das gewußt hätt ... Wir sind doch wie eine Familie ... Soll ich ihm nachgehn?
Zweiter Gast: Das mach ich schon. Ich kenn ihn. Er bleibt immer an der Eckn stehn und schaut, ob noch wer unterwegs ist ... Manchmal schimpft er auch ...
Chefin: Er ist ja sonst so zurückhaltend.
Zweiter Gast: Wenn a Lärm is, sagt er, die Ausländer, und wenns still is, sagt er, das soll a Großstadt sein ...?
Chefin: Recht hat er!
Zweiter Gast: Aber man muß es ja nicht unbedingt aussprechen! (Gähnt.) Ja, jetzt haben wir was von der Großen Welt gehört. (Zu Rita:) Wenn ich in Ihrem Alter wär ... (Küßt ihr die Hand.) Noch einmal von vorn anfangen würd ich! – Lassens mir den Herrn Gemahl schön grüßen!
Rita: Das ist meine Schwester.
Zweiter Gast: Ich hab keinen Bruder mehr. – Ja, irgendeinmal hörts auf. (Zur Chefin:) Morgen komm ich nicht, weil ich auch einmal zu Haus bleiben muß. – (Im Abgehen:) Der Flieder ist schön, aber bei mir würd ihn ja niemand pflegen. (Ab)
(Stille)
Rita: Ich bin doch nicht so alt!
Chefin: Das hat ja niemand behauptet.
Rita: Wie haltst dus da aus?
Chefin: Ich hab dir gsagt, gestern wars lustig!
Rita: Wann hast du aufgsperrt?
Chefin: Um sieben Uhr.
Rita: Nein, ich mein überhaupt.

Chefin: Vor fünfzehn Jahren...
Rita: Damals war ich zum letzten Mal verlobt. Mit einem Musiker. Er war schwul...
Chefin: Das sind die besten Ehemänner.
Rita: Wenn ich das damals gwußt hätt!
Chefin: Man wird immer falsch aufgeklärt.
Rita: Du warst ja auch einmal verheiratet.
Chefin: Öfter...
Rita: Na ja, so wichtig ist es auch nicht... Gib mir ein Viertel mit... Von mir aus in einer Bierflasche...
Chefin (tut das Geheißene): Daß es dir nur nicht zu viel wird...
Rita: Dann gib mir noch einen Eiercognac! Da kann nix schiefgehen...
(Dieselbe Zeremonie. Langsam Dunkel)

Die drei Dreiecke

(Ausflugspunkt im Wienerwald. Das erste Dreieck schleppt sich auf die Wiese, schnauft und betrachtet Wien.)
Erste Frau: Herrlich –
Zweite Frau: A bißl dunstig is.
Erste: Da hätt ma früher aufstehn müssen.
Zweite: Man kriegt ihn eh so spät aus den Federn.
Der Mann: Wann i mein Radio net ghört hab, mein Kaffee mit'm Kipf gessen hab, wann i net zum Fenster aussegschaut hab, a bißl wenigstens, dann is ma net guat. Du merksts am Atmen.
Zweite: Aber die Vogerln ... Das ist jetzt ein Buntspecht.
Mann: Die Virginia wird mir schmecken.
Zweite: I möcht mir meine Schuh ausziehn.

Erste: Da is ein Bankerl. Daß es das noch gibt.
Mann: Na ja, es is ja immer noch ein Grüngürtel (raucht, genießt). Das is a Luft.
Erste: Um diese Zeit voriges Jahr war der Toni schon auf der Wilhelminenhöhe.
Zweite: Da hat er sich auch um die Luft nicht kümmern müssen.
Erste: Nach zwei Tagen wars aus.
Mann: I hab mir nie was aus Blumen gmacht. Bis wir z'Haus kommen, sans hin.
Erste: Aber bis zum Grab haltens. Am Bankerl sind soviele Herzerln. Es leben noch genug junge Leut'.
Zweite: Die vielen Häuserblocks ... I kenn mi gar net aus –
Erste: Na und modern sans. Wir werdens nimmer erleben.
Mann: I brauch nix mehr erleben. Mein Alter reicht mir.
Zweite: Jetzt seh ich genau, wo ihr wohnts.
Erste: Du irrst dich.
Zweite: Wennst von der Kirchen rechts schaust.
Erste: I siech ka Kirchn.
(Glockengeläute)
Mann: A Begräbnis.
Zweite: Laßts ihr euch verbrennen?
Erste: Wir reden noch drüber.
Zweite: Weil die haben einen großen Andrang.
Erste: Wir haben Verbindungen.

(Ein zweites Dreieck klimmt mit einer Decke herauf. Sie breiten die Decke aus.)

Der zweite Mann (setzt sich): Wann waren wir zuletzt da?
Die zweite Frau aus dem zweiten Dreieck: Es darf nicht mehr wahr sein.
Die erste Frau aus dem zweiten Dreieck: Wir hätten uns den Tag nicht schöner aussuchen können.
Der zweite Mann: Lassen wir uns verbrennen. Da sind wir nicht vom Wetter abhängig.
Zweite Frau: Du hast eine so schöne Rede gehalten beim Ludwig über die Musik.
Der zweite Mann: Der Chor hat noch nie so gstimmt. Na ja, der Ludwig war halt net da.
Zweite Frau: Immerhin und gewissermaßen schon. Ob wir nicht doch ein Gewitter kriegen. Die Querzenbachhütte ist zu Fuß immerhin a Viertelstund.
Der zweite Mann: Das nutzt bei einem Blitz auch nix.

(Die erste Gesellschaft hat sichs noch bequemer gemacht.)
Erste: In der Nacht müßt man den Hochstrahlbrunnen sehn.
Zweite: Bei Tag wärs a Lichtverschwendung.
Mann: Wer fragt danach. (Zur anderen Gesellschaft:) Haben Sie zufällig eine Zeitung?
Der zweite Mann: Leider.
Mann: Woher sind Sie?
Der zweite Mann: Aus Himberg.
Erste: So viel hört man davon und kommt sein Leben nicht hin.
Zweite: Heuer waren gar keine Maikäfer.

Die erste Frau aus dem zweiten Dreieck: Es geht auch so –
Die zweite Frau aus dem zweiten Dreieck: Kaum is Sommer, denkt man schon wieder an den Herbst.
Der zweite Mann: Mir is plötzlich so kalt.
Zweite Frau aus dem zweiten Dreieck: Weil du auch immer schwitzen mußt.
Der zweite Mann: Wenn du einen Rucksack mitgenommen hättest, hätt i net geschwitzt.
Mann: Du sollst keine Grashalme zuzzeln, davon kriegt man . . .
Erste Frau: An so einem herrlichen Tag, und du mußt an Krebs denken.
Erste Frau aus dem zweiten Dreieck: Er is wieder einmal im Ansteigen begriffen.
Der zweite Mann: Da heroben merkt man nix.
Zweite Frau aus dem zweiten Dreieck: Schau, was ich jetzt gfundn hab, an Klee. Aber der is ja gar net vierblättrig.
Erste Frau aus dem zweiten Dreieck: Drei, dreiblättrig. Ganz selten.
Zweite Frau aus dem zweiten Dreieck: Die Vierblättler sind schon degeneriert.
Der zweite Mann: Wenns regnet, wirds wieder besser:
Erste Frau aus dem zweiten Dreieck: Was denn?
Der zweite Mann: Alles.
Erste (schlägt um sich): War das a Biene oder a Wespe?
Zweite: Sie gibt den Honig, aber was gibt der Heuschreck?

Der zweite Mann: Ich hab grad an zertretn. Das Grün is heut besonders schön.
Zweite Frau aus dem zweiten Dreieck: Willst a Zigarettn?
Der zweite Mann: Eigentlich dürft ich nicht (er nimmt eine Zigarette, zündet sie sich an).

(Zwei Frauen schleppen einen Mann auf die Wiese.)
Erste Frau des dritten Dreiecks: Was hast denn für einen roten Kopf? Schäm dich, direkt lila.
Der dritte Mann (stöhnt nur).
Zweite Frau des dritten Dreiecks: Die Segelflugzeuge gleiten so harmlos dahin, daweil soll das hochgefährlich sein.
Erste: Mir kommen so Erinnerungen.
Zweite: Wie da so viel Ameisen wimmeln können.
Mann: Die ganzen Ostereier habens uns weggefressen.
Erste: G'hört vergast, die Bagage.
Erste Frau aus dem zweiten Dreieck: Siehst den Tempel mitten in unserer schönen Stadt?
Der zweite Mann: I will kan sehn und i seh auch kan. Wozu hätten wir dann jahrelang gearbeitet.
Der dritte Mann (stöhnend): A Bier.
Erste Frau des dritten Dreiecks: Zuerst wird die Guido-Lelach-Warte besichtigt.
Zweite Frau des dritten Dreiecks: Jetzt haben wir den weiten Weg gmacht und jetzt . . .
Erste Frau des dritten Dreiecks: Gestern hab ich ihn a Stund' länger lassen, an der Eckn beim Preisslinger.
Der dritte Mann (stöhnt): Preisslinger . . . (Die zwei

Frauen zerren ihn weiter) Gebts mir wenigstens a Wasser.
Erste Frau des dritten Dreiecks: Er soll sichs aus seine Fiaß nehmen. (Das finden alle Dreiecke komisch und lachen.)
Erste: Jetzt kommt der Tau (sie steht auf).
Zweite: Der Toni hätt a Freud ghabt. Fußball hätt er g'spielt. Bloßfüßig.
Mann: Gehn ma.
Erste Frau aus dem zweiten Dreieck: Einmal schaun wir noch ins Tal.
Der zweite Mann: Gibts auf der Hüttn an Ribiselwein?
Erste Frau aus dem zweiten Dreieck: Geh, du mußt so oft aufs Klo.
Der zweite Mann: Nur a Bauernklo.
Erste Frau des dritten Dreiecks (singt): Ich blickt vom hohen Berge wohl tief hinab ins Tal.
Zweite Frau des dritten Dreiecks: Und der Himmel lacht dazu.
Der dritte Mann (kollert die Wiese herunter, bleibt leblos liegen).

(Die Männer verabschieden sich, die Frauen dito)
Erste Frau des dritten Dreiecks: Wenn er wieder aufwacht – wir gehn inzwischen zur Warte.
Zweite Frau: Wir zur Hütte.
(Alle auf Zehenspitzen ab.)

Wienfilm

(Ein Vorstadtkino. Das Foyer mit Süßwarenstand. Die Verkäuferin ordnet die Ware. Eine Besucherin sitzt davor.)

Die Verkäuferin: Gut, daß Schokolade net schlecht wird. – Meine Kinomischung hat den Errol Flynn, den Gary Cooper und den Humphrey Bogart überstanden.

Die Besucherin: Wie die Bundeskanzler in der Wochenschau ... Am Anfang hab ich mir noch die Namen gmerkt.

Verkäuferin: Es fehlt an Persönlichkeiten ... Ein Jugoslawe (kommt, stellt eine jugoslawische Frage).

Verkäuferin: Vielleicht viertel Stunde ... halbe Stunde ... Dann Vorprogramm ...

Jugoslawe (zeigt ihr eine Salami, stellt Forderungen).

Besucherin: Ich glaub, er kommt von der Donau. Von an Schiff...
Verkäuferin: Hier Lichtspielpalast, Kultur!
Jugoslawe (flucht und geht ab).
Besucherin: Früher war das a Rarität...
Verkäuferin: Da hats auch noch Filmstars gegeben... Mit dem Popcorn hats aufgehört.
Besucherin: Bei der Paula Wessely hab ich Mannerschnitten gessen.
Verkäuferin: Warum grad bei der?
Besucherin: Ich war überzeugt, wenn ich bei ihr eingeladen wär, hätts mir das aufgewartet. Und a Schale Gold...
Verkäuferin: Solche Leut trinken doch Sekt.
Besucherin: Erst am Abend. Und auch dann nur am Hochzeitstag.
Verkäuferin: Glaubens, hat die Wessely an Swimmingpool?
Besucherin: Warum?
Verkäuferin: Weils haaß is.
Besucherin: Das paßt nicht zu ihr! – Aber ich glaub, sie macht gern Näharbeiten. Oder Erbsen auslösen. Am Vormittag... Im Garten...
Verkäuferin: Ich hab mir schon oft überlegt, kann man im Gemeindebau Filmstar werden?
Besucherin: Höchstens beim Fernsehen. Das san so Leut...
Der Operateur (im dunklen Arbeitsmantel): I laß den Kulturfilm heut weg.
Besucherin: Was is es denn?
Operateur: Poldi, der letzte Zeck von Podersdorf.

Verkäuferin: In Podersdorf gibts doch nur Gelsen.
Operateur: Na, die haben ihn ja verjagt.
Besucherin: Ich werd in der Fußfreien sitzen.
Operateur: Sie haben das ganze Kino für sich.
Besucherin: I sitz aber in der Fußfreien! – Der Johannes Heester is mein Liebling.
Operateur: Der muß a schon in der Rent sein. Den kenn i no, bevor der Hitler einmarschiert is...
Verkäuferin: Daß der Hitler nie gsungen hat! Schad eigentlich...
Besucherin: Der Johannes Heester, der Theo Lingens, der Heinz Rühmann und der Willi Forster, das sind meine Buam! Und der Hörbinger!
Operateur: Hörbiger!
Besucherin: Das is der Bruder!
Operateur: Wenn ich ehrlich bin, i hab mir die Film nie richtig angschaut. Manchmal, wenns grissen san.
Besucherin: Was machen Sie so?
Operateur: I les manchmal gern...
Verkäuferin: Was lesen Sie?
Operateur: I weiß net. I bin bei einer Buchgemeinschaft.
Verkäuferin: Warum gibt es keine guten Filme? Es kann doch nicht so schwer sein...
Besucherin: Diese Pornografien zerstören alles. – Die Marika Rökk hat so was nie notwendig ghabt...
Verkäuferin: Und kann sich immer noch sehen lassen.
Operateur: Ich bin neugierig, was nach der Renovierung kommt...
Besucherin: Gibts ein Programm?

Operateur: Vielleicht in der Zeitung... (Laut:) Einlaß!

Besucherin: Ich möcht nicht zu spät kommen. Gibts eine Vorschau?

Operateur: I hab Ihnen schon gsagt, wir werden renoviert.

(Hans Albers singt »La Paloma«, es wird langsam dunkel.)

Besucherin (im Abgehn): Mein Gott, der Hans Moser...

(Dunkel)

Die rot-weiß-rote Rasse

(Garten eines Klubhauses in den Tropen. Grelle Sonne. Terrasse mit Pergola. Eine fahrbare Hausbar. Zwei Herren im Tropenanzug. Eine Tonanlage spielt Robert Stolz.)

Der Konsul: Vor ein paar Jahren habens noch Trommeln ghabt im Urwald.

Der Ingenieur: Als Andenken sieht mans überall. Sogar am Hafelekaar . . .

Der Konsul (anbietend): Wollns eine Kubanische?

Der Ingenieur (nimmt): In letzter Zeit gibts a bissl viel von der Sorte. Ich merks an den Tschicks im Bergwerk –

Konsul: Sinds nicht etwas aufsässig in letzter Zeit?

Ingenieur: Auch nicht anders als die Jugoslawen.

Konsul: Die malen Ihnen aber keine Hammer und Sichel an die Wänd.

Ingenieur: Einer von die Vorarbeiter hat ein Lodenhut... Ich hab mir Afrika auch anders vorgestellt.
Konsul: Expeditionen habens noch gmacht vor ein paar Jahren...
Ingenieur: Und was habens gfunden? – Ein paar alte Volkswagen und ein Haufen Präservative... (Musik aus.)
(Die Frau Konsul erscheint. Die Herren stehen auf.)
Die Frau: Lassen Sie sich nicht stören. Der Auflauf wird gleich so weit sein... Wollts ihr was anders hören? Den Rosenkavalier oder am End gar Sommertime.
Konsul (schenkt ein): Gleich fangens im Urwald an, die Grillen und die Papageien...
Ingenieur: Wie in Schönbrunn. Ich hab in der Maxinggassen gwohnt. Nicht zum Aushalten!
Frau: Sind Sie in Schwechat auch durchsucht worden? Mir war ganz unheimlich...
Konsul: Weiß der Teufel, was da drüben los is. – In Rom soll man ja nicht einmal mehr auf der Straßn gehn können.
(Sie setzen sich.)
Frau: Sie müßten einmal in der Regenzeit hier sein. Wie im Salzkammergut...
Ingenieur: Wo gibts denn noch so ein Paradies? Vor zehn Jahren das Burgenland vielleicht...
Frau: Und was habens draus gmacht? Ich war auf einem Weinlesefest... Wie die Hottentotten!
Konsul: Bitte nich! Ich sag meiner Frau, sie soll nicht so taktlose Bemerkungen machen. Auf Empfängen. Manche haben doch in Deutschland studiert...

Frau: Wenns kein Humor haben... Ich bin ja auch a Gscherte...
Ingenieur: Woher?
Frau: Aus Gstratzen an der Rosach. Jetzt geht die Autobahn drüber.
(Entfernte Schüsse aus dem Urwald.)
Ingenieur: Mir scheint, einer von unsern LKWs.
Konsul: Nein, nein, da schießens irgendwo.
Frau: Die Safaris haben doch aufghört...
Ingenieur: Es gibt kaum noch richtige Viecher.
Frau: Wo keine Jäger sind, sind keine Viecher.
Konsul: Der kommunistische Einfluß wird immer stärker.
Ingenieur: Pardon, was hat das mit der Jagd zu tun...?
(Die Schüsse werden immer lauter.)
Frau: Es ist dasselbe wie mit den Dienstboten.
Ingenieur: Bei uns wirds auch bald so weit sein. Meine Frau macht fast schon alles selber...
Frau: Wo ist sie denn jetzt?
Ingenieur: In Loisach. Das werden Sie gar nicht kennen. Aber für die Kinder is gut... Ein Seitental. Dagegen ist das hier a Großstadt.
Konsul: Drei Kirchen haben wir immerhin...
(Stille)
Ingenieur: Is Ihnen je aufgfalln, daß es am Semmering keine Kirchen gibt?
Frau: Eine Moschee haben wir auch.
Konsul: Aber sonst? So an einem Sonntag... Kein Mensch auf der Straßn. – Die Einsamkeit. Wo findt man die denn heut noch...?

(Kampfeslärm. Maschinengewehre. Lautes Geschrei in einem afrikanischen Dialekt.)
Frau: Ich muß nach dem Auflauf schaun. Entschuldigts mich ...
Konsul: Sag einmal, die sollen da Ruh geben! Wir haben nämlich auch ein Kino! – Und da saufen sie sich meistens nachher an ...
Ingenieur: Bei uns drüben im Bergwerk genauso. – Erstaunlich viel Rum. – Echt aus Kuba.
(Der Lärm verebbt.)
Frau: Blumen hab ich vergessen – (huscht ab). (Die Herren trinken.)
Konsul: Ohne Biedermeiersträußl gibts bei uns kein Abendessen ...
Ingenieur: Ich wollt was aus dem Urwald mitbringen. Aber das ist alles so verstaubt, vom Bergwerk.
Konsul: In Südafrika is sauberer. Diamanten können nie so an Mist machen.
Ingenieur: Merkt's ihr was von den Spannungen? Bei meinem Juwelier am Neuen Markt is noch nix teurer worden.
(Eine afrikanische Stimme hält eine Ansprache.)
Konsul: Ja, übrigens, ich hätt fast vergessen. Mein belgischer Kollege hat heut angrufen. Man soll lieber nicht auf die Straßn gehn. Wenn Sie bei uns übernachten wollen?
Ingenieur: Reizend. – Aber ich erwart noch einen Anruf aus Loisach ...
Konsul: Kann man ja umleiten.
Ingenieur: Bei den Postverhältnissen?

Konsul: Na ja, vor fünf Jahren habens noch die Trommeln ghabt.
Ingenieur: Nein, ich mein, das Postamt in Loisach sperrt um fünf Uhr ...
(Ende der Ansprache.)
Konsul: Verstehen Sie, was der da gredt hat?
Ingenieur: Nein, ich komm auch so mit den Leuten aus ... (Es wird Sturm geläutet.)
Ingenieur: Diese komische Eifersucht. – Jetzt sind wir fünfzehn Jahr verheiratet.
Konsul (lachend): Unsere Damen sehn zuviel schwarze Fräuleins in den Illustrierten.
Ingenieur (lacht mit): Wenn die wüßten, wies da bei uns ausschaun ...
(Läuten aus. Stille. Die Herren trinken.)
Ingenieur: Ich hoff, ich hab Ihre Frau Gemahlin nicht beleidigt.
Konsul: Nein, nein, der Auflauf ist ihr heilig. – Wieso eigentlich?
Ingenieur: Daß ich ohne Krawatte erschienen bin.
Konsul: Wir waren lang in Belgrad. Dort ist das auch nicht unbedingt üblich. Früher oder später wird auch der Vatikan die Etikette lockern ...
Ingenieur: Glaubens, wird der Papst je ins Sacher kommen?
(Beide lachen. Stille. Die Herren sind noch nicht betrunken.)
Konsul: Sehns, sind schon wieder ruhig ...
Ingenieur: Ich glaub, es spielt sich alles in den Dörfern ab.
Konsul: Wie in Vietnam.

Ingenieur: Waren Sie schon dort?
Konsul: Ich wollt immer hin. Aber dann wars zu spät.
Ingenieur: Mir tuts nur leid wegen der Mädeln, ich hab da Delikates ghört.
Konsul: Wenn man verheirat is, sieht man nur die halbe Welt. Aber was wär ich ohne die Familie meiner Gemahlin!
Ingenieur: Bei der Ennser Zuckerfabrik?
Konsul: Vielleicht Richter in Drosendorf...
Ingenieur: So verschieden sind die Leut hier auch nicht.
Konsul: Aber man hat kaum mit ihnen zu tun –
(Die Frau Konsul tritt mit allen Anzeichen einer Vergewaltigung auf. Die Herren erheben sich.) (Pause)
Konsul (erbittert): Wieviel warens?
Frau (zuckt die Achseln).
Ingenieur: So nehmen Sie doch bitte Platz.
Frau (setzt sich).
Konsul: Hast du die Fahne gehißt heute in der Früh?
Frau (nickt).
Ingenieur: Haben Sie Waffen im Haus?
Konsul: Nur Jagdgewehre! – War es auf österreichischem Boden oder auf der Straße?
Frau (zeigt nach draußen).
Konsul (zum Ingenieur): Das kommt hier zum ersten Mal vor.
Ingenieur: Waren Weiße dabei?
Frau (nickt).
Konsul: Man muß immer mit so was rechnen. – Brauchst einen Arzt?

Frau (schüttelt den Kopf).
Konsul: Verbandszeug hab ich im Haus.
Ingenieur (zur Frau): Ist mein Auto noch da?
Frau (schüttelt den Kopf).
Konsul: Habens den Auflauf geplündert?
Frau (nickt).
Ingenieur: In meinem Auto hätt ich Konserven ghabt.
Konsul: Es kann ja nicht lang dauern. (Triumphierend): Morgen brennen die Dörfer!
Ingenieur: Das Bergwerk wird als erstes zugsperrt ... (sucht) Ich hab ja meine Schlüssel im Auto.
Konsul (zur Frau): Hat man dich persönlich beleidigt?
Ingenieur: Ich glaube, wir sollten sie beruhigen. Vielleicht einen starken Kaffee.
Konsul: Bisher warns so freundlich.
Ingenieur: Besonders die Kinder.
Konsul: Waren Kinder dabei?
Frau (nickt).
Ingenieur: Sicher aus dem Bergwerk ...
(Einzelne Schüsse.)
Konsul: Wenn wir nicht so beliebt wären ... auf der ganzen Welt ...
Ingenieur: Bei den Amerikanern hätt ichs verstanden. – Gibts viel Tote?
Frau (nickt).
Konsul: Auch Schwarze?
Frau (nickt).
Konsul (automatisch): In Vietnam haben sie sich die Gsichter schwarz gfärbt. Da hat man sie wenigstens auseinanderkennt, die Gelben ...

Ingenieur- Das wird ein Gstank geben . . .
Konsul: International!
Ingenieur: Nein, auf der Straßn.
(Stille)
Konsul: Um ein Haar hätt ich die Antroposophen für heut eingladen . . .
Ingenieur: Wo sinds denn jetzt?
Konsul: In Äthiopien. Grillparzer lesens . . . (Anhaltendes Läuten.)
Ingenieur: Jetzt nehm ich die Sache persönlich in die Hand. Aus unserer Alpenrepublik werden die kan Unruheherd machen!
Ingenieur: Sie sind mit Recht verwirrt. Wir sind in Afrika!
Konsul: Aber in die Berg! – Südtirol war auch kein leichtes Pflaster! (In höchster Wut ab.)
Ingenieur: Man merkt, daß er in Innsbruck studiert hat . . .
(Stille)
Ingenieur: Liebste, kann ich irgendwas für dich tun?
Frau: Du weißt schon . . .
Ingenieur: Ist es dir nicht unangenehm?
Frau (steht langsam auf): Wenns dich nicht stört . . .
Ingenieur: Ich hab mir gedacht, daß du dich herrichten willst.
Frau: Geh, . . . Tschapperl . . .
(Sie küssen sich.)
Ingenieur: So in der Fremde is man immer allein . . . Jeder red . . . Sogar die Schwarzen.
Frau: Farbigen, würde mein Mann sagen . . . Er ist Diplomat.

Ingenieur: Im Jänner fahrn wir wieder Schi. Denselben Abhang in Lech.
(Ein einzelner Schuß.)
Frau: Ich fürcht, jetzt hats meinen Mann erwischt ... Er regt sich immer so auf ...
Ingenieur: Bald kommen die Fallschirmtruppen. Da sind auch Landsleut dabei ... Da wirst dich beruhigen ...
Frau: Erst amal trinken wir einen Kaffee ...
(Sie setzen sich. Sie schenkt ein. Sie trinken Kaffee.)
Ingenieur: Heut wird nicht mehr viel los sein.
Frau: Ich kümmer mich dann schon um ihn ... Zufälle gibts ...
(Stille)
Ingenieur: Ich hab dir gsagt, wir kommen noch einmal zsamm.
Frau: Damals in der Meierei im Stadtpark ... Sommer wars ...
Ingenieur: Aber nicht so heiß ...
(Sie lächeln.)
Frau: Blöde Schwarzen!
Ingenieur: Die werdens auch noch lernen ...
(Langsam Dunkel)

Theatralisches

Fronttheater

(Der Seitenraum eines Heurigenlokals. Ein Fest ist im Gange. Rudi, ein älterer Feschak, trinkt mit einem gleichaltrigen Paar eine Ehrenrunde. Im Hintergrund ausgelassene Wiener Fröhlichkeit.)
Harry (ein Filmgesicht): Mensch, Rudi, du bist ne ulkige Nudel. Champagner beim Heurigen!
Nessy (gleichfalls ein Filmgesicht): Das sind so deine Einfälle! – Mensch, wie du im Bierzelt Kaviar und Sachertorte hast auffahren lassen, da war das ganze Oktoberfest platt. – Dann sagtest du noch »Ein Prosit der Gemütlichkeit mit Mouton-Rothschild«, und die Blaskapelle mußte den Donauwalzer spielen . . .
Harry: Na, und wie wir im Prater gedreht haben und da standen plötzlich lauter Platten mit Helgoländer Hummer da? –

Nessy: Und am Markusplatz die Wiener Schnitzel und die Weißwürste! – Die Italiener haben für so was nu gar keinen Humor. Mensch, waren die sauer!
Harry: Wo du nur deine Einfälle herhast?
Rudi (der Regisseur, milde lächelnd): Ich komm aus einer Arbeiterfamilie. – Wir hatten oft nicht einmal einen Weihnachtsbaum. – Drum wollt ich zum Film ...
Nessy: Ich dachte, wegen der Mädchen ...
Rudi: Damals dachte ich immer nur an meine Mutter. Wie sie uns durchbringen mußte. Der Vater arbeitslos ...
Harry: Ich dachte, er war Arbeiter?
Rudi: Gelegentlich. – Reden wir von was anderem.
Nessy: Mensch, denen von der Presse hast dus wieder gegeben. »Mit wem ich schlafe, das bestimme ich!«
Harry: Und dabei so witzig, daß man dir nicht bös sein kann. »Der Unterleib ist die Oberfläche der Leinwand« (lacht:) Wie du auf das kommst ...
Nessy (lachend): »Sex ist nicht immer sechs, sondern immer eins.« – Hast du nie Klagen von deinen Mädchen?
Rudi (weise): Sie können nicht klagen.
Nessy: Du schaffst es noch lange. Du hast sogar den deutschen Film überlebt ...
Harry: Er hat ihn ja erfunden ...
Rudi (sentimental): Über die Branche machts mir keine Witz! Wie vielen Menschen hab ich Brot gegeben nach dem Krieg ...
Harry: Nu werd doch nicht sentimental, Mensch! Es hat ja auch ganz schön Spaß gemacht ...

Rudi: Bis man soweit kommt, seinen Jugendtraum zu verwirklichen. In einer kunstfeindlichen Zeit. – Parasiten, Krämerseelen . . .

Harry: Ich glaub, wir lassen dich nun besser allein, damit du mit dir selber zurecht kommst . . . Hanno Miefke, der Tonmeister, singt jetzt seine neuen Wirtinnenverse. Man soll beim Heurigen keinen Sekt trinken! (Mit Nessy abgehend:) Frau Wirtin hat auch einen Star . . .

Rudi (ihnen leicht betrunken nachrufend): Wer hat den Film zerstört? – Nicht das Publikum! Das Publikum war immer treu. – Die Pornos und die Kaufleute, die Sauj . . .

Ein später Gast (tritt devot auf): Wie ich sehe, sind Sie auch Antisemit!

Rudi: Es gibt auch anständige Juden! Aber sie sollen sich nicht so aufspielen!

Der Gast: Entschuldigen Sie die Störung, ich bin ein Niemand.

Rudi: Schleichen Sie sich zu Ihren Besoffenen, Sie Heurigenbesucher!

Gast: Ich hab meinen Wagen zu Hause stehen lassen.

Rudi: Was wollen Sie? Eine Rolle?

Gast: Sie haben in ihren Filmen so viele Mädeln in ihrer körperlichen Schönheit gezeigt . . .

Rudi: Ja, aber ich war in der katholischen Jugendbewegung. Sie haben sich nicht bewegt, die Mädeln. – Wollen Sie einen Champagner?

Gast: Hast kan Krimsekt, wir kennen uns doch aus Charkow, Rudi!

Rudi: Dort in der Gegend soll ich meine nächste Co-Produktion drehen . . . »Der Kurier des Zaren«.
Gast: Den gibts doch nicht mehr, den Zaren.
Rudi: Sie wollen ihn aber immer wieder sehen. – Woher kennen Sie mich? Waren Sie Statist?
Gast: Schau ich so aus?
Rudi: Ja.
Gast: Rudi, wir haben doch die Fußballnummer gemacht. – Damals . . . In Charkow . . .
Rudi: Sie verwechseln mich offenbar. Wir haben damals alle dieselbe Kluft anghabt.
Gast: Du warst doch nie an der Front, Rudi! – Beim Fronttheater! (Lacht hemmungslos:) An der Front, da war ein Theater!
Rudi: Ich war eingerückt wie jeder anständige Mensch.
Gast: Du und deine Truppe! Ihr warts Spitze!
Rudi: Sie sind eine richtiggehende Wiener Heurigentype. – Wissen Sie, daß die Deutschen das mögen?
Gast: Mir wirst du was über Deutsche erzählen! Aber wir waren doch machtlos gegen sie während des Krieges. Machtlos . . . Erinnerst dich, wie der Hauptsturmführer gsagt hat: »Wiener Schlawiner!« und du bist da gstanden und hast glacht . . . Ich hätt mir das nicht gfallen lassen, aber ich bin ja von der Front gekommen . . .
Rudi (schwenkt um): Mensch, wie lange ist das schon her? – Trink was?
Gast: Ich hab dir doch gsagt, ich bin mit dem Auto da.
Rudi: Mensch, ich hab doch 200 Filme gemacht! – Mach

keinen Wind! – Woher kennen wir uns wirklich?
Gast: Stadttheater Charkow. Das berühmte Ballett.
Rudi: Ich hab inzwischen mit den Russen viel gemacht, aber das Ballett wurde mir immer von Moskau zugeteilt.
Gast: Die leben doch alle nimmer oder sind im Westen. Rudi, du warst der Beste!
Rudi: Du, draußen sind so viele Weiber, die sich um mich reißen. Beruf dich auf mich!
Gast: Weiber hab ich jeden Tag, aber dich, Rudi, gibts nur einmal!
Rudi: Sie sind bsoffen! Das ghört sich so! – Prost!
Gast: Sind wir jetzt per Sie oder per Du, Rudi? Prost hat noch nie einer beim Heurigen gsagt.
Rudi: Wars in Charkow net kalt?
Gast: Aber na, a wunderbarer Frühling. – Im Freien haben wir geprobt...
Rudi: Wie schaut das Freie in Charkow aus? – I muß dort nämlich außen drehen.
Gast: Na wie in Kittsee.
Rudi: Setz dich, Alter! Warum haben Sie sich nie gemeldet?
Gast: I bin dann an die Front kommen. Dann hab ich deine Fußballnummer – du hast doch nix dagegen – allein gemacht, wenn Feuerpause war...
Rudi: Hab ich mich je unanständig benommen?
Gast: Das hast du doch nicht notwendig gehabt. Als Sonderführer Z. – Aber lachen kannst nimmer so wie damals. Glacht hast immer wie ein Bua. – Die Uniform hat dir gar net paßt.
Rudi: Die Russinnen haben sich ja direkt gerissen, in

meinem Ballett mitzuwirken... Dabei zu sein... Wenn ich damals die richtigen Kameras ghabt hätt, es gäb heut kein Porno...

Gast: Du bist in eine schlechte Zeit hineingekommen, Rudi...

Rudi (steht auf): I hab ihnen ja gesagt, den Mädels, bevor sie ins Lager kommen, sollns mitmachen. – Im Lager wärens nicht so weit herumgekommen.

Gast: In dir ist immer schon ein Künstler gsteckt, Rudi. – Hast du nachher nie Schwierigkeiten ghabt?

Rudi: Ich hab mein Leben lang den Menschen nur Freude gebracht. – Die Mädeln waren ja nach dem Krieg in alle Winde zerstreut...

Gast: Nach Charkow wird keine zurückgegangen sein. – Das war ja ziemlich zerstört...

Rudi: In München hat mich einmal in einem Hotel a alte Bedienerin angesprochen. Sie hat behauptet, sie war dabei...

Gast: Wie hat das Lied geheißen? – »Die Front kommt in die Heimat, die Heimat kommt zur Front!« Alle haben mitsingen müssen... Einmal möcht ich noch mit dir die Fußballnummer machen: »Die zwei faulen Torwarte.« Das war a Hetz! (Er lacht.) Jetzt könnt ichs nicht mehr. – Alle zwei Füß habens mir weggschossen. Aber man merkt nix.

Rudi: Denk doch nicht immer an die Vergangenheit!

Gast: Net amal an Stock brauch ich.

Rudi (plötzlich): Was wollen Sie von mir? Ich bin ein einwandfreier Mensch. – In Israel laufen meine Filme. Ich hab Ihnen noch nie gesehen. Sie Nachkriegserscheinung!

(Gast verschwindet.)

Harry und Nessy (tanzen herein).

Harry: Jetzt haste das Schönste versäumt. – Aber so witzig. – Mensch, sagte ich, Hanno, du bist ja ein geborenes Talent!

Nessy: Stottern kann er auch und die Augen verdrehen. Und dann macht er so Klogeräusche. Mensch, son Tonmeister kann vielleicht zaubern . . . Du mußt dir das anhören.

Rudi: Ich habe meine Mutter erhalten. Haben Sie Ihre Mutter erhalten? – Mitten im Krieg hab ich ihr Bananen mitgebracht. – Und Parfürm. Das soll mir einer nachmachen.

Harry: Was ist denn mit dir los?

Rudi: Charkow war eine lausige Stadt! – Gute Laune haben wir den Leuten gebracht. – Die Ukrainer haben uns Deutsche geliebt!

Nessy: Reg dich wieder ab, Rudi! Wir lieben dich doch alle.

Rudi: Gehn Sie zurück zum Wehrkreiskommando mit Ihren Prothesen! – Die Fußballnummer hab ich einmal in Berlin gemacht. Im »Cabaret der Komiker«, wie ich auf Urlaub war. – Die Mädchen stehn unter meinem Schutz! Ich zeig Sie an! Nebenan wohnt der Bundeskanzler!

Nessy: Mit wem schreist du denn?

Harry: Da ist doch keiner . . .

Rudi: Hier stinkts nach russischen Zigaretten. Ich rauch doch nicht! . . . (Er beruhigt sich:) Man soll wirklich nicht durcheinander trinken.

Nessy und Harry: Jetzt hör mal! Frau Wirtin hat

nen Regisseur, der konnte plötzlich nimmermehr . . .
Rudi: Seids froh, daß ich so viel Humor hab . . .
(Dunkel)

Der Burschi und sein Publikum

Ein älterer Schauspieler (unterhält sich mit einem Papagei, der auf dem Dach seines Käfigs sitzt): Geliebt wird er von seinem Publikum, der Burschi ... Und warum? Weil er immer sein Publikum geliebt hat.
Das Publikum ist ja so dankbar, wenn es einmal jemanden mag. – Warum mag es den Burschi? – Weil er immer ein Mensch geblieben ist, sogar in Krefeld. Und in Bad Honeff. Und in Biel, Solothurn. – Überall hat er seine Leut sitzen. – Da brauchen wir kein Fernsehn und kein Film. (Er sieht in einen Taschenspiegel.) Jetzt lacht er wieder, der Burschi. – Vorhin war ihm schlecht, aber schon so schlecht, daß er absagen wollte.
Was würde das Publikum da sagen? Der Burschi laßt uns im Stich! – Da bricht ja eher der Dritte Weltkrieg

aus! – Ins Spital hat er müssen, eine Woche zur Untersuchung, dann hat er sich gleich mit einem Extempore entschuldigt. – Kranksein ist eine Krankheit, und die Leut haben gleich gewußt, daß das nicht von Bernard Shaw ist, und applaudiert. – Einmal möcht ich mit dir auf der Bühne stehn, aber da mußt du noch viel lernen. Sprechen vor allem. – Ich war auch einmal ein Nachwuchsschauspieler, mit entsprechender Visitenkarte. – Da hab ich mich oft versprochen. – Die Kollegen haben immer gewettet, ob ich den nächsten Satz herausbring. – Da hab ich dann ein Gsichtl geschnitten, zornig oder lustig. (Er tut es.) Und niemand war mehr bös. – Aber sonst – die Kollegen – schlecht und neidig. Wenn mein Publikum nicht wär, ich hätt einen Berufswechsel vorgenommen. – Geschäftsführer oder Betriebsrat. – Wo man halt durch die Persönlichkeit wirkt. – Die haben sie ja nicht, die Kollegen. Das ärgert sie ja so. Früher, weißt du, hab ich immer Fraulis ghabt, die waren viel älter als ich, aber mit der Zeit wollens dann doch sich verloben, und ich bin halt nicht seßhaft. Ein Zugvogel. – Jetzt hab ich dich beleidigt. – Das wollt ich nicht. (Er küßt den Papagei.) Wir sind ein richtiger Junggesellenhaushalt! – Darfst mich halt nicht zuviel trinken lassen! (Er zeigt dem Spiegel die Zunge.) Eine Zunge kann man nicht überschminken, das sind so die Erfahrungen, die man macht. – Was weißt du schon von mir? – Was hat man in einer Tierhandlung für eine Ahnung vom Leben, Trottel! – Komischer Vogel! – Du kannst ja nicht einmal lachen! Nicht einmal lachen, nicht einmal applaudieren! – Wenn ich in der Früh das Tuch von deinem Käfig nehm, so muß das für dich sein, wie wenn man auf die Bühne kommt. – Ich schau zuerst auf die Logen, dann ins Parkett, dann auf die Galerie, das darf man nicht vergessen, und wenns nicht gleich applaudieren, dann tu ich so, als ob ich weggehn würd, da gehts aber los. – Manchmal habe ich der Rolle entsprechend ein schäbiges Gewand an, dann mach ich eine entschuldigende Geste, dann sinds außer Rand und Band. Eine Handbewegung genügt – Totenstille – dann kommt der erste Satz: »Ich weiß nicht, wo mein Herr so lang bleibt?« Und ab da lieben sie mich. – Das soll mir einer nachmachen! – Du kannst ja nicht einmal »Servas« sagen und das können viele, auch jüngere und weniger farbenprächtige Exemplare! – Kasperl! Aufwecken hast mich zu vergessen heute! Wahrscheinlich wars richtig so. – Man muß nicht zu jeder Probe kommen. Das ist die langweiligste Arbeit. Am Abend macht man sich eh alles selbst. – Wenn man ein Liebling ist. – Zu Sylvester hab ich mich verkleidet und bin mitten in die Fledermaus hinein aufgetreten und hab gsagt: »Ich bin das alte Jahr.« – Die haben überhaupt nimmer aufgehört zum Klatschen, da hat der Herr Pöstlbach als Frosch sogar mit dem Klosettpapier auftreten können. – Aus wars. – Und weißt du, wo mir der Knopf aufgegangen ist? Bei einem Gastspiel in Bad Gleichenberg, als Anfänger in einer ganz kleinen Rolle. – Mein Bart war geklebt und hat gewackelt, ich hab ihn runtergrissen und gsagt: »Jetzt ist aber der Bart ab!« Man muß immer auf sich aufmerksam machen! – Manchmal komm ich im letzten Akt als Diener, Maske ist mir zu mühsam, da schneid ich mein Dienergesicht, vorn können sie spielen, was sie wollen, im Gedächtnis

bleibt ihnen nur der Burschi! Beim Applaus stell ich mich schon neben die Kollegen, der Vorhang fällt und jedesmal spring ich im letzten Moment weg. – Einmal hätt er mich fast erwischt der Eiserne. – Ein Todesschreck! – Ich war in so vielen Städten, ich hab das Gefühl, das Publikum reist mir nach.
Den »Eingebildeten Kranken« soll ich jetzt spielen, ein langweiliges, verstaubtes, kindisches Stück. – Ich werd mir schon was zurechtlegen, daß es so ausschaut, als ob mir wirklich schlecht ist. (Entsprechende Grimassen.)
(Zum Papagei:) Du stinkst heut! – Hat man sich so am Amazonas aufgführt? – Jetzt macht sich der Burschi einen Kaffee, ein Honigkipferl, einen Cognac und dann schlüpft er in die Rolle! »Ei Herr, mit mir ist nit zu spaßen!« Du findest das gar nicht komisch? Der Burschi ist der Liebling! Verstehst du? Der geborene Liebling! Im Kaffeehaus, im Gasthaus, bei den Taxichauffeuren, sogar die Polizisten salutieren! – Du Papagei! – Hol mir mein Kaffee! – Die Fraulis haben mir immer alles geholt. – Steh auf, Burschi! (Er bemüht sich.) Was ist denn? Der Arzt hat gesagt, ich muß aussetzen! Wer macht das schon? Papagei! So ein Molière regt uns nicht auf! Den kann man ja sitzend spielen! Spielend spielen! (Er bemüht sich vergeblich, aufzustehn.) Papagei! Niemand wird dir dein Futter herrichten. Der Burschi ist der Beste, die Bestie, die Bestie! (Stirbt zornig.)
Papagei: Burschi ist der Beste, die Bestie, der Beste, die Bestie!
(Dunkel)

Ausgebucht

(Im Dunkel hört man Schüsse.)

Erste Stimme: Jag ihm ne Ladung rostiges Blei in den krätzigen Arsch, damit er sein Lebenslicht ausscheißt.

Zweite Stimme: Johnny ... Was immer auch geschieht, bleibe stolz.

(Licht. Zwei Sprecher vor einem Tongalgen.)

Erster (nimmt die Kopfhörer ab): Hast du heute wieder den Faust? Dann mußte bald weg!

Zweiter (tut das gleiche): Ich habe die Kollegen gebeten, daß sie das »Vorspiel auf dem Theater« etwas strecken.

Erster: Bei mir kommts auch nich so drauf an. Ich spiele Boulevard. Auf die Kalte.

Zweiter: Morgen komm ich etwas später. Kirschgarten. Probe ...

(Sie nehmen rasch die Hörer.)
Erster: Ich fang morgen mit Godot an. Jag ihm ne Ladung rostiges Blei in den krätzigen Arsch, damit er sein Lebenslicht auskotzt.
(Anderer Ton): Entschuldige, mein Fehler ...
Zweiter: Nimm vielleicht deine Brillen.
Erster: Ich werde den John Wayne doch noch vom Gary Cooper auseinanderhalten können.
Zweiter: Sag das nich ... Beide sind tot.
Erster: Wann geht dein Flugzeug?
Zweiter: Das Taxi wartet schon.
Erster: Jag ihm ne Ladung rostiges Blei in den krätzigen Arsch, damit er sein Lebenslicht dicht macht. Scheiße!
Zweiter: Scheiße ist erst die nächste Szene ...
Erster (sieht nach): Was kommt dann noch? Wohin ist die Knalltüte abgehaun. Am nächsten Baum sollst du hängen, du Pflaume! Dich Nulpe leg ich aufs Kreuz, Drecksack!
Zweiter: Das schaffen wir schon. Wen haben wir morgen dran?
Erster: Den Belmondo. Der ist nicht schlimm. Der turnt meist. Ich hab mir für heut ein tolles Extempore ausgedacht. Meine Partnerin sagt: »Ich schaffs nicht«, und ich sage: »Die Regierung auch nicht«. Jag ihm ne Ladung rostiges Blei in den krätzigen Arsch, damit er sein Lebenslicht ausscheißt.
Zweiter: Johnny ... Was immer auch geschieht, bleibe stolz.
Erster: Sei mir nicht bös, aber der Satz war zu aggressiv.

Zweiter: Find ich nicht.
Erster: Na ja, vielleicht kams mir auch nur so vor . . .
Zweiter: Mein Lieber, bei mir biste da am falschen Dampfer. Ich habe schon Dick und Doof synchronisiert. Zusammen.
Erster: Jag ihm ne Ladung rostiges Blei in den krätzigen Arsch, damit er sein Lebenslicht aushaucht . . .
Zweiter: Johnny . . . Manche Worte merkt man sich eben nicht.
Erster: Machste wieder ne Tournee?
Zweiter: Drei Monate ausgebucht und vier Tage Stuttgart. Aber Proben sind bei München. Ich weiß gar nicht, wie ich das alles schaffe.
Erster: Wennste nach Schleinigen-Hostiz kommst, da kenn ich n duftes Mädchen.
Zweiter: Gibste mir die Adresse?
Erster: Die kommt von alleine . . . Gastspiele sind nicht so häufig.
Zweiter: Mit Werbung biste weiter o. k.?
Erster: Mensch, so viel kalten Kaffee gibts gar nicht, wie ich verkaufe . . . Vollmundig und magenfreundlich! Jag ihm ne Ladung . . . Zu spät.
Zweiter: Ich spiel mal so zum Spaß ein Musical. »Au warte, das dicke Ende.« War am Broadway ne Wucht.
Erster: Kannste steppen?
Zweiter: Macht doch heute kein Mensch mehr. 49 hab ich getingelt. Kabarett. Das ist dasselbe.
Erster: Was haste da gemacht?
Zweiter: Irgendwas mit Adenauer, Eisenhower. Tolle Sache. Wahnsinnig aggressiv.

Erster: Jetzt müßte man so ne richtig scharfe Show machen. Mit erotischem Pfiff. Helmut Schmidt und Netzstrümpfe!
Zweiter: Schmidt und Netzstrümpfe sind nicht mehr in.
Erster: Polansi war gestern hier.
Zweiter: Macht ern Film?
Erster: Nee, bloß so. In der Kneipe. Mit Bienen ... Jag ihm ne Ladung rostiges Blei in den krätzigen Arsch, damit er sein Lebenslicht ausscheißt.
Zweiter: Johnny, was immer auch geschieht, bleibe stolz. Wenn ich meine Sauna unterm Dach habe, kommt Shakespeare dran.
Erster: Wenn du erst meinen Bungalow in Spanien siehst ... Auf der Schattenseite. Kein Mensch weit und breit ...
Zweiter: Man muß sich hin und wieder besinnen. Mein Traum wäre Sylt. Da ist ne Stelle, da ist kein Meer weit und breit.
Erster: Oder Venedig. In der Zona Industriale.
Zweiter: Seit wann bist du links?
Erster: Immer schon. Bist du nicht auch engagiert?
Zweiter: Ich habe fünf Intendanten überlebt.
Erster: Sag mal ehrlich, spielst du lieber beim Ersten oder beim Zweiten Fernsehen?
Zweiter: Ich bin vollkommen unabhängig.
Erster: Mir kommt so vor, als ob die uns vergessen hätten ...
Zweiter: Warten wir noch ne Weile ... Mensch, wenn ich meine Serie abgespielt habe, schreibe ich meine Memoiren ...

Erster: Ich probiers mit einem Kochbuch. Kottbuser Küche... Langsam mußte wirklich zum Flugzeug...

Zweiter: Mensch, die sind weg. Die haben uns tatsächlich vergessen...

Erster (schreit): Jag ihm ne Ladung krätziges Blei in den Arsch, damit er sein Lebenslicht ausscheißt!

Zweiter (schreit gleichfalls): Johnny, was immer auch geschieht, bleibe stolz!

(Dunkel)

Um die Zeit schon im Café?

(Drei Tische. Auf einem steht noch ein Sessel, am zweiten sitzt der Rechtsanwalt und sein Klient, am dritten ein zeitungslesender Schauspieler.)

Der Rechtsanwalt: In zehn Minuten haben wir Termin ...

Der Klient: Vielleicht haben sich die Behörden bei der Vorladung im Datum geirrt ...

Rechtsanwalt: Oder sie sitzt im falschen Kaffeehaus. Es gibt mehrerer Café Binder.

Klient: Sie hat sich doch schon mal scheiden lassen.

Der Schauspieler (ruft nach hinten): Wenn Burgschauspieler Dornbach am Telefon verlangt wird, ich sitze hier ...

Rechtsanwalt: Was machen wir, wenn sie nicht kommt?

Klient: Sie haben das ganze eingefädelt und jetzt fragen Sie mich!
Rechtsanwalt: Ich würde mich bestimmt nicht scheiden lassen. Bei dem neuen Gesetz . . .
Zweiter Schauspieler (tritt auf): Servus, Amice! Du hast es schon gelesen?
Erster Schauspieler: Ich nehm das nicht so ernst. – Du weißt doch, wie sie schreibt.
Zweiter Schauspieler: Diesmal klage ich!
Erster Schauspieler: Hier wimmelt es nur so von Anwälten. Ich würde aber damit warten. – Bis zum nächsten Verriß!
Zweiter Schauspieler: Du kennst das alles nicht! – Du hast den Charme des Gesichtslosen . . .
Erster Schauspieler: Genau das hat sie das letzte Mal über mich geschrieben.
Die Gattin (kommt herein): Ich komm doch nicht zu spät? (Stille)
Ist die Verhandlung schon vorbei?
(Stille)
Das Parkhaus ist eigentlich völlig überflüssig, wenn man so lang warten muß.
Anwalt: Der Herr Gemahl ist halt schon sehr nervös.
Gattin: Das ist ja einer der Gründe für unsere Trennung. Ich hoffe, Sie führen das an!
Klient: Angezogen bist du! – Ich genier mich direkt vor dem Richter.
Gattin: Also, worauf warten wir noch? – Mein Anwalt ist schon drüben – Einmal könnten wir doch pünktlich sein.
Klient: Das war mein Alltag, Herr Doktor!

Anwalt: Nehmen Sie doch bitte einen Moment Platz. – Haben Sie sich überhaupt schon begrüßt?

Gattin (setzt sich): Wenn ich Ihnen irgendwie helfen kann, Herr Doktor ...

Zweiter Schauspieler: Wenn der Herr Eibel-Lakenbach hier wär, könnten wir schon zu proben anfangen.

Erster Schauspieler: Ohne Regisseur?

Zweiter Schauspieler: Nur so komm ich in Schwung!

Erster Schauspieler: Ich habe das Stück vor vier Jahren in Salzburg gespielt. – So gut kann es nie mehr werden ...

Zweiter Schauspieler: Bei den Festspielen?

Erster Schauspieler: Im Landestheater ...

Zweiter Schauspieler: Die haben es schwer mit den Subventionen. Da ist die Presse immer besonders freundlich.

Erster Schauspieler: Ich sage nicht, daß wir gute Kritiken hatten, doch für mich war es ein großer, persönlicher Erfolg ...

Gattin: Ich weiß eigentlich gar nicht, was ich sagen soll. (Im Hinblick auf den Klienten:) Mit ihm kann man ja nicht reden ...

Anwalt: Wenn der Richter um die Zeit einen Termin anberaumt, hat er schon gefrühstückt und wart auf die Jausen ... Es wird sehr rasch gehen.

Klient: Der Kaffee ist sehr schlecht. Aber immer noch besser als zu Haus ...

Gattin: Es stimmt nicht, daß ich mit dem Herrn Puschauer im Hotel Spinne war. –

Klient: Im Hotel Triest.

Gattin: Das Hotel Triest ist eine Pension.

Klient: Jede Pension, die Frühstück serviert, ist ein Hotel.
Anwalt: Jetzt muß ich Sie leider korrigieren. Außerdem haben Sie doch einen Herrn Zottendorfer angegeben.
Klient: Das war im Auto vor dem Hotel ...
Gattin: Der Richter wird sich wundern. Voyeurismus ist doch strafbar ...
Zweiter Schauspieler: Wo steckt der Eibel-Lakenbach eigentlich?
Erster Schauspieler: Wie immer beim Fernsehen.
Zweiter Schauspieler: Um die Zeit?
Erster Schauspieler: In der Kantine. – Ob sich was ergibt!
Zweiter Schauspieler: Ich habe mein letztes Fernsehen vor einem halben Jahr gemacht. – In Deutschland.
Erster Schauspieler: Ich bin mit dem Medium noch nicht vertraut. Ich habe mich ganz auf die Bühne konzentriert.
Zweiter Schauspieler: Wo warst du vorher?
Erster Schauspieler: In der Schweiz ...
Zweiter Schauspieler: Zwanzig Leute warten und Herr Eibel-Lakenbach kommt nicht.
Erster Schauspieler: Welche zwanzig Leute?
Zweiter Schauspieler: Wenn alle da wären ...
Gattin: Sehen Sie, Herr Doktor, er redt ja nix! Das wars ja! Nie hat er was gredt!
Anwalt: Überlegen Sie sich alles genau. Eine Zeit von einem viertel Jahr kann man nicht ungeschehen machen! Es ist der Teil eines Lebens!
Klient: Nach zwei Wochen bin ich ausgezogen.

Gattin: Auf eigenen Wunsch. – Bis auf den alten Kassettenrekorder hat er alles mitgenommen.

Klient: Da waren noch ganz schöne Kassetten drinnen . . .

Gattin: Er hat ja nix in die Ehe mitgebracht, außer Müll.

Klient: Mich einer Müllehe zu bezichtigen! – Ich hab halt was übrig für liebe, alte Sachen. Meine gute Mama war eben gestorben . . .

Anwalt (zur Gattin): Wie haben Sie sich mit Ihrer Frau Schwiegermama verstanden?

Gattin: Überhaupt nicht.

Klient: Sie war doch schon tot.

Gattin: Ja, und ich hab den Sohn ghabt.

Zweiter Schauspieler: Laß uns kurz den Text durchgehen!

(Er zieht ein Rollenbuch aus der Tasche, liest:) »Was, bist du so nah? Wenn du was sehen willst, wovon man noch reden wird, wenn du tot und verfault bist, komm hierher. Was fehlt dir, Bengel?«

Erster Schauspieler (auswendig): »Ich habe zwei solche Gesichte gesehen, zu See und zu Lande. Aber ich kann nicht sagen See, denn es ist nur Himmel. Man kann dazwischen keine Nadelspitze sehen.«

Zweiter Schauspieler: Nun, Junge, was ist es denn?

Erster Schauspieler: »Ich wollte, ihr könntet es sehen, wie es schäumt, wie es wütet, wie es das Ufer heraufkommt. Aber das ist doch nicht das Rechte! Oh, das höchst klägliche Geschrei der armen Seelen!«

Zweiter Schauspieler: Geschwätzig!

Erster Schauspieler: Shakespeare!

Anwalt: Wenn Sie noch etwas zu besprechen haben, geh ich voraus.

Gattin: Was sollen wir zu besprechen haben? – Er hat ja keinen Wortschatz ...

Klient: Ich habe zwölf Wochen lang geschwiegen!

Anwalt: Ist das Ihrer Umgebung nicht aufgefallen?

Klient: Wir haben uns kaum begrüßt ...

Gattin: Ich bin nur noch auf Zehenspitzen gegangen.

Klient: Wenn du an mein Geld heranwolltest!

Anwalt: Warum haben Sie kein Bankfach genommen?

Klient: Ich will mein Geld bei mir haben.

Erster Schauspieler: Wien braucht ein neues Theater!

Zweiter Schauspieler: Das junge Publikum wartet darauf! – Aber wo findet man heute noch Schauspieler?

Erster Schauspieler: Wir beide!

Zweiter Schauspieler: Wir sind doch ausgebucht!

Erster Schauspieler: Lodendorf würde bestimmt mitmachen ...

Zweiter Schauspieler: Lodendorf hat hier kein Publikum. So was gibts. – Lodendorf hätte nie von Hamburg weggehen sollen.

Erster Schauspieler: Er liebt Rilke ...

Zweiter Schauspieler: Der war doch nur zeitweise in Wien ...

Erster Schauspieler: Lodendorf genügt das ...

Gattin: Ich seh schon, er ist so ahnungslos! Ich werd mich doch nicht scheiden lassen!

Klient: Du hast mir doch immer gesagt: Geh zum Herrn Doktor!

Gattin: Weil ich ihn überschätzt habe! – Er ist eben doch schon sehr alt.
Anwalt (steht auf): Ich rede kein Wort mehr mit Ihnen!
Gattin: Der hat doch sicher schon eine Dame für dich parat!
Anwalt: Ich glaube, es wird das beste sein, Sie bleiben zusammen. (Ab)
Gattin: Du hast ihm schon viel zu viel anvertraut!
Klient: Jetzt hast du ihn verjagt! – Sogar die Scheidung verdirbst du einem!
Gattin: Denk an die Hochzeitsfeier, wo ich dich im Schlafzimmer verstecken mußte, weil du Tee mit Rum getrunken hast. – Schon in der Früh! (Steht auf.) Du kannst dir noch alles überlegen!
Erster Schauspieler: Ich glaube, ich gehe zum Intendanten.
Zweiter Schauspieler: Was willst du bei dem Idioten?
Erster Schauspieler: Zunächst einmal Krach schlagen!
Zweiter Schauspieler: Warum?
Erster Schauspieler: Das wird er nie erfahren! (Er steht auf.)
Zweiter Schauspieler: Zehn Tage vor der Premiere finde ich das ausgesprochen unkollegial! – Sprich vorher mit dem Betriebsrat! (Steht gleichfalls auf.)
Erster Schauspieler: Herr Eibel-Lackenbach ist ja nicht da!
Klient (erhebt sich): Wenn ich jetzt mit dir gehe, ist das nur, weil ich nie jemanden warten laß! – Das ganze soll dir eine Lehre sein!

Gattin: Du wirst dich vor den Herren vom Gericht entschuldigen!

Klient: Ich werde ihnen persönlich von meinem Leben erzählen – Die brauchen dich doch nur anzuschaun!

Gattin: Dich schaun sie nicht einmal an. (Sie nähern sich dem Ausgang.)

Erster Schauspieler: Wir sind Kollegen gewesen!

Zweiter Schauspieler: Wir sind nie Kollegen gewesen!

Erster Schauspieler: Provinzheini!

Zweiter Schauspieler: Schauspielbeamter!

(Sie nähern sich gleichfalls dem Ausgang, stoßen mit dem Ehepaar zusammen.)

Erster Schauspieler (höflich zur Gattin): Bitte nach Ihnen!

Gattin: Aber bitte!

(Mit höflichen Verneigungen zuerst das Ehepaar, dann die Schauspieler ab.)

(Dunkel)

Carl Merz und Helmut Qualtinger

Der Travnicek

Travnicek studiert ein Plakat

Freund: Schaun S' Travnicek, schaun S' sich doch einmal das Plakat an.
»Denkt österreichisch beim Einkauf.« Was, Travnicek, denken Sie, wann Sie das Plakat sehn?
Travnicek: Ich denke österreichisch.
Freund: Denken Sie an Sachen, die Sie kaufen werden?
Travnicek: Nein, ich denke an Sachen, die ich schon gekauft hab.
Freund: Ja, aber was denken Sie darüber?
Travnicek: Das sag i lieber net.
Freund: Sie sind kein Patriot, Travnicek!
Travnicek: Was woll'n Sie eigentlich? Soll i vielleicht, wann i beim Greißler bin, die Bundeshymne singen?
Freund: Nein, aber Sie sollen österreichisch handeln!

Travnicek: Handeln, mit'm Greißler?
Freund: Nicht nur, sondern überhaupt, mit österreichischen Dingen handeln.
Travnicek: Das tu i ja, bei jedem Viertel sag i: Es lebe der Außenminister.
Freund: Darauf kommt's nicht an, an die österreichische Wirtschaft müssen Sie denken.
Travnicek: I denk mir eh immer, das ist eine Wirtschaft.
Freund: Nein, nicht so. Passen Sie auf: die Wirtschaft muß auf zwei Füßen stehn, Travnicek.
Travnicek: Ja, aber nicht auf meine.
Freund: Na, wieso?
Travnicek: Schaun Sie, schaun Sie, i kauf mir neulich a Tischlampen österreichischen Ursprungs. Ich schalt s' ein. Gut. Sie brennt nicht. Gut. Ich schraub die Birne außer. Es fallt die Fassung heraus. Gut. I nehm eine andere Fassung, schraub s' ein, bricht der Schirm ab. Gut. Wie i die Lampen wieder beisammen gehabt hab und ansteck, haben wir im ganzen Bezirk a Stund lang kein Strom gehabt.
Freund: Was haben Sie im Finstern gemacht?
Travnicek: Österreichisch gedacht.
Freund: Travnicek, Sie woll'n mich nicht verstehn. Schaun Sie, so eine Lampe ist doch nur ein Ausnahmefall. Die Wirtschaft greift aber ineinander wie ein Zahn in den anderen.
Travnicek: Also gut, Zahn. Ich eß da neulich einen Westfäler Schinken. Der Schinken ist gut. Ich beiß eini, bricht mir ein Zahn aus.
Freund: Na, da sehn S', der Westfäler Schinken ist

aber auch kein österreichisches Erzeugnis gewesen.
Travnicek: Na, aber der Zahn.
Freund: Travnicek, Sie müssen das Ganze sehn. Den Weltmarkt . . .
Travnicek: Mir genügt der Naschmarkt.
Freund: Also bitte, bleiben wir beim Naschmarkt. Auch dort ist es wesentlich, daß Sie ein heimisches Erzeugnis erstehen. Sie essen doch sicher gern Obst, Travnicek, was essen Sie da am liebsten?
Travnicek: Datteln.
Freund: Na, und sonst?
Travnicek: Bananen.
Freund: Travnicek, jetzt sagen S' mir doch einmal etwas, was auf österreichischem Boden wächst und was Ihnen schmeckt.
Travnicek: Topfenstrudel.
Freund: Also bitte, bleiben wir beim Topfen, was halten Sie von unserem Käse?
Travnicek: Vergleichen Sie die Löcher von an Schweizer Emmentaler mit den österreichischen Löchern. Diese Löcher sprechen Bände. Ich kauf mir nur noch Gorgonzola.
Freund: Sie fallen der österreichischen Wirtschaft in den Rücken, Travnicek.
Travnicek: Mit Gorgonzola?
Freund: Also, machen S' keine blöden Witze, Travnicek, fahrn Sie wenigstens an österreichischen Benzin?
Travnicek: Ja, wann i auf mein Wagen bös bin.
Freund: Und mit welcher Fluggesellschaft fliegen Sie?
Travnicek: Da bin ich besonders patriotisch. Wenn i abstürz, nur mit der AUA.

Freund: Travnicek, i blick in einen Abgrund, reden wir einmal von der Kultur, bitte, was lesen Sie, Travnicek?
Travnicek: Nix!
Freund: Na, was noch?
Travnicek: Zeitung.
Freund: Sehn Sie, Travnicek, das ist typisch, wann alle Leute so denken täten wie Sie, hätten wir keine Konjunktur, sondern eine Wirtschaftskrise. Wissen Sie, was das heißt?
Travnicek: Ja, daß ich mir statt an Gorgonzola einen Liptauer kaufen muß.
Freund: Aber nicht nur das, Travnicek, alles bricht zusammen. Stelln Sie sich vor: kein österreichisches Kracherl mehr, kein österreichischer Kaugummi, kein österreichischer Whisky, keine österreichischen Illustrierten, keine österreichischen Filme, kein österreichischer Rundfunk!
Travnicek: Hör'n S' auf, des halt i net aus. Sie haben recht: Ich fiel unserer Wirtschaft in den Rücken. Von jetzt an wird bei mir alles umgestellt. Zum Glück hab i da an Freund, einen Österreicher, bei dem kauf ich von jetzt an alles: Anzüge, Seife, Zahnbürsteln, Schuhe, Hemden, Hüte, meinen ganzen Bedarf.
Freund: Bravo, Travnicek, bravo. Und was ist der Mann?
Travnicek: Importeur.

Travnicek und die Wahl

(Travnicek und sein Freund vor einer Plakatwand mit Wahlplakaten.)

Freund: Was, Travnicek, machen Sie nächsten Sonntag?

Travnicek: Das hängt vom Wetter ab. Wann's schön is, fahr i weg, wann's regnet, geh i ins Kino ...

Freund: Aber Travnicek! Nächsten Sonntag – schauen Sie sich um! Was sehen Sie da?

Travnicek: Plakate – die schau i schon seit vier Wochen nimmer an.

Freund: Das eben, Travnicek, ist der Fehler! Nächsten Sonntag ist der Tag, wo Sie zur Urne schreiten sollen ...

Travnicek: Was ist da? A Begräbnis?

Freund: Aber! Wo Sie sich entscheiden sollen ...

Travnicek: ... ob i wegfahr oder ins Kino geh ...

Freund: Nein! Nächsten Sonntag geht der pflichtbewußte Staatsbürger zur Wahl.
Travnicek: Na ja – wann's regnet und er keine Kinokarten kriegt, kann er ja zur Wahl gehen.
Freund: Was, Travnicek, glauben Sie, weswegen Sie zur Wahl gehen?
Travnicek: Weil i an Zettel krieg.
Freund: Nein! Der Politiker braucht den Kontakt mit dem Volke. Durch diesen Zettel erfährt er, was Sie als Wähler von ihm halten.
Travnicek: Des kann i ihm auf'n Zettel aufschreiben?
Freund: Nein, dann ist er ungültig!
Travnicek: Also, was is des für a Kontakt?
Freund: Die abgegebenen Stimmen sagen den Politikern, was das Volk von ihnen hält.
Travnicek: Und das stört sie nicht?
Freund: Travnicek, stellen Sie sich vor, Sie sind Politiker und bekommen fünfhunderttausend Stimmen. Was würden Sie sich denken?
Travnicek: Ich würde mir denken, jetzt kann ich mir endlich eine Luxuslimousine kaufen.
Freund: Aber Travnicek, Sie haben diesen Leuten doch etwas versprochen. Und das müssen Sie jetzt halten.
Travnicek: Warum?
Freund: No, wenn Sie es nicht halten, wird man Sie nie wieder wählen.
Travnicek: Das macht ja nichts. Ich brauch ja nur eine Limousine.
Freund: Aber die Hunderttausende, die Ihnen ihr Vertrauen geschenkt haben!

Travnicek: Gehen S', die wählen doch nicht zum ersten Mal.
Freund: Travnicek, Sie denken engstirnig! Stellen Sie sich vor, Sie gründen die Travnicek-Partei. Sie führen einen Wahlkampf! So wie die andern Parteien. Sie stecken Millionen in die Propaganda, so wie die anderen!
Travnicek: Wann i des Geld hab, was sie für Propaganda ausgeben, pack i mei Partei z'samm und fahr an die Riviera.
Freund: Warum grad an die Riviera?
Travnicek: Na, nach Tibet werd i net fahren.
Freund: Sie sind kein Demokrat, Travnicek.
Travnicek: Des hat mir noch niemand gesagt . . . net amal untern Hitler.
Freund: Damals war es auch keine Ehre.
Travnicek: Und jetzt ist es eine Ehre?
Freund: Natürlich – die höchste Ehre! Sie genießen das freie aktive und passive Wahlrecht.
Travnicek: Das passive is mer lieber.
Freund: Also meinetwegen. Sie wollen sich wählen lassen. Welche Voraussetzungen bringen Sie für den Politiker mit?
Travnicek: Also schauen Sie – schauen Sie: es gibt Leute, die sagen, ich schau dem Kanzler ähnlich. Andere sagen, ich schau dem Vizekanzler ähnlich – also, ich schau aus wie die Koalition.
Freund: Travnicek, Sie stellen sich das zu einfach vor. Wer soll Sie wählen?
Travnicek: Das ist natürlich eine Sache des Vertrauens.

Freund: Auf was herauf sollen die Leute Ihnen vertrauen?
Travnicek: Auf was herauf vertrauen s' den anderen?
Freund: Na, die haben doch durch jahrelanges Regieren bewiesen, was sie können.
Travnicek: Na eben.
Freund: Und Sie kennt man ja nicht!
Travnicek: Laß i halt Fotos von mir machen.
Freund: Na ja. Das kostet aber sehr viel Geld. Was machen Sie, wenn Sie dann die Wahl verlieren?
Travnicek: Bleib i die Fotos schuldig.
Freund: Fotos sind das wenigste . . . Sie brauchen Ideen! Schauen Sie sich diese Plakate an! Da haben sich die besten Köpfe der Nation nächtelang damit geplagt!
Travnicek: Und das ist dabei herausgekommen?
Freund: Sie müssen die Propaganda nach ihrer Durchschlagskraft beurteilen! Sie brauchen Wahlparolen! Slogans! Was würden Sie für einen Slogan nehmen?
Travnicek (nach langem Nachdenken): Parteien haben kurze Bei . . . nein . . . wer einmal wählt . . . eine Partei wäscht die an . . . Morgenstunde hat Gold im Munde.
Freund: Das heißt doch nichts!
Travnicek: Hat aber Durchschlagskraft!
Freund: Eine Wahlparole muß doch etwas heißen!
Travnicek: Schauen S' Ihnen die anderen an. Die heißen aa nix.
Freund: Travnicek, die Überzeugungskraft eines Plakates kann die Entscheidung in der Wahlschlacht bringen.

Travnicek: Des hab ich mir auch schon gedacht. Wann der Klaus so durch die Straßen geht und a KP-Plakat siecht, wer weiß, was er dann wählt?
Freund: Theoretisch haben Sie recht. Er kann wählen, was er will. Es ist eine absolut freie und geheime Wahl.
Travnicek: I waaß. Jedesmal, wann i in der Wochenschau den Bundespräsidenten siech, wie er in die Zelle tritt, zitter i, was wird er wählen?
Freund: Bravo, Travnicek! Das ist Anteilnahme im richtigen Geiste!
Travnicek: Ja, aber ans stört mi. Wie kommt man dazu, daß ma am Sonntag kein Alkohol trinken kann?
Freund: Sie müssen ja nicht gerade am Sonntag trinken.
Travnicek: Aber grad an dem Sonntag hab i an Grund dazu.
Freund: Also, Travnicek, was werden Sie am Sonntag tun?
Travnicek (mit plötzlichem Einfall): Jetzt weiß ich's!
Freund: Fahren Sie aufs Land?
Travnicek: Naa!
Freund: Bravo! Gehen Sie ins Kino?
Travnicek: Aa net.
Freund: Ausgezeichnet! Also?
Travnicek: I kauf mir scho am Samstag zwa Liter Wein und sauf mi z'Haus an.
Freund (bestürzt): Na, und was machen Sie dann in der Wahlzelle?
Travnicek: Des is mei Wahlgeheimnis.

Travnicek am Mittelmeer

(Das Deck eines Mittelmeerschiffes. Zwei Deckstühle. Darauf zwei Österreicher. Es ist Vollmond, im Hintergrund Gitarrengeklimper.)
Travnicek (mißmutig): Des is a Land! Schaun S' da abi . . .
Freund: Ja – und?
Travnicek: Nix wia a Salzwasser . . . und die Gitarren! Net zum anhören . . . Wann s' wenigstens Schrammeln hätten . . . Und der Mond scheint an ins G'sicht . . . es ist net zum Aushalten . . .
Freund: Südliche Nächte, Travnicek!
Travnicek: Hern S' ma auf mit dem Süden. In der Bahn is' ja noch gangen. Da hab ich kalte Schnitzeln mitg'habt von z'Haus. Und an Erdäpfelsalat im Glasl. Aber da herunt . . . Diese Cevapcici wollen s', daß i essen soll.

Freund: Was?
Travnicek: Na dö Hundstrümmerl – mit Zwiefel – und ka Schnitzel weit und breit. Ka Erdäpfelsalat . . . Für des Geld, was ich da ausgib, halten s' mi am Wörther See für an Ausländer . . . und an guten Wein gibt's net. Nur so an Sauerampfer und an Slibowitz, an scharfen . . . und mit niemand kann man sich unterhalten . . . nur mit Ihnen. Ka Ansprach . . .
Freund: Jetzt steigt die Küste aus dem Wasser, Travnicek . . .
Travnicek: Na, was brauch i des? Gibt's da a Strandcafé? Na! Und was für Leut? Tschuschen. Wann mi des Reisebüro net vermittelt hätt . . .
Freund: Wären S' nach Italien g'fahren . . .
Travnicek: Des kenn i . . . Die Paradeiser und der Kaas staubt mir scho aus die Ohren außi . . .
Freund: Na und die Sehenswürdigkeiten? Die Kultur, Travnicek!
Travnicek: Lassen S' mi in Ruh . . . Zeigen S' mir a Ringstraßen in Italien!
Freund: Na und die Ruinen?
Travnicek: Was wollen S' denn? De san do hinig . . . alles baufällig . . . wann mi des Reisebüro net vermittelt hätt . . .
Freund: Hätten Sie sich halt nach dem Norden vermitteln lassen. Ins Land der Mitternachtssonne, Travnicek!
Travnicek: Wollen S' mi pflanzen? Was brauch i um Mitternacht a Sunn . . .?
Freund: Na und die Fjorde?
Travnicek (verächtlich): Fjorde? Nirgends kann ma

baden ... So was wie das Gänsehäufel haben die dort net ... Und die Lappen? G'scherte im Pelz ...! Wann mi des Reisebüro net vermittelt hätt ...
Freund: Wie wär's mit Frankreich gewesen? Die Côte d'Azur, Travnicek!
Travnicek: Krumpendorf – aber haaßer ...
Freund: Das Casino ...
Travnicek: Heeren S', »Stoßspielen« kann i in jedem Kaffeehaus. Brauch i net an' Baccarat-Tisch gehen ... Und die Grace Kelly kann i im Rabenhof-Kino seh'gn ... Und was mir da zum Essen geben hab'n? Die Bouillon-a-baisse – a stinketes G'schlader ...! Nicht zu vergleichen mit aner Gulaschsuppen ... Wann mi des Reisebüro net vermittelt hätt ...
Freund: Und was sagt Ihnen Spanien?
Travnicek: Offen gestanden – nichts. Die Stierkämpf' – a matte Sache ... Simmering – Kapfenberg, das nenn i Brutalität ... Der Malaga is ka Heuriger ... und die Regierung? A Diktatur! Aber nix gegen 'n Hitler! Wann mi des Reisebüro net vermittelt hätt ...
Freund: Waren Sie in Griechenland?
Travnicek: Natürlich. Des scheenste, was' dort haben, is die Akropolis. Die schaut aus wie's Parlament. Da kann i mit'n – J-Wagen hinfahren und hab no die Pallas Athene davur. Wann mi des Reisebüro ...
Freund: Was lassen Sie sich denn dann immer vom Reisebüro vermitteln?
Travnicek: Was soll i denn machen? I bin der Chef!

Travnicek und die Ballsaison

Freund: Was, Travnicek, halten Sie von der Ballsaison?

Travnicek: Dafür bin i net zuständig.

Freund: Na, was machen S' dann da in der Kostümleihanstalt?

Travnicek: I bring an Frack zurück.

Freund: Ah, Sie waren am Opernball.

Travnicek: Da geh ich nicht hin.

Freund: Warum, auf das schönste Fest der vornehmen Wiener Gesellschaft?

Travnicek: I war eingeladen.

Freund: Na und da gehn Sie net hin?

Travnicek: Na, da wo i eingeladen bin, ist ka vornehme Gesellschaft.

Freund: Aber das muß man doch g'sehn haben, Travnicek, die glanzvolle Eröffnung.

Travnicek: Na, was soll i da schon sehen? Die Bundes-

regierung, wie s' der Mautner Markhof bei der Hand führt?
Freund: Sie sehn alles gleich politisch, Travnicek. Aber das ist nicht der Sinn des Festes.
Travnicek: Des hat an Sinn des Fest?
Freund: Des glaub i, daß des an Sinn hat. Die Damen in den herrlichen Toiletten, der glitzernde Schmuck, die leuchtenden Luster, die lieblichen Weisen, die Herrn im Frack, das ist Fasching.
Travnicek: Na und?
Freund: Na und die glänzenden Orden.
Travnicek: Des is ja a Fasching.
Freund: Sehen S', da trifft sich die ganze High-Society.
Travnicek: High-Society, so haßen jetzt die vereinigten Autohändler?
Freund: Und die vielen Politiker im Festgewande?
Travnicek: Ja, glauben S', da schaun s' besser aus?
Freund: Sie verstehn des net. Wann unsere Aristokratie elegant, elastisch und beschwingt über das spiegelnde Parkett gleitet, was, Travnicek, ist dann Ihre größte Freude?
Travnicek: Daß i net do bin.
Freund: Na und die feinen Profile der alten Burgschauspieler in den Logen?
Travnicek: Was machen die dort?
Freund: Na, da war doch ein Bild in der Zeitung, net? Haben S' des net g'sehn? Die alten Burgschauspieler blicken leuchtenden Auges hinab auf das festliche Treiben. Weit hängen sie über die Logenbrüstung.
Travnicek: Wann i an alten Burgschauspieler hängen sehn will, geh i ins Burgtheater.

Freund: Na und erst die Parade des Jungdamen- und Jungherrenkomitees. Erinnert Sie das nicht an Ihre Jugend? War'n Sie nicht am Kaiserball?
Travnicek: I war in Kaiser-Ebersdorf am Ball.
Freund: Also waren Sie scho interessiert. Aber, Travnicek, die Auffahrt allein ist schon ein festliches Ereignis.
Travnicek: Ja, für die Türlschnapper, aber net für mi.
Freund: Also gut, es gibt noch andere Nobelbälle, zum Beispiel der Ball der Filmwirtschaft, net?
Travnicek: Was ist beim Film nobel?
Freund: Sie ziehn alles ins Lächerliche. Das ist billig, Travnicek, man muß die Dinge bejahn. Schaun S' mi an, net, denken Sie doch an den Blütenreigen der jungen Mädchen mit den erwartungsvollen Augen.
Travnicek: Na, was glauben S', auf was die warten?
Freund: Also, das steht hier nicht zur Debatte. Apropos Film, was sehn S' eigentlich am liebsten im Kino?
Travnicek: Die Modenschau.
Freund: Warum das, Travnicek?
Travnicek: Da ist's hell, da kann i Zeitung lesen.
Freund: Aber wann's finster wird?
Travnicek: Die Wochenschau.
Freund: In der Wochenschau sehn S' doch auch den Filmball, Travnicek?
Travnicek: Den seh i aber net gern. Die Stars sind jedes Jahr dieselben, nur die Starlets wechseln.
Freund: Sie scheinen mir sehr informiert zu sein, Travnicek, sagen S', was ist der Unterschied zwischen Stars und Starlets?
Travnicek: Schaun Se, schaun Se, die Stars kriegen ihr

Geld von der Produktion und die Starlets von den Produzenten.
Freund: Sie scherzen, Travnicek. Wann Ihnen so scherzhaft zumute ist, dann gehn S' doch gleich auf ein Gschnasfest. Die Ausgelassenheit, die echte Stimmung, alles elektrisch, alles originell. Als was würden Sie gehn, Travnicek, um besonders originell zu sein?
Travnicek: Muß i nachdenken, muß i nachdenken. Originell?
Freund: Originell und elektrisch.
Travnicek: Als Chinese.
Freund: Das ist doch nicht elektrisch.
Travnicek: Na geh i halt als elektrischer Chinese.
Freund: Aber des gibt's doch nicht.
Travnicek: Ja, drum geh i a net hin.
Freund: Das ist doch kein Grund.
Travnicek: I hab's zuerst versucht. Sehr originell.
Freund: Als was wollten Sie gehen?
Travnicek: Als Fliege. Net lach'n. I hab da an Film g'sehn, da verwandelt sich a Wissenschaftler in eine halberte Fliegen.
Freund: Na und?
Travnicek: Ich bin zum Kostümverleiher gangen. Na, hat der gesagt: Für a halberte Fliegen bin i zu breit.
Freund: Na, gehn Se net wenigstens, wenn Sie schon jede andere Geselligkeit meiden, zum Narenabend des Männergesangsvereins?
Travnicek: Wenn i mi auf an Narrenabend unterhalten will, geh i glei auf die Klinik Hoff.
Freund: Ja, aber da treffen Sie keine führenden Persönlichkeiten des öffentlichen Lebens.

Travnicek: Aber ja, haben Sie a Ahnung, wer dort alles hinkommt!
Freund: Was reden Sie da, Travnicek? Sie tun, als ob Sie nie auf'm Ball gewesen wär'n, und da sitzen Sie mit an Frack in der Kostümleihanstalt.
Travnicek: Ich war zu einer Gesellschaft eingeladen.
Freund: Ha, Sie haben also doch Anschluß an die feine Gesellschaft gesucht?
Travnicek: I hab Ihna schon einmal gesagt, wo i eingeladen bin, ist ka feine Gesellschaft.
Freund: Ja, wo war'n S' denn?
Travnicek: Auf an Familienfest.

Travnicek Opus 9

Freund: Wo, Travnicek, haben Sie diesen Sommer verbracht? Waren Sie wieder an der Adria?

Travnicek: Naa. I hab mir 'denkt: »Südtirol den Südtirolern« und bin net hing'fahren.

Freund: Wo waren S' denn?

Travnicek: In der Sowjetunion. I hab ein' Charakter.

Freund: Sie haben sich allein dorthin getraut, Travnicek?

Travnicek: Ich war in Gesellschaft.

Freund: In einer guten Gesellschaft?

Travnicek: Nein, in einer Reisegesellschaft.

Freund: War Ihnen das nicht unheimlich?

Travnicek: Anfangs schon.

Freund: Wieso das, Travnicek?

Travnicek: Was soll i Ihnen sagen? I kumm an die Grenze, was seh i? Lauter Russen.

Freund: Was haben S' denn erwartet?

Travnicek: Man waaß ja, daß in der Sowjetunion lau-

ter Russen sein. Aber daß sie sich gleich zeigen . . .
Freund: Na, wie war die Fahrt . . . Travnicek?
Travnicek: Schaun Se. Schaun se: am ersten Tag schau i aus'n Fenster: Steppe. Gut. Am zweiten Tag schau i noch einmal aus'n Fenster. Steppe. Gut.
Freund: Was haben S' am dritten Tag gemacht, Travnicek?
Travnicek: Da haben wir uns ang'soffen. Mit Wodka.
Freund: Na und? Wodka ist doch ein herrliches Getränk.
Travnicek: Aber net in der Steppe . . .
Freund: Na hören Sie: die unendliche Weite des Landes, Travnicek, ist doch ein einmaliges Erlebnis!
Travnicek: Wieso? Die Simmeringer Had ist auch ka einmaliges Erlebnis!
Freund: Da fahren Sie ja auch nicht zwei Tage lang drin herum!
Travnicek: I bin ja net teppert.
Freund: Na und was war am dritten Tag?
Travnicek: Da war'n mir b'soffen.
Freund: Nein. Wo sind Sie angekommen?
Travnicek: In Moskau.
Freund: Was sagen Sie zu Moskau, Travnicek?
Travnicek: Des is ka Stadt zum Ankommen.
Freund: Aber wie war die Reise sonst?
Travnicek: A Hetz. G'sungen hab' mer . . . mir waren lauter solche Burschen wie ich. An Sonderwagen hab' mer g'habt . . . da hat si ka Russ einitraut . . .
Freund: Und was war mit dem Schaffner, Travnicek?
Travnicek: Amal is er kommen. Da hab i meinen Wortschatz auspackt.

Freund: Was haben S' ihm gesagt?
Travnicek: Dawai – dawai. Gleich hat er sich g'schlichen . . .
Freund: Und das haben S' Ihnen 'traut, Travnicek?
Travnicek: Natürlich. Das Land lebt vom Fremdenverkehr. Also muß er die Goschen halten.
Freund: Ich beneid Sie um Ihren Moskaubesuch, Travnicek. Der rote Platz. Das muß doch gigantisch sein!
Travnicek: Wie die Schmelz. Nur ohne Schrebergärten.
Freund: Sie haben keine historische Perspektive, Travnicek. Dort steht das Leninmausoleum.
Travnicek: Na, was is des scho? Net amal a Zinnpest haben s' da.
Freund: Ich will mit Ihnen nicht streiten. Wie, Travnicek, hat der Kreml auf Sie gewirkt?
Travnicek: Was soll ich Ihnen sagen – genau wie der russische Pavillon auf der Messe.
Freund: Da sind doch jetzt die Chinesen drin.
Travnicek: Im Kreml wern s' auch bald drin sein.
Freund: Na, und die Leute? Was haben Sie in Moskau gesehen?
Travnicek: Amerikaner.
Freund: Und sonst? Waren Sie in der Oper?
Travnicek: Na, im Tiergarten.
Freund: Was haben S' dort Besonderes gesehen?
Travnicek: Elefanten.
Freund: Die gibt's doch in Wien auch.
Travnicek: Ja – aber keine russischen Elefanten . . .
Freund: Ihre Logik leuchtet mir nicht ein, Travnicek. Aber eines muß doch einen Eindruck auf Sie gemacht

haben. Die Moskauer Untergrundbahn. Haben Sie die gesehen?
Travnicek: Natürlich hab ich s' g'sehn.
Freund: Na, wie schaut sie aus?
Travnicek: Wie der Kursalon, wenn die Elektrische durchfahren möcht.
Freund: Wo haben Sie gewohnt?
Travnicek: In ein' Hotel.
Freund: Wie war die Bedienung? Waren die Angestellten höflich?
Travnicek: Des glaub i . . .
Freund: Na sehn Sie!
Travnicek: Dort is a Angestellter entweder höflich, oder er ist kein Angestellter mehr.
Freund: Wie hat das Hotel ausgeschaut?
Travnicek: Wie das Hotel Imperial.
Freund: Nach der Russenbesetzung?
Travnicek: Na. So hat's erst ausg'schaut, wie mir wegg'fahren sein.
Freund: Und was haben Sie sonst noch gemacht?
Travnicek: Wir waren b'soffen.
Freund: Sie waren doch schon im Zug besoffen?
Travnicek: No – san mir gleich so blieben. Was glauben S', was mir für a Hetz g'habt haben! Lauter so Burschen wie i . . . Leut' hab' mer ang'stänkert . . . Die Russen haben sich g'furchten . . .
Freund: Ich verstehe Ihre Motive, Travnicek. Sie wollten sich für das Jahr 45 revanchieren?
Travnicek: Aber na. Wir benehmen uns überall so, wo wir hinkommen.

Travnicek und die Wiener Messe

Freund: Was, Travnicek, halten Sie von der Messe?
Travnicek: Schaun Sie, über religiöse Dinge möchte ich mit ihnen nicht diskutieren.
Freund: Aber, aber, ich mein doch die Wiener Messe.
Travnicek: Das ist was anderes.
Freund: Die ist Ihnen ein Begriff?
Travnicek: Ja, ein langjähriger, leider.
Freund: Warum leider?
Travnicek: Na, was seh i denn dort?
Freund: Na, die festlich geschmückten Pavillons.
Travnicek: Das san immer dieselben.
Freund: Na und die netten Mädchen, die was dort servieren und sich um die Kunden kümmern.
Travnicek: Das san auch immer dieselben, nur älter werden s'.

Freund: Aber, aber, die überwältigende Zahl der technischen Neuheiten, Travnicek.
Travnicek: I weiß net, i hab einen Traktor gesehn, den kenn i, wie er noch in der Rotunden gestanden ist.
Freund: Na, vielleicht war's ein historisches Stück.
Travnicek: Vielleicht, aber daraufgestanden ist: neuestes Modell.
Freund: Was verstehen Sie von der Landwirtschaft, Travnicek?
Travnicek: Allerhand, allerhand, i weiß, was der Bauernbund ist.
Freund: Das hat doch mit der Landwirtschaft nix zu tun.
Travnicek: Eben.
Freund: Aber, Travnicek, die festliche Stimmung bei der Wiener Messe. Das fröhliche Leben und Treiben . . .
Travnicek: Schaun Se, wann i an Wirbel haben will, geh i in Wurstelprater. Drängen kann i mi in der Straßenbahn, und Besoffene seh i in jedem Beisel.
Freund: Ja, aber da sehn Sie nicht diesen hohen Mannesmann-Turm.
Travnicek: Was fang i mit an Turm an, wo net amal a Kaffeehaus drin ist.
Freund: Allein der Anblick, Travnicek, lohnt.
Travnicek: Anblick? Schaut aus wie der Sender Bisamberg, nur kann er net senden.
Freund: Halten Sie das für einen Nachteil, Travnicek?
Travnicek: Das wieder net.
Freund: Schaun Sie, Sie müssen international denken. Hier, Travnicek, geben sich siebenundfünfzig Länder a Rendezvous.

Travnicek: Ist da Weinkost?
Freund: Na, na, da treffen sich nur die Bundesländer. Diese Weinkost ist übrigens ein Ausdruck barocker Sinnenlust und österreichischer Lebensfreude.
Travnicek: Worüber freuen sich die Leute?
Freund: Na eben, daß sie Österreicher sind.
Travnicek: Wann i besoffen bin, freu i mi auch, daß i a Österreicher bin. Aber wann i mir a Paar Würstel kauf und zwei Viertel Wein trinken will, brauch i noch keine zehn Schilling Eintritt zu zahlen.
Freund: Ja, ja, aber die lockere, gelöste Stimmung, Travnicek.
Travnicek: Das einzige Gelöste, was i g'sehn hab, war die Eintrittskarte.
Freund: Sagen Sie, pflegen Sie auf der Wiener Messe etwas zu kaufen, Travnicek?
Travnicek: Na.
Freund: Was, Travnicek, pflegen Sie denn zu tun?
Travnicek: Frieren.
Freund: Ja warum denn?
Travnicek: Bei der Messe regnet's immer.
Freund: Aber auch wenn es regnet, drängen sich doch aller Orten die Kaufleute aus ganz Österreich von einem Gebäude in das andere.
Travnicek: Damit ich ein paar nasse Greißler siech, fahr i net in Prater.
Freund: Aber wann S' schon im Prater sein, Travnicek, wollen S' da net des neue aufgestockte Stadion anschaun?
Travnicek: Was brauch i des?
Freund: Aber, Travnicek, die Stätte der klassischen

Fußballsiege unseres Wunderteams. Jetzt endlich haben wir den Rahmen, den wir für unsere Fußballer brauchen.

Travnicek: Jetzt haben wir den Rahmen und kein Wunderteam. Ein österreichisches Schicksal.

Freund: Na, und die Erfindermesse?

Travnicek: Hör'n S' mir auf damit!

Freund: Ja, warum denn?

Travnicek: Ich hab auch was erfunden. Aber sie haben's net genommen.

Freund: Was, Travnicek, haben Sie erfunden?

Travnicek: Die Schiffsschraube.

Freund: Aber die ist doch schon erfunden.

Travnicek: Das hab i net gewußt. Ein österreichisches Schicksal.

Freund: Und darüber ärgern Sie Ihna?

Travnicek: Darüber ärger i mi net, i ärger mich darüber, daß die anderen es gewußt haben. Übrigens, i hab noch andere Sachen erfunden in meinen, wie sagt man, Mußestunden.

Freund: Ah, was denn?

Travnicek: Würstel, die nicht platzen können.

Freund: Na gehn S', aus was sind die?

Travnicek: Aus Gummi.

Freund: Aber die kann man doch nicht essen.

Travnicek: Das nicht, aber sie können auch nicht platzen.

Freund: Na, halten Sie das für eine zweckmäßige Erfindung?

Travnicek: Zweckmäßige Erfindungen hab ich auch gemacht.

Freund: Na was denn?
Travnicek: Eine Koje, eine durchsichtige Messekoje.
Freund: Na, und haben Sie sie ausgestellt?
Travnicek: Eben nicht.
Freund: Und warum denn nicht?
Travnicek: Finden S' einmal a Messekoje, wo S' a Messekoje ausstellen können. Das einzige Erfreuliche an der ganzen Messe sind die neuen Zigaretten von der Tabakregie.
Freund: Welche?
Travnicek: Die Messememphis.
Freund: Aber hör'n S', Travnicek, die san doch schon vor zehn Jahrn herauskommen.
Travnicek: Seither war i a net dort.

Travnicek beim Apotheker

Freund: Was, Travnicek, denken S' sich eigentlich in so einer Apotheken?
Travnicek: I denk, i hätt Apotheker wer'n sollen.
Freund: Um den Mitmenschen zu helfen?
Travnicek: Naa. Damit i a G'schäft mach.
Freund: Sie sehen die Dinge einseitig, Travnicek. Von früh bis abends steht der Apotheker im Einsatz gegen Krankheit und Schmerz . . .
Travnicek: Nur zu Mittag zwischen zwölf und zwaa derf an nix weh tun.
Freund: Wieso? Sogar in der Nacht steht er unermüdlich hinter seinem kleinen Gitterfensterchen und betreut die Bedürftigen mit lindernden Medikamenten.
Travnicek: Wann i so a Verdienstspanne hab, steh i aa

in der Früh um zwaa auf. (Betrachtet ein Rezept) Cholesterolpyridinphenophtaleincystinol ...
Freund: Was lesen S' da?
Travnicek: Mei Rezept. Aber i kann's net lesen.
Freund: Na und der Apotheker?
Travnicek: Kann's a net lesen. Aber der weiß, was' is. Unser Familienpräparat. Des nehmen meine ganzen Verwandten.
Freund: Und dann sein s' g'sund?
Travnicek: Naa, dan legen s' sich ins Bett.
Freund: Und was machen s' dort?
Travnicek: 's Testament.
Freund: Und des wollen Sie nehmen?
Travnicek: Naa – i bring's mein' Onkel.
Freund: Und Sie nehmen's nicht?
Travnicek: I hab a Gastritis.
Freund: Von dem Präparat?
Travnicek: Naa – i kann's net nehmen.
Freund: Wegen der Gastritis?
Travnicek: Natürlich.
Freund: Was machen S' da?
Travnicek: I bin g'sund.
Freund: Mit der Gastritis?
Travnicek: Ohne möcht i gut ausschauen ...
Freund: Sie verwirren mich, Travnicek. Die moderne Medizin kennt für jedes Leiden eine Behandlung. Wie schaut s' denn aus, Ihre Gastritis?
Travnicek: I hab s' no net g'sehn.
Freund: Aber der Arzt ...
Travnicek: Der hat s' a no net g'sehn.
Freund: Aber die moderne Wissenschaft kennt doch

die Röntgenologie! Hat man Sie noch nicht durchleuchtet, Travnicek?
Travnicek: Des geht bei mir net. I bin a medizinisches Phänomen.
Freund: Wieso?
Travnicek: Schaun S': Da ist a Wand – gut. Da is der Schirm – gut.
Freund: Na und?
Travnicek: Dazwischen is ka Platz für mi.
Freund: Aber wir stehen doch an der Schwelle einer neuen Zeit, Travnicek! Heute werden doch sogar schon Pferde röntgenisiert.
Travnicek: Glauben S', i geh zu an Tierarzt?
Freund: Die Medizin kennt keinen Unterschied, Travnicek! . . .
Travnicek: Eben!
Freund: Sie hilft jedem, denn sie hat gerade in unserer Zeit ungeahnte Entdeckungen gemacht. Schaun Sie, die neuen Mittel, Penicillin, Streptomycin, Terramycin, Aureomycin . . .
Travnicek: E 605.
Freund: Also gut – es gibt auch Schattenseiten. Aber bedenken Sie, Travnicek, welche Entwicklung hat die ärztliche Kunst durchlaufen! Schauen Sie einen Neandertaler an und schauen Sie sich an. Was ist der Unterschied?
Travnicek: Ja, ja. Was is eigentlich der Unterschied?
Freund: Na, können Sie sich einen Neandertaler bei der Krankenkasse vorstellen?
Travnicek: Ja, als Beamten.
Freund: Sie wollen mich nicht verstehen, Travnicek.

Sie beschäftigen sich zuwenig mit Ihrem Körper. Der Körper ist ein Haushalt. Und die Krankenkasse . . .
Travnicek: . . . steckt's Haushaltsgeld ein.
Freund: Ja – aber in der Not wird auch wirklich etwas geleistet.
Travnicek: Ja – Beiträge.
Freund: Das ist eben die soziale Errungenschaft. Schauen Sie! Es gibt zweierlei Blutkörperchen. Die roten ernähren Ihren Organismus . . .
Travnicek: Da schau i gut aus, wenn i auf die roten warten muß.
Freund: Es gibt auch andere. Das ist wie im Proporz.
Travnicek: Es gibt auch schwarze Blutkörperchen?
Freund: Nein – die schwarzen sind die weißen, Travnicek.
Travnicek: I hab glei g'wußt, des is a dunkle Angelegenheit.
Freund: Aber keine Rede, Travnicek. Das Blut erhält den Körper gesund und sauber. Wenn irgendwo was nicht stimmt, strömen die roten und die weißen Teilchen zusammen und bringen die Geschichte wieder in Ordnung.
Travnicek: Und wann's net geht?
Freund: Dann verändert sich das Blutbild.
Travnicek: I waaß. Dann verdrucken sich die roten und lassen die weißen allein die G'schicht ausbaden.
Freund: Sie sind medizinisch halbgebildet, Travnicek. Drum haben S' auch eine Gastritis. Weil Sie sich in Ihrem Körper nicht auskennen.
Travnicek: I kenn mi aus. Aber die Ärzte . . . i hab's ja versucht. I hab mir denkt, gehst zu ein' berühmten

Arzt. Wer ist ein berühmter Arzt? Ein Chirurg. I komm eine – gut. Er schaut mi an – gut. Auf amal sagt er »ujegerl« und will mi schneiden.
Freund: Na, was haben S' g'macht?
Travnicek: Bin i zu ein' Internisten 'gangen.
Freund: Was hat der g'sagt?
Travnicek: Er hat g'sagt, i soll zu ein' Chirurgen gehn. Die san alle im Bandel. Sogar die Zahnärzte.
Freund: Wieso, Travnicek?
Travnicek: I kumm zum Zahnarzt, mach den Mund auf, er schaut eine und sagt: »Sie trauen Ihnen was!«
Freund: Was haben S' g'macht?
Travnicek: I hab 'n wieder zugemacht und bin weggegangen. I bin froh, daß i mei Gastritis hab.
Freund: Ihr Rezept dauert aber lang. Wie geht's Ihren Drüsen?
Travnicek: Vorbildlich. Natürlich, der Mensch hat Drüsen. Wenn man ihn aufregt, g'spürt er s'. Neulich hab i ein' g'haut. Wer war schuld? Die Drüsen. Menschen wie ich sind sensibel. Aber die Polizei versteht das net. Wen haben s' bestraft? Die Drüsen? Nein, mich!
Freund: Andere Menschen haben auch Drüsen, Travnicek.
Travnicek: Ich hab einen Funktionär gekannt, der hat eine Überfunktion gehabt. Haben s' ihn zum Direktor gemacht.
Freund: Na, hat die Firma dann wenigstens funktioniert?
Travnicek: Des is schwer zu sagen. Es war die Krankenkasse.

Freund: Was ist mit dem Rezept? Wann S' sich schon nicht behandeln lassen wollen, sollten Sie es wenigstens mit einer Diät versuchen, Travnicek! Mit Reformkost! Gaylord Hauser! Das erhält jung. Denken S' an Marlene Dietrich.
Travnicek: Hören S', die Marlene Dietrich war scho jung, da hat der Gaylord Hauser noch net amal gewußt, was a Vitamin is.
Freund: Das ist egal. Möchten Sie sich nicht wie ein Jüngling fühlen, frisch und munter sein?
Travnicek: Schaun S': Wann i a Gastritis hab, kost mi des im Monat fuffzig Schilling. Aber wann i frisch und munter bin – was glaubn S', was mi des kost?
Freund: Aber Heilgymnastik ist erschwinglich, Travnicek. Sie lernen tief atmen.
Travnicek: Da hust i lieber z'Haus. Des is billiger.
Freund: Mit Ihnen kann man nicht reden. Schaun S', daß endlich Ihr Rezept kriegen und geh' mer.
Travnicek: Des Rezept hab i.
Freund: Na und das Medikament?
Travnicek: Hab i aa.
Freund: Also auf was warten wir dann?
Travnicek: Auf Ihner Rezept –
Freund: Für was, Travnicek?
Travnicek: Für Ihner Gastritis . . .
Freund: I hab ja gar ka Gastritis . . .
Travnicek: Was? Sie haben ka Gastritis? . . . Was red i dann mit Ihnen, Sie Nebbochant!

Travnicek im Schuhgeschäft

Freund: Höchste Zeit, Travnicek, daß Sie Ihna ein neuches Paar Schuh kaufen, Ihre san ja schon ganz verhatscht. Was für ein Modell suchen Sie Ihna jetzt aus?
Travnicek: Schaun Se, das ist eine schwerwiegende Entscheidung. Immerhin zwei Jahr halten meine ja.
Freund: Sehen S', i hab da noch ein Modell aus dem 52er Jahr, ledergepolstert mit Gummieinlage. Da spürt man das Gehn überhaupt nicht. Net amal beim höchsten Tempo.
Travnicek: Hör'n S' mir auf mit den übertragenen Modellen. Nix wie Scherereien. Außerdem kennt man sein Vorgänger nicht. Da war mein letzter Schuh was anderes. Deutsche Ausführung. I sag Ihna, das Anzugsmoment mit Schuhlöffel, a Wucht.
Freund: Na und die Bremswirkung, Travnicek.

Travnicek: Unerhört. Der bleibt Ihnen bei Gelblicht am Zebrastreifen wie nichts stehen.
Freund: Zuviel Geschwindigkeiten hat er, Travnicek?
Travnicek: Diverse. Im ersten Gang druckt er a bißl, aber im Rückwärtsgang: wie ein Panzer, sag i Ihnen.
Freund: Ich bin im Prinzip mehr für hochtourige Bergschuh.
Travnicek: Da hätten S' meinen am Konstantinhügel sehn solln. Keiner is mir vorkommen.
Freund: Ja, aber denken Sie an die Bundesstraße.
Travnicek: Eine Straßenlage hat meiner, wie a Allwegbahn. Einmal hat's mir zwar in der Kurven die Fersen hinausgetragen, aber da hab ich ihn überbeansprucht.
Freund: Wie das, Travnicek?
Travnicek: Beim Rennen, Wertungsgang über die Berggasse und zurück.
Freund: Aber vergessen Sie nicht unsere heimische Produktion, Travnicek! Langsam, aber lebensfähig.
Travnicek: Was soll i Ihna sagen. I hab da als Ersatz einen Kleinschuh. Hat in der Stadt natürlich Vorteile, man kann ihn überall hinstellen. Auf der anderen Seiten, er hat hinten im Absatz ein Geräusch, i hab ihn schon fünfmal zum Schuster geben. Er kann net finden, was es ist.
Freund: Aber wieso bedrückt Ihnen das, Travnicek?
Travnicek: Na hör'n S', wann mir da was passiert, kann i mir mitten auf der Straßen ein' neuchen Absatz montieren.
Freund: Sehn' S', darum bin i mehr für die Amerikaner. Das sind richtige Überschuh, Travnicek. Schaun S' sich doch mal meine verchromten Ösen an.

Travnicek: Na, und was machen S', wenn S' keine Ersatzteile kriegen?
Freund: Dafür hat er Weißwandkreppsohlen mit Gleitschutz!
Travnicek: Na, und was haben S' scho, wann alles andere unsolid ist? Schuhbandelwechsel im Großstadtverkehr. Glatter Selbstmord.
Freund: Was haben S' denn, Travnicek?
Travnicek: Mei Kardangelenk. I muß mir mein' Schuh wieder abschmieren lassen.
Freund: Also, als Fachmann zu Fachmann, Travnicek. Sind Sie mehr für offene oder geschlossene Schuh?
Travnicek: Das ist die Frage, was i von an Schuh verlange. Beförderungsmittel oder Luxusgegenstand. Aah! Mein Kardangelenk. Das ist immer dasselbe bei mir. Vor a paar Tagen hab i a komisches Gefühl. I schau nach, was glauben S', was i hab?
Freund: Na?
Travnicek: An Patschen!
Freund: Filz oder Leder?
Travnicek: Das is eh wurscht, stelln Sie sich vor, vor dem Hotel Sacher an Patschen. In an Ministerium müßt man sein.
Freund: Wieso?
Travnicek: Denen spielt das alles keine Rolle. Die haben Dienstschuh.
Freund: Sagen Sie mal, apropos Ministerium: Wie, Travnicek, kommen Sie mit den Behörden aus?
Travnicek: Die reine Willkür. Was soll i Ihna sagen, i komm vor kurzem vor die Tür außa, liegt auf mein Schuh a Zettel von der Polizei. I geh aufs Revier, fragt

der mi: »Ist das Ihr Schuh?« I sag ja. Hätt i Straf zahlen müssen.
Freund: Warum denn?
Travnicek: Weil i die Schuhbandeln offengelassen hab. Gott sei Dank hat er meine Schuhnummer gesehn.
Freund: Na, was haben S' denn für a Nummer?
Travnicek: 44, da hat er mir das Strafmandat erlassen.
Freund: Das versteh i net.
Travnicek: Mit der niedern Nummer hat er geglaubt, i bin a Regierungsmitglied.
Freund: Eine letzte Frage, Travnicek, wie zeigen Sie an, wann Sie bei starkem Verkehr einbiegen wollen?
Travnicek: I komm an die Kreuzung, ja?
Freund: Ja.
Travnicek: Und dann mit der kleinen Zehe links, kleinen Zehe rechts. Mein rechter Blinker funktioniert momentan nicht.
Freund: Wieso?
Travnicek: I hab a Hühnerauge von einer Karambolage. Beiderseitiges Verschulden. Die Versicherung will nix zahln.
Freund: Na, und was haben S' da gemacht?
Travnicek: I bin ihm gleich noch einmal auf den Fuß gestiegen, i bin ja haftpflichtversichert.

Travniceks Weihnachts-Einkäufe

Freund: Was, Travnicek, denken Sie, wenn Sie Weihnachts-Einkäufe machen?
Travnicek: Ich denk, was das kostet. Wann i die Sachen im Frühjahrsverkauf besorgt hätt, wär's dasselbe g'wesen, aber um die Hälfte billiger.
Freund: Aber Travnicek, im Frühjahr können S' doch nicht wissen, was Ihre Leut sich zu Weihnachten wünschen.
Travnicek: Des weiß i jetzt a net.
Freund: Na, für wen haben S' denn alles eingekauft?
Travnicek: Was is das für a Frage? I geh in a Geschäft eini, schnapp, was i kriegen kann, und schau, daß i mit mein' Wagen weiterkomm, bevor sie mich aufschreiben.
Freund: Na und?

Travnicek: Zu Haus pack i's aus, denk nach, wem i's anhängen kann –.
Freund: Was, Travnicek, grübeln Sie?
Travnicek: Ich denk nach, ob ich mehr Pakete oder mehr Verwandte hab.
Freund: Sie sind prosaisch, Travnicek. Man schenkt doch, um den Leuten eine Freude zu machen. Macht es Ihnen keine Freude, wenn Sie was geschenkt kriegen?
Travnicek: Schaun Se, schaun Se, voriges Jahr zu Weihnachten schenk i mein' Onkel a Krawatten, die mir gefallt. Er schenkt mir a Krawatten, die ihm gefallt. Also, was soll i mit der Krawatten? Wann i a Glück hab, kann i mi dran aufhängen.
Freund: Sie haben, Travnicek, keine Poesie. Denken Sie doch an Ihre Kindheit. Was pflegten Sie zu Weihnachten zu kriegen?
Travnicek: Watschen.
Freund: Wie das, Travnicek.
Travnicek: Ich pflegte den Baum anzuzünden.
Freund: Absichtlich?
Travnicek: Nein, es hat sich so ergeben.
Freund: Na, glücklicherweise gibt es aber noch Leut, die sich ihr kindliches Gemüt bewahrt haben, die was noch ans Christkindel glauben.
Travnicek: Ja, die Geschäftsleut.
Freund: Nicht nur die. Schaun S' mi an. I zum Beispiel. I zieh mir zu Weihnachten immer einen Pelz und einen Bart an.
Travnicek: Da werd'n S' gut ausschaun.
Freund: Und ich bring den Kindern Geschenke.

Gehen S' auch als Weihnachtsmann, Travnicek?
Travnicek: Ja, zu meiner Schwester.
Freund: Haben Sie da auch einen Bart und einen Pelz.
Travnicek: Na.
Freund: Warum nicht?
Travnicek: Wann i kommen bin, da hab'n die Kinder immer gesagt: »Der Onkel Travnicek.« Hab i mir denkt, gehst amal in Zivil, ohne Bart.
Freund: Aber das ist doch keine Überraschung.
Travnicek: Wieso, die Kinder waren sehr überrascht, sie haben nicht mehr gesagt, der Onkel Travnicek kommt als Weihnachtsmann, sie haben gesagt, der Weihnachtsmann kommt als Onkel Travnicek.
Freund: Kinder haben eben Phantasie. Des kommt von die vielen Märchen, wo s' lesen. Wissen Sie, Travnicek, ich les auch noch Märchen. Haben S' jemals Märchen g'lesen?
Travnicek: Natürlich, natürlich, warum denn net, hör'n S'. Da hab i g'lesen: Der Ratenschwindler von Hameln, Die Prinzessin auf der Erbsensuppe und des Schneewittchen auf die fünf Zwerge.
Freund: Wieso fünf, es sein doch siebene.
Travnicek: Ja, zwa hab i vergessen.
Freund: Na, und Aschenbrödel?
Travnicek: Lass'n S' mi aus mit der Dienstbotenfrage.
Freund: Dornröschen?
Travnicek: Dornröschen. Hör'n S', mich hat neulich einer aufgeweckt.

Freund: Mit an Kuß?
Travnicek: Na, mit an Moped, was glauben S', was i dem erzählt hab.
Freund: Sie san prosaisch, Travnicek. Hänsel und Gretel?
Travnicek: Das mit dem Lebkuchenhaus ist ganz und gar unpädagogisch. Die Kinder verderb'n sich den Magen, kriegen a Gastritis, wer'n bösartig. Nachher schmeißen s' die Alte ins Feuer – Halbstarkenproblem.
Freund: Travnicek, streiten wir nicht! Für mich ist zu Weihnachten die ganze Stadt ein Märchen. Überall auf den Geschäftsstraßen blitzt es und flimmert es. Kranzeln, Girlanden und Sterndeln. Wenn Sie's so funkeln und leuchten sehn, Travnicek, was wünschen Sie sich?
Travnicek: An Kurzschluß.
Freund: Sehn S' und mi freut's, das ist eben der Unterschied zwischen uns beiden. Der schönste Brauch für mich aber, Travnicek, ist eine Spezialität, die was nur Österreich hat.
Travnicek: Was hat nur Österreich?
Freund: Die Stempel.
Travnicek: Was für Stempel?
Freund: Na, die Poststempel auf den Briefen. Ist des net schön? Das ist für mich der sinnigste Brauch in der ganzen Weihnachtszeit.
Travnicek: Des ist kein sinniger Brauch, des ist a Zufall.
Freund: Was ist a Zufall?
Travnicek: Daß der Ort so heißt, der Ort in Oberöster-

reich. Wann i Christkindel haßen möcht, könnt i zu Weihnachten auch Briefe abstempeln.
Freund: Sie können auf jeden Fall zu Weihnachten Briefe abstempeln.
Travnicek: Ja, was hab i davon, wenn i zu Weihnachten Briefe abstempel, nachher steht Travnicek drauf, glaubens S', da kommt jemand in Weihnachtsstimmung?

Carl Merz und Helmut Qualtinger

Der Herr Karl

(Keller einer Delikatessenhandlung, Stellagen, Kisten; auf den Regalen Konserven, Flaschen, Behälter aller Art. Karl ist damit beschäftigt, Waren zu ordnen. Er ist im Begriff, eine größere Kiste aufzuheben, hält aber, bevor er Kraft aufwendet, inne und läßt sie stehen.)

Karl (spricht zum Publikum, wie zu einer anwesenden Person): Mir brauchen Se gar nix d'erzählen, weil i kenn das . . . De Art von Geschäften kenn i scho, do . . . Se san a junge Mensch . . . da war i scho . . . weil ich war auch ein junger Mensch . . . aber damals, das war eine andere Zeit . . . da war ein junger Mensch noch ein junger Mensch . . . wenn er do de Kistn . . . (Laut) Ja! I waaß eh, Wermut rechts . . . de Dings . . . de, was? Wia haaßt des Mineralwasser? Ja, i waaß, des is doch eh alles dasselbe . . . Wasser ist Wasser . . . (Nach oben) Bitte, ja? Jawohl Frau Chefin! Ja, ich verstehe!

(Wieder zum Publikum) De Alte keppelt scho wieder . . . Chefin . . . Des war vor vierzig Jahren aa ka Chefin g'wesn. A Chef is heit aa nimmer desselbe, . . . na ja, wenn ma damals so gangen is mit de

Kartons . . . oder de Flaschen oder was da war, . . . zustellen, da hat's nur zwa Möglichkeiten geben: entweder war der Hausherr z'haus . . . anständiges Trinkgeld . . . oder er war net z'haus . . . (Lacht) Na, was glauben S'? Die Hausfrau alleinig. Man war ein junger Mensch damals . . . fesch . . . das Äußere, net? Nach aner Viertelstund' hat ma a Trinkgeld kriegt . . . A Trinkgeld hat man auf jeden Fall kriegt . . . I war damals in an G'schäft . . . des war a Begriff: Feinkost-Wawra . . . Für Ihna natürlich net . . . De ham sich dann in der Krise . . . hat er sich derschossen . . . der alte Herr Feinkost-Wawra . . .
A Erbe hat dann des G'schäft . . . er hat's weiter-g'führt als Reform-Wawra . . . aber des war scho nix mehr . . . Aber: Feinkost-Wawra – hat ma g'wußt: Wann i beim Feinkost-Wawra was bestell', dann kommt der Herr Karl. I bin immer der »Herr Karl« g'wesen. Se – san a junger Bursch. I war in Ihrem Alter schon der »Herr Karl«.
Damals hat man auf Formen was gehalten. De Kunden. Des warn Herren! Herren und Formen!
Des müssen S' Ihna vor Augen halten. Auch wann Se mi da anlernen sollen.
Es war a schreckliche Zeit. Inflation. Millionen san g'schwommen . . . i maaan, g'habt hat ma nix . . . aber Formen.
(Nimmt eine Zigarette heraus, zündet sie sich an. Blickt Richtung Publikum.)
Rauchen verboten? . . . Des hab i gern. Wie soll denn da a Unterhaltung zustande kommen? Was? Ah, sie riecht des oben? Ah so . . .

(Er tötet die Zigarette ab.)
Wann geht's denn Mittagessen? Wollen Sie vielleicht? (Bietet an) Aha. Se rauchen aa net? Is eh besser, is eh besser ... I sag Ihna, furchtbar ... was i mit den Rauchen allein an Geld ... Was ma sich da ... wann i des in de Bausparkassa geben hätt ... i hätt ja immer a Häusel wollen, net? Aber des Rauchen ... Sonst hab i ja kane Leidenschaften. Auch als Junger ... i man scho a bissel mit de Hausfraun ... Se wissen ... aber sonst: Nix. I hab mir damals g'schworen in dieser Zeit, daß ich aus meinem Leben etwas machen werde, und ich hab es getan. Ich war immer bescheiden, ich hab ein bescheidenes Leben geführt, aber ich habe es genossen.
Das war eine furchtbare Zeit damals. So unruhig. De Menschen waren zornig. Verhetzt. Fanatiker. Man hat nie gewußt, welche Partei die stärkere ist. Man hat sich nie entscheiden können, wo man sich hinwendet, wo man eintritt ...
Und dann is das historische Jahr sechsundzwanzig gekommen mit den Brand vom Justizpalast.
Sechsundzwanzig war es ... des waaß i ganz genau. Da is a Onkel von mir g'storben ... er hat mir eh nix hinterlassen ... und da war des mit den Palast ... siebenundzwanzig war's.
Und da san s' also marschiert ... i waaß ja net genau, was los war ... es war jedenfalls a Feuer ... a Mordsfeuer war ... a schöner Brand ...
I hab ja an sich Feuer gern. Mir san alle hing'rennt und ham g'schaut ... i siech gern Feuer ... Wann i a Feuer siech und hör »tatü«, renn i hin. I hab des gern,

wann so de Leit umanandastehn . . . und in die Flammen starren . . . ein Naturschauspiel . . .
Auch Unfälle. Wann wo an Unfall is . . . und de Leit . . . da hör i scho: »Heerst, da pickt ana, da liegt ana . . .«, da renn i hin . . . glei bin i dort. Weil: I bin hart. Weil: I war beim Luftschutz. I hab viel g'sehn . . . (Nach oben) Ja, Frau Chefin, ja! Selbstverständlich!
(Zum Publikum) De Alte soll sie net aufregen . . . soll froh sein, daß s' mi hat . . . so leicht kriagt ma heit niemand . . . des is ja auch ein Mangelberuf . . . Wer steht schon auf Ihr Geld?
In de Dreißgerjahr' – bitte – da ham ma kans g'habt . . . traurig war's . . . Österreich hat sich erst langsam aus die Wunden, die ihm der Erste Weltkrieg geschlagen hat . . . hat sich erst langsam aus die Wunden erholt.
Aber sonst ham mir a Hetz g'habt . . . mit de Katzen . . . mit de Madln . . . de warn vielleicht net so anzogen wia jetzt . . . aber sonst . . . hat sich was abg'spielt . . . im Freien . . . a Hotel hat ma si damals net leisten können . . . andere vielleicht scho . . . aber i net . . . bei mir war immer das Herz dabei . . . immer a bisserl das Herz dabei . . . mein ganzes Leben . . .!
Und i kann Ihnen sagen: I bin bitter enttäuscht worden! I bin durch alle Höhen und Tiefen . . . gegangen . . . durch alle Höllen und Himmeln im Liebesleben . . . aber eines Tages steht ma do und fragt si: Was is dir geblieben . . . innerlich?
Wissen S', i war nie a Materialist . . . bei de Madln. I

maan scho: I hob an Schmäh g'führt . . . Mandoline g'spielt . . . Harmonika . . . g'sungen . . . de Schlager aus de Tonfilme, »Weiße Chrysanthemen schenk ich dir zur Hochzeitsnacht«, »Du schwarzer Zigeuner, ach spiel mir was vor, denn wenn deine Geige weint, das geht mir ins Ohr . . .« Da waren im Inundationsgebiet, Überschwemmungsgebiet – so Standeln . . . san mir g'sessen mit de Madln . . . Ribiselwein abig'stessen . . . dann hab i g'sagt: Gemma schwimmen, meine Damen? San ma abi zum Wasser, ham si umzogen . . . i hab's a bissel einkocht . . . Gebüsch is eh überall. De Donauauen sind ja wunderschön . . .
Nexten Tag hab i Gelsentippeln g'habt . . . frage nicht . . . Sunst war's ja traurig. Wie alt san Se? Hörn S', i könnt ja Ihna Vater sein! (Lacht.)
(Ernst) I hab ja nie Kinder wollen. I hätt ja haben können . . . Aber die Verantwortung? I bin a verantwortlicher Mensch . . . bei solche Zeiten . . .!
I maan . . . der Schilling hat schon an Wert g'habt . . . das muß ma ihm lassen . . . aber er war net zum derwischen. Man hat sich ja bemüht, de ganzen Bundeskanzler . . . wia s' da warn . . . der Seip . . . der Bur . . . der Scho . . . is ja wurscht . . . aber beim Heirigen – da hat's Persönlichkeiten geben!
Petzner-Masl, Woitschkerlbuam, Korschinek-Vickerl, Nezwerka-Pepi. Is Ihna des a Begriff? Ah naa – Se san ja jung . . . Sie wissen ja nicht, was Heiterkeit war, echte Fröhlichkeit! So a Hetz wia damals ham ma nie mehr g'habt! In Prater . . . an der Donau . . . mit de Madln . . . bein Wasser . . .
I bin ja nie einigangen . . . i hab net schwimmen

können . . . I hab Ihna ja eh derzählt, wia i s' mitn Schmäh übernommen hab, die Trampeln. I hab nie ins Wasser gehn müssen . . . I maan scho: i wasch mi. I hab z'haus a Waschbecken, aber das genügt ma eigentlich. Aber ein Meer kommt mir nicht ins Haus . . . weil i hab kan Bedarf für soviel Wasser . . . da krieg i a bledes G'fühl. Das ängstigt mich. So a bissel in an Waschbecken oder an Lawur is grad gnua . . . net?

Oder a See. I waaß, es gibt herrliche österreichische See-e. Aber i hab des net gern. Mir traamt oft von an See . . . I lieg auf aner Luftmatratzen . . . Auf amal kummt aner und ziagt de Stöpsln aussi . . . Oiweh . . . I hab manchmal furchtbare Träume . . . Man vergißt s' Gott sei Dank immer glei . . . i sag Ihnen, ich habe im Traum . . . den Zweiten Weltkrieg vorausgesehen! I hab traamt . . . 's Schießen . . . Rennen . . . den ganzen Krampf . . . jetzt traam i scho wieder so . . . na ja . . . (Nach oben) Jawohl, Frau Chefin, selbstverständlich . . . Ob wo was is? . . . Oliven? Ja, es san genug Oliven da. (Zum Publikum) Wo san de Oliven? Is ja wurscht. Von der Alten traam i aa no . . . Jaja, i wer' scho was machen. Ihnen kann's ja egal sein. Se san murgn eh weg . . . De Dreißgerjahr? Da war i sehr oft arbeitslos. Hackenstad. War immer dazwischen arbeitslos. Ein Leben, junger Mensch! Dazwischen arbeitslos, dazwischen hab i was g'habt, arbeitslos . . . was g'habt . . . oft meine Posten g'wechselt. I war unbeständig . . . i war ein Falter.

Bis Vieradreißg war i Sozialist. Das war aa ka Beruf. Hat ma aa net davon leben können . . . heit wann i

war . . . aber heit bin a darüber hinaus . . . i hab eine gewisse Reife, wo mir de Dinge gegenüber abgeklärt sind . . .
Na – im Vieradreißgerjahr . . . wissen S' eh, wia des war. Naa, Se wissen's net. Se san ja z' jung. Aber Se brauchen's aa net wissen . . . Das sind Dinge, da wolln ma net dran rührn, da erinnert man sich nicht gern daran . . . niemand in Österreich . . .
Später bin i demonstrieren gangen für die Schwarzen . . . für die Heimwehr . . . net? Hab i fünf Schilling kriagt . . . Dann bin i ummi zum . . . zu de Nazi . . . da hab i aa fünf Schilling kriagt . . . naja, Österreich war immer unpolitisch . . . i maan, mir san ja kane politischen Menschen . . . aber a bissel a Geld is z'sammkummen, net?
Naja – ma hat ja von was leben müssen . . . Des können S' Ihna gar net vurstelln, was? Se kenntn lerna von mir . . . den Lebenskampf, wia mir ihn ham führn müssen! Sogar g'heirat hab i . . . I maan, im Leben eines jeden Mannes kommt der Zeitpunkt, wo er ein Zuhause braucht. Ein Heim. I hab mi kirchlich trauen lassen . . . Damals war des . . . eher günstig. I maan, i bin ja katholisch. Net sehr. Aber doch. Wia's halt bei uns is.
Ich glaube an ein höheres Wesen. An eine Macht, die uns leitet. Schaun S' mi an, was i alles überstanden hab . . .
Also se war – meine erste Gattin – se war nimmer so jung. A Witwe, net? Der Mann hat si versoffn . . . er war a Wirt. I hab ihn eh kennt . . . Er ist immer g'standen bei seine alten Fleischlaberln und hat ka

Luft mehr kriegt . . . so hat er g'macht: (Er atmet schwer) Zum Schluß hat er net amal mehr so machen kenna . . . An ganz roten Kopf hat er g'habt und de Fiaß voller Wasser. Sei' aanzige Freid war, wenn er einbrennte Suppen hat essen kenna. Aber der Löffel hat so stecken müssen. Asthma hat er g'habt . . . Überg'wicht, net? Amal kumm i ins Wirtshaus, hat sie, de Frau, ganz rote Augen. Der Poldl is nimma . . . hab i s' ang'schaut . . . hab ma denkt: Scheen is s' net, aber eigentlich no a ganz a fesche Frau . . . i maan, stattlich . . .
I hab damals nix z'tun g'habt . . . bin i vü in Wirtshaus g'sessen . . . Amal – de Gäst warn scho weg . . . kummt s' mit an Papier und Bleistift . . . Was s' schreiben soll: »Der teuere Verblichene« oder »Mein unvergeßlicher Poldl« . . . für den Partezettel? . . . Hab i ihr g'holfen . . . Und wia mir so sitzen . . . i hab ja scheene Augen . . . i kann scheen schaun . . . damals . . . heit nimma. I hab aa nimmer den Blick, den was i damals g'habt hab . . . des verliert si alles mitn Alter . . . Auf amal sagt sie: »Lassen S' mi anschaun, was Se da g'schrieben ham . . .«
Sie beugt sich zu mir . . . da hab i g'spiert, daß s' zidert . . . da hab i alles g'wußt.
I kennt Ihna Details derzähln . . . aber Se san a junger Mensch . . . Wann i Ihna amal meine diesbezüglichen Erfahrungen mitteile . . . da hätten S' was fürs Leben . . . I bin glei einzogen . . . hat sie g'sagt: »Karl, es muß alles sei' Ordnung ham . . .« Ham ma g'heirat . . . Sie hat ja a scheens Wirtsg'schäft g'habt. Jetzt – natirlich – hab i de Gäst dort animiert. An jeden Tisch

war i gern g'sehn . . . dort a Viertel, dort a Achtel trunken . . . was hätt i machen sollen? Das G'schäft muaß renna, net? 's war ja alles stier damals . . . Dreißgerjahre . . . Bei mir is scho was z'sammkumma . . . Mir ham a gemeinsames Sparbuch g'habt . . . Kennwort hab i eh g'wußt . . . verstehn S'? Aber dann (sich entschuldigend) natirlich hab i hie und da was aus der Kassa gnommen . . . . I war a junger Mensch – gegen ihr . . . verhältnismäßig.
I bin umananderzogen mit meine Spezi . . . Sie war ja eh den ganzen Tag im G'schäft. Genügt ja, wenn aner im G'schäft is. I bin damals sehr auf Rennen g'standen. Es war eine furchtbare Zeit – lauter Arbeitslose . . . Viele Menschen haben gelitten damals in Österreich. I hab mir's halt . . . i hab mir's g'richt g'habt. Auf d'Nacht bin i eh ins G'schäft ganga und hab mi um de Gäst bemüht . . . repräsentiert . . . an Schmäh g'führt . . . i hab Witz g'wußt, i sag Ihna. Da war aner . . . von an Handwerksburschen und aner Wirtstochter. Er klopft an, und sie liegt scho im Bett. Naa . . . Es liegen alle zwaa im Bett, und der Wirt klopft an. Falsch. Alle drei liegen im Bett. Jetzt waaß i's nimmer . . . Aber Witz' hab i g'wußt . . . wann i Ihna de auf Ihnern Lebensweg mitgib . . .
(Er entkorkt eine Cognacflasche.)
Se sagen's eh net der Chefin? Es ist ja ganz a bülliger. Was? A französischer? Des is ma aa wurscht. I kenn ja net den Unterschied . . . I hab ja an ganz an andern Geschmack. I hab zuhaus Likörkompositionen: Eierlikör . . . Kaiserbirn . . . Glühwürmchen . . . das is das, auf was ich steh . . .

(Er trinkt.)
Na, so hab i mi halt manchmal a bissel ang'soffen. Eines Tages wird de Alte, mei Gattin, frech. Schmeißt mi auf vur meine Freind, vur meine Haberer, vur de Gäst . . . »Der Poldl mecht scheen schaun, wann er abaschaun mecht, wia's zuageht in sein Wirtshaus . . .«
Na, mehr hab ich net braucht! »Was dei Poldl mi kann, des waaßt eh«, hab i ihr g'sagt. Hab alles hing'schmissen . . . Schürzen . . . hab meine Sachen aus der Wohnung g'holt . . . Anzug . . . alles . . . Servas . . . gemma . . . Na, dann hat's bleed g'schaut . . . Meine Freiheit aufgeben, das könnte ich nie!
(Er öffnet eine mitgebrachte Thermosflasche und gießt den Großteil des Cognacs hinein.)
Mei Tee . . .
(Er hält die Cognacflasche Richtung Publikum.)
Wollen S' net den Rest? Es fallt sonst auf.
(Die Cognacflasche wird ihm aus der Hand genommen. Er entnimmt derselben alten Tasche, in der sich auch die Thermosflasche befand, ein zusammengelegtes Jausenbrot und beginnt es zu essen.)
Wissens S', des is mir immer no des Liebste . . . (Blickt auf die Stellagen) I wer' mir scho amal a Konserven mitnehmen . . . aber net für mi . . . mit aner Konserven können S' mi jagen . . . i bin ein Feind der Konservennahrung.
Stellen S' Ihna vur – in dieser Zeit steh i plötzlich da . . . a Gemeindewohnung hab i g'habt . . . i hab s' ja net aufgeben g'habt . . . natirlich . . . Aber des war ja scho damals nix . . . aber ich hab mich nie vom Leben

unterkriegen lassen. I bin damals an Sparverein beigetreten . . . zum Sparen hab i nix g'habt . . . aber ich habe meine Arbeitskraft zur Verfügung gestellt . . . i maan, man hat mich drum ersucht. Weil mi ham de Leit ja kennt, vom Wirtsg'schäft, net? I hab mas mehr so vom Organisatorischen her geleitet. An scheenen Namen erfunden: »Eichkatzerln vom Grund«, bin zur Konkurrenz von meiner Gattin gangen und hab g'sagt: »Was krieg i, wann i Ihna an Sparverein bring?« Na, mir ham jedes Jahr vor Weihnachten a Ganslessen g'habt . . . (mit Bedeutung) in der Wirtschaftskrise! . . . Schöne, fette Ganseln . . . am nexten Tag is uns allen schlecht g'wesen . . . Aber es hat si auszahlt . . . So bin i Kassier worn . . . Aber des war a Leichtsinn. I sag Ihna, fangen S' Ihna nie was mit an Sparverein an . . .
Wissen S', daß de mi fast einsperren hätten lassen? Da san Sachen g'red't worn . . . da ham's mir vurg'worfen, mit de Konten . . . Wissen S' was des is, a Konto? Also, des is a Bankangelegenheit, des kann i Ihna als Laien net so erkärn . . . »Herr Vorsitzender«, hab i g'sagt, zu den Richter, »des Gansl war jedes Jahr da . . . aber bitte, es wird mir eine Lehre sein. . .« Immerhin konnte ich auf einige Erfolge zurückblicken in diesem Fach und so haben s' mi in an Sterbeverein mit offenen Armen aufgenommen . . .
Der hat si aber leider net als ausbaufähig erwiesen, weil de Leit san g'storben und ham sich net an mei Kalkulation g'halten. Und wia s' den Präsidenten von unsern Verein, den alten Herrn Kommerzialrat Krisper begraben ham, da hab i g'wußt: s' Sterben haaßt

aa nix mehr ... Und dann is eh der Hitler kommen ...
Naja – des war eine Begeisterung ... ein Jubel, wie man sie sich überhaupt nicht vorstellen kann – nach diesen furchtbaren Jahren ... die traurigen Jahre ... Endlich amal hat der Wiener a Freid g'habt ... a Hetz ... ma hat was g'segn, net? Des kennen S' Ihna gar net vurstelln.
Wann san Se geborn? Achtadreißig? Naja, also mir san alle ... i waaß no ... am Ring und am Heldenplatz g'standen ... unübersehbar warn mir ... man hat gefühlt, ma is unter sich ... es war wia bein Heirigen ... es war wia a riesiger Heiriger ...! Aber feierlich. Ein Taumel. (Er lacht) Na, drum san se ja achtadreißig geborn ... Wann? Im Dezember, naja ... Die Deitschen san einmarschiert – mit klingendem Spiel sans kummen, mit'n Bayrischen Hilfszug ... Die haben so Gulaschkanonen gehabt, wie man sagt ... Gulasch war kans drin ... Erdäpfeln, Kartoffeln ... Uns is ja schlecht 'gangen ... aber sowas hab'n mir nie 'gessen. Na ... die haben uns g'holfen ... wie die Heischrecken habens uns g'holfen ... Auf amal war nixmehr da ... in die G'schäfter und so ...
Aber Schwamm drüber – es waren deitsche Brüder ... im süddeitschen Raum ... Altreich ... Neureich ... Na, unsere Polizisten san aa scho da g'standen, mit die Hakenkreizbinden ... es war furchtbar ... das Verbrechen, wie man diese gutgläubigen Menschen in die Irre geführt hat ... Der Führer hat geführt.

Aber a Persönlichkeit war er . . . vielleicht ein Dämon . . . aber man hat die Größe gespürt . . .
I maan, er war net groß. I bin ja vor ihm g'standen – bein Blockwartetreffen in Rathaus. So wie i jetzt mit Ihnen sitz, bin i vor ihm g'standen . . . Er hat mi ang'schaut . . . mit seine blauen Augen . . . i hab eahm ang'schaut . . . hat er g'sagt: »Jaja.« Da hab i alles g'wußt. Wir haben uns verstanden . . .
So bin i Illegaler worn . . . I maan, i war scho . . . des wissen S' no gar net . . . Illegal . . . des war damals jeder in Österreich . . . Illegal . . . des war so wie heit, wenn ma bei aner Partei is . . . Bei uns im Gemeindebau alle . . . wir warn eh alle bis Vieradreißg . . . dann warn mir illegal . . .
I maan, schaun S', was man uns da nachher vorg'worfen hat – des war ja alles ganz anders . . . da war a Jud im Gemeindebau, a gewisser Tennenbaum . . . sonst a netter Mensch . . . da ham s' so Sachen gegen de Nazi g'schrieben g'habt auf de Trottoir . . . und der Tennenbaum hat des aufwischen müssen . . . net er allan . . . de andern Juden eh aa . . . hab i ihm hin'geführt, daß ers aufwischt . . . und der Hausmeister hat zuag'schaut und hat g'lacht . . . er war immer bei aner Hetz dabei . . .
Nachn Krieg is er z'ruckkumma, der Tennenbaum. Is eahm eh nix passiert . . . Hab i ihm auf der Straßen troffen. I gries eahm freundlich: »Habediehre, Herr Tennenbaum!« Der hat mi net ang'schaut. I grüaß ihn no amal: »'diehre, Herr Tennenbaum . . .« Er schaut mi wieder net an. Hab i ma denkt . . . na bitte, jetzt is er bees . . . Dabei – irgendwer hätt's ja wegwischen

müaßn . . . i maan, der Hausmaster war ja aa ka Nazi. Er hat's nur net selber wegwischen wolln.
Alles, was man darüber spricht heute, is ja falsch . . . es war eine herrliche, schöne . . . ich möchte diese Erinnerung nicht missen . . . Dabei hab ich ja gar nichts davon g'habt . . . Andere, mein Lieber, de ham si g'sund g'stessn . . . Existenzen wurden damals aufgebaut . . . G'schäften arisiert, Häuser . . . Kinos! I hab nur an Juden g'führt. I war ein Opfer. Andere san reich worden. I war a Idealist. Was war i scho? NSV . . . nationalsozialistische Volkswohlfahrt. Da hat si kaner was denkt, wann er dazua gangen is. Heit is ma ja aa überall . . . bei der Gewerkschaft und so . . . Schaun S', de Leit in so an Gemeindebau warn jahrelang unbetreut . . . hat si ja ka Mensch um sie kümmert . . . I hab ja nur versucht, de Leit zu erziehen . . . i hab eben net nur de Beiträge kassiert . . . des hab i so nebenbei g'macht . . . des hab i ja kennen vom Sparverein her. I hab ihnen Sprüche gebracht – Sinnsprüche – von Goethe und Hitler . . . »Gesundheit ist Pflicht« und solche aufbauenden Sachen, net? Zum Aufhängen hab i s' ihnen bracht . . . Und das war die Zeit, wo ich auch eine zweite Ehegemeinschaft eingegangen bin. Natirlich nur standesamtlich . . . Sie war a moderner Mensch ohne Vorurteile . . . mir warn in an Kino ang'stellt. I war Billeteur, net? Sie war Billeteurin . . . a guate Billeteurin, wirklich . . .
Wir haben sehr viel Gemeinsames gehabt . . . den gleichen G'schmack. Wann ma so viele Filme miteinander siecht . . . da kriagt ma scho a Urteil . . . der

Besitzer von den Kino hat aa was drauf geben . . . Er hat si ganz von uns beraten lassen . . .
Uns hat ka Schauspieler was vurmachen kennen . . . Wann S' so a G'sicht zehn oder fuffzehn mal segn . . . da kennen S' jeden Schmäh. I brauch des alles net . . . von mir aus brauchert's ka Theater geben, ka Kino, . . . a bissel a Musi, des is alles, was i brauch.
Drum bin i vielleicht für die Ehe net so geeignet . . . Na . . . es war in Krieg, net . . . Sommer . . . I hab manchmal Dienst g'habt, dann hat wieder sie Dienst g'habt . . . so abwechselnd . . .
Natirlich hab i machmal die Gelegenheit benützt . . . es war ja a moderne Ehe ohne Vorurteile . . . a Mann is a Mann, wann er a richtiger Mann is, . . . in Krieg war's ja leicht mit die Weiber . . . i hab net einrucken müssen. Die Frau is der gebende Teil und der Mann is der herrschende. Des hab i ihr ja aa klarg'macht, bevor ma g'heirat ham . . .
Aber i bin bitter enttäuscht worn. Weil: sie hat si dann Sachen herausg'nommen, de was tief unter der Würde des Mannes liegen . . .
Mir ham a Kasern in der Näh' g'habt . . . und da hab i immer scho g'heert, daß so viele Soldaten . . . also deutsche Soldaten, aus und ein gehen im Gemeindebau . . . Na – dann hab i erfahrn . . . daß de bei *mir* aus und eingehen . . . in *meiner* Wohnung! *Meine* Zigaretten ham s' g'raucht! Mit *meiner* Rasiersaaf ham sa si d' Händ g'waschen . . . die Piefke.
Jetzt . . . ma hat ja nix machen kennen . . . net? Deutsche Soldaten . . . Krieg und so . . . hab i g'wart. Eines Tages sagt ma mir: »Wissen S', wer oben war? A

Fremdarbeiter! A Ausländer! A Tschusch!« Na, jetz war alles Lei'wand. Weil des is ja kriegsrechtlich strafbar g'wesen . . .
I bin eini in de Wohnung . . . leise de Tür zuag'macht, hab ganz ruhig zu ihr g'sagt: »Schleich di.« Sie hat mi sofort verstanden. Hat alles dalassen . . . Möbel, Wäsch', Lebensmittel . . . nur damit i s' net anzag . . . weg war's. So ist auch dieses Kapitel in meinem Leben vorübergegangen . . .
(Ruf hinauf) Ja? Bitte, gnädige Frau? – Bitte, a bissel später . . .!
(Wieder zum Publikum) Zigaretten holn soll i ihr! I kann do jetzt net weggehn . . . mitten in der Arbeit . . . Ich hab mich dann mehr für die Gemeinschaft eingesetzt. I hab alles g'macht. Bei'n Winterhilfswerk war i . . . wann i mit der Büchsen g'scheppert hab, mei Liaber, da hat si kaaner traut, sich auszuschließen . . . an jeden hab i derwischt . . . i bin ihm nachg'schlichen . . . aufg'lauert hab i eahna . . . mit der Büchsen . . . wann's des Scheppern g'heert ham, hat jeder g'wußt: Jetzt muaß er pariern!
Es war eine furchtbare Zeit . . . Se können Ihnen ja davon kaan Begriff machen . . . Se warn a Kind . . . Was wissen Se, was mir damals alles mitg'macht ham! I hab ja immer alles g'habt. I bin dann Aushilfskellner g'wesen . . . was damals alles durch meine Händ' gangen is . . .
Aber i war ja leichtsinnig . . . Und großzügig . . . Die Frauen . . .! Die Feste! Was sich da in meiner Wohnung abgespielt hat . . .! I sag' Ihna: Orgien im Gemeindebau . . .

Sonst hab i mi dem Luftschutz gewidmet. I hatte die Laienhelferausbildung unter mir . . . Mein Sonderauftrag war Abwehr von Giftgas . . . Das Gebiet hab ich völlig beherrscht. Wann de Giftgas g'schmissen hätten, wär garnix passiert . . . Natirlich – wann's mit Bomben anfangen . . . Das war ja unfair. Ein Verbrechen. (Zum Publikum:) Warum i net eing'ruckt bin? I hab a Herzklappen, wo ma nix Genaues waaß, der ane Lungenflügel is aa net ganz durchsichtig . . . und dann – vor allem – meine Füß . . . –
Außerdem: a paar Leit ham ja die Heimat aufrecht erhalten müssen. Es war a schwere Zeit . . . Da hat man Männer gebraucht! I hab ja damals g'strotzt! . . . I maan, auch heit noch. Schaun S' mi an! Sechzig Jahr! Und nie krank g'wesen. Immer pumperlg'sund . . . Wann de Bombenschädlinge kummen san, . . . de Bombengeschädigten . . . I hab die Verteilung von de Marken und de Lebensmittel über g'habt . . .
Da hab i damals guate Geschäfte g'macht damit. So a G'schäft (Er deutet in den Laden) hätt i mir aufbauen können . . . den Bombenopfern war des eh wurscht. Wann aner grad sei' Haus verlorn hat, denkt er net ans Essen. Da is er froh, daß er lebt.
Wann aner si aufg'regt hat, den hab i nur ang'schaut. Glei war er stüll. Des hab i vom Führer g'lernt. I hab kane blauen Augen, aber des kann i aa. Na, dann san eh scho bald de Russen kumma . . .
Also, i bin sehr guat mit eahna auskommen. I hab ja g'wußt, wie ma mit eahna umgeht . . .
De Nachbarn san alle g'rennt mit ihre Hitlerbilder und ham s' am Misthaufen g'schmissen . . .

I hab meins hängen lassen. Dann hab i de Russen extra in mei Wohnung g'führt – kumm, Kamerad, dawei, Towarisch – hab s' Hitlerbild packt, um d' Erd g'haut ... drauf umanandertrampelt ... Ham s' g'sagt »Karascho« und san gangen ...
(Ruft hinauf) Was is denn, Frau Chefin? (Zum Publikum:) Na also – jetzt geht s' Mittagessen. Endlich ... (hinauf) Kennan S' Ihna da net de Zigaretten glei selber mitnehma? Was? (Zum Publikum:) »Na schön«, hat s' g'sagt ... hätt aa freindlicher sein können ...
Na – dadurch, daß i Tschechisch kann, – a bissel – hab i immer Zugang g'funden zu der Mentalität von de Russen ... Rußki ... Slawen ... Asiaten ... mir is nix a'ganga ...
A paar Monat später ... – was glauben S', wer kumma is? – De Ameriganer. Des war eine Erlösung ...
Da hab i mi glei beworben ... weil man steht doch dem Westen ... weil ich doch schon die ganze Zeit die Arbeit gemacht hab für die Gemeinschaft ... net? um den Westen zu verteidigen ... Luftschutz und des ... hab i mir denkt, es muß doch a Meglichkeit geben bei de Ami ... und mitn Essen wars aa ganz guat ... was i so g'heert hab von andere Parteigenossen ... und von de Kameraden von der NSV ... da ham s' mi eing'stellt als Tschiwilien Gard ... san ma g'standen ... so ... ältere Männer mit Helme ... und warn praktisch sozusagen a Militärpolizei ...
Na – mir ham aufpaßt! Wann a Österreicher kummen is, glei ham ma ihm verjagt ...! »Weg da! Go away! You!« ... des is ma dann sehr zugute kumma, wia i

später g'arbeit hab am Kobenzl als Parkwächter. Als Autoeinweiser, net?
Da hab i a Regiment g'führt! Wie bei der Gemeinschaft ... Ich war ja ka gewehnlicher Parkwächter ... i hab mir viel Sprachen angeeignet in der Besatzungszeit ... Wann a Autobus mit aner russischen Reiseg'sellschaft kumma is, – bin i glei dag'standen, hab g'sagt »Towarischi ... sdrasdfudje!« Na ham s' ma auf de Schulter klopft und g'lacht ... hab i scheen kriegt ... Und de Amis ... wann de kumman san, hab i sogar 's Wagentürl aufg'macht, hab g'sagt »Hello Sör! Everything is O.K. Americans OK. Look at the Vienna, town of eternal Symphonie and music ...« Des heerns immer gern. Des is scho a Sache, was de auslassn ... ka Vergleich mit de Deitschn. Weil Deitsch kann ja eh a jeder.
Natirlich – es war eine harte Zeit ... man hat ein befreites Volk hungern lassen ... Mi net. I hab scho immer was derwischt. G'schäfter g'habt ...
Wann i damals in a Nachtlokal kumma bin, ham s' alle glaubt, i bin a Lord ... Dann is de Währungsreform kumma ... da hab i wieder alle Lust verlurn zum Leben ... Da hat man sein Leben aufgebaut ... mindestens zwanzigmal hab i mei Leben auf'baut in Lauf von mein' Leben ...
Was is blieben? Und wann ma dann scho ölter is und nicht mehr den Schwung hat und den Charme, da ... hätt ja net arbeitslos sei' müssen ... i hätt in aner Garderobe arbeiten können. Oder als Portier ... Sogar in aner Sauna hätt i den Aufguß machn kenna ... den besten Leuten ... aber wann's soweit war,

hab i immer des G'fühl g'habt . . . es gibt mir innerlich keine Befriedigung.
Z'letzt bin i ganga mit deformierte Luftballöner . . . ballone. De hab i kriegt . . . bülliger . . . weil s' zweite Wahl warn . . . Se warn nimmer ganz rund . . . ham so Dippeln g'habt . . . manche warn aa a bissel ein-g'schrumpelt. Ma hat aufpassen müssen, daß net zerplatzen, bevur ma s' verkauft hat. Bin i ganga zum Heurigen . . . wann de Leit scho b'soffen warn . . . de hätten ma eckerte Ballons aa o'kauft . . . de Trotteln . . .
Na, so hab i's g'halten, de Luftballöner, und hab ma denkt: eigentlich is's traurig, daß man so a Leben führn muß. Nach allem, was man geleistet hat . . .
Amal hab i nur no aan Ballon g'habt . . . kumm i zu aner G'sellschaft, was sehr animiert war . . . fragt mi ane . . . se hat so an klaan Steirerhuat aus Papier aufg'habt . . . per Hetz natirlich – originell, net? Fragt s' mi »Was kost der Ballon?« I sag mein' Preis. Sie lacht bled und sagt: »I gib Ihna a Bussel dafir!« Hab i ma denkt: ah was! Er kann eh kaum no fliagn, der Ballon . . . Bin glei pickn bliebn . . . Bis in der Fruah . . .
Se hat am Laaerberg g'wohnt. Bin i mitg'fahrn. Am Weg hab i ihr dann von meine unglücklichen Ehen derzählt . . . in gleichen Alter war ma aa – bitte, sie war Brillenträgerin, aber ein sehr liebenswerter Mensch. Aa schlecht behandelt vom Leben . . .
Na, bin i zu ihr zogn . . . Sie war Bedienerin. Aber sonst sehr reinlich.
Sie hat in an Biro g'arbeitet, und i hab den Haushalt

g'führt, 'kocht . . . alles in Ordnung g'halten . . . i hab guat 'kocht . . . na klar . . . i hab ja aa mit-'gessen . . .

Gelesen hab ich sehr vü in dieser Zeit . . . so wissenschaftliche Sachen . . . Ärztebücher . . . Mechanik . . . Technik . . . Strahlenmeer . . . Weltenraum . . . alles was uns angeht . . . mi wundert garnix mehr, was in Weltall g'schicht, weil i kenn mi durt genauso aus wie in Gemeindebau.

Am Sunntag san ma manchesmal ins Piestingtal g'fahrn – sie hat durt so a Siedlungshäuserl geerbt g'habt von ihre Eltern . . . da san ma g'sessn . . . ham in Regn aussig'schaut . . . und ham uns denkt: andere Leite haben das nicht . . .

Im Sommer, wanns haaß war, ham ma das Essen ins Papierl packt, Milchkaffee in a Bierflaschen, san zum Donaukanäu abi . . . i hab ma's Hemd auszogn, sie war in der Kombinesch . . . schön war s' net . . . aber i hab da vor kurzn mei zweite Gattin g'segn . . . de fesche Billeteurin . . . i kann ihna sagn . . . de hat ausg'schaut!: schiach . . . fett . . . direkt ungustiös . . . I bin ja aa neet scheen. Aber ein Mann halt sich immer no. Ein Mann hat noch immer einen gewissen Anwert.

Aa so wie i heit bin . . . Mir ham in unserer Gassn viel Witwen und Ledige . . . wie de mi anschaun: »Wann S' amal Fernsehn wolln, Herr Karl . . .« Fernsehen! I bin ja net interessiert . . .

Aber auch diese Lebensgemeinschaft war nicht von Dauer. Sie is leidend geworden . . . ins Spital hat s' müaßn . . .

Hab i g'sagt: Du mußt einsehn – jetzt muaß i weg. I maan – i hab eh mei' Arbeitslosen g'spart g'habt de ganze Zeit. Hat s' g'fragt: Besuchst mi amal in Spital? Hab i g'sagt: I waaß net. Mei' Gemeindebauwohnung hab i ja net aufgeben. I bin ja net teppet.

Na – von da ab is' eh wieder aufwärts ganga . . . i hab sozusagen meine Lebensfreude wieder gewonnen . . . I hab guate Posten g'habt . . . schlechte Posten g'habt . . . g'arbeitet hab i nie vül . . . Net, weil i's net kann . . . Aber des . . . des is des Alter der Reife . . . da genießt man gern – wissen S' – das Leben . . .

Man wird überlegen . . . man erinnert sich: Wie man sich geplagt hat . . . für die Gemeinschaft . . . für die Gattinnen . . . für den Beruf . . . für den Wiederaufbau . . . und was ist geblieben? Erfahrung . . . Lebensklugheit . . . immerhin. Aber sonst? Zuviel Herz, zuviel Arbeit . . . zuviel Aktivität.

Natürlich . . . es hat auch schöne Momente gegeben. Und auf die hab i mi immer konzentriert.

G'freit hab i mi scho . . . an den Tag, wo ma 'n bekommen ham . . . Den Staatsvertrag . . . Da san ma zum Belveder zogn . . . san dag'standen . . . unübersehbar . . . lauter Österreicher . . . wie im Jahr achtadreißig . . . eine große Familie . . . a bissel a klanere . . . weil's Belveder is ja klaner als der Heldenplatz. Und die Menschen waren auch reifer geworden . . .

Und dann is er herausgetreten . . . der . . . der . . . Poldl und hat die zwa anderen Herrschaften bei der Hand genommen und mutig bekannt: »Österreich ist frei!« Und wie i des g'hört hab, da hab i gwußt: Auch das hab ich jetzt geschafft. Es ist mir gelungen – der Wiederaufbau . . .

Ich mein', nicht daß ich blind wär' gegen die Fehler der Regierung . . . i war ja immer kritisch. Ich hab immer alles durchschaut . . . auch a Regierungsmitglied, wann i mir's so anschau . . . der is net anders wie i. Und i kenn mi.

So san de alle.

Aber bitte – es geht mi nix an. Ich mache meine Arbeit, ich kümmere mich nicht um Politik, ich schaue nur zu und behalte es für mich.

I red ja net vül. I bin ein eher verschlossener Mensch . . . Schaun S' – daß i jetzt so mit Ihnen red' . . . i hätt's ja net notwendig. I kennt ja aa arbeiten . . . Aber Sie müssen es ja auch einmal lernen. Und wenn man die Erfahrung hat, dann hat man auch die Pflicht, es weiterzugeben. Denn lernen kann man nur aus der Erfahrung . . .

Wolln S' an Schoklad? Schweizer. Naja – Sie san a junger Mensch. Vor Ihnen liegt das ganze Leben. Aber in mein' Alter . . . da is ma oft auf's Süaße. Ma nimmt's in Mund und es vergeht die Zeit . . .

Na – i hab an Schofför kennt, der war ma sozusagen verpflichtet. Der hat g'sagt: »Paß auf, Karl, i fahr jetzt über die Länder – privat – weil i mecht amal unser schönes Österreich kennenlernen – jetzt, wo's wieder uns g'heert. Willst mitfahren?« Da hab i g'sagt: »Geh – i kann des ja garnet zahlen, was du an Benzin verfahrst . . .« – »Naa, naa, Karl, i kenn di' – du machst eh nie an Urlaub . . . kumm ruhig mit.« – »Naja, aber

du muaßt dir ja aa dei' Geld verdiena . . .« – »Also bitte«, sagt er, »Lad'st mi halt manchesmal ein und so . . .«
Na – san ma g'fahrn . . . Was mi des kost hat! I hab alles zahln kenna. War bülliger kumma, wann i mit aner G'sellschaftsreise mit an Autobus g'fahrn war . . .
I hab des nämlich an sich gern, mitn Autobus . . . Da san immer vü Leit, mit denen man sich unterhalten kann. Ältere Frau'n, net? Se wissen ja. I hab halt noch de Art von früher . . .
So bin i amal sogar nach Italien kumma . . . Vüle Städte . . . So genau hab i ma's net g'merkt . . . der Wein kost' dort fast nix. De anderen ham 's in der Hitz umananderzaht . . . i hab mi ang'soffen . . . Scheen war's in Italien. I hab net vül g'segn. Aber der Autobus is sehr guat g'fahrn.
Aber Österreich ist natürlich auch herrlich . . . Großglockner, der Pasterzengletscher . . . warn aa vül Leit dort . . . nette Leit. Da kummt ma glei ins Gespräch. Weil da steht aaner neben aan und sagt: »Schaun S', is do' eigentlich schön: Österreich. Und ma kennt's garnet . . .« Und i sag: »Ja, ja, wirklich. Des mecht ma garnet glauben, wann ma so in Wien is . . .« Unwillkürlich hat man was Gemeinsames . . . wann ma da steht, net? Herrlich, sag i Ihnen, die Franz-Josefs-Höhe. Achtzig Schülling hat mi des kost! Fünf Bier, fünf Schnäps hab i eahm zahln müaßen, den Schaffeer. Na guat, i will ja nix drüber . . . irgend amal muaß ma si ja was leisten . . .
Dann war ma am Semmering.

Des is a scheen. Sehr scheen. Wann ma bedenkt, daß ma des so in der Näh hat und eigentlich nie ausnutzt . . . ma kann überall mitn Sessellift auffifahrn . . . weil i brauch ja net z'fuaß gehn. In Inundationsgebiet – Überschwemmungsgebiet – wann i da spazierngeh, des genügt ma. Was brauch i da auffisteigen, irgendwo? Des is net g'sund. I muaß eh . . . i hab eh kan Aufzug im Gemeindebau . . . i wohn ja im dritten Stock, i muaß steigen . . .
I maan . . . ich liebe die Berge . . . wann i fahr . . . San ma nach Mariazell kumma. Der Gnadenort. Hat mich sehr beeindruckt. Obwohl i also ka so absolut gläubiger Mensch bin. Aber ma denkt si, es kennt do was dran sein . . . wann ma so die Kirchn siecht und . . . de scheenen Hotels. Und die herrlichen Reiseandenken. Wirklich.
Auf der Rückfahrt san ma durch de Wachau kumma. Da war ich überwältigt von den steinernen Zeugen unserer Vergangenheit . . . Melk, Dürnstein, Göttweig . . . da hat er si ang'soffen –, mein Freind . . . I hab ihm g'sagt: »Achte auf deinen Alkoholgehalt . . .« Da is er ordinär worn . . . Hab i eahm erklärt: »Leider . . . meine Barschaft is so, daß i mir nix mehr leisten kann.« Na, hat er was g'matschkert von Benzin und so . . . Dabei is er eh an Diesel g'fahrn . . .
I hab des dann a'brochen, hab g'sagt: »I bin dir net bös, aber i geh jetzt . . .« und bin mit n' Schiff von Krems nach Wien g'fahren . . .
Oben bin i g'standen, am G'lander . . . angenehm kühl war's . . . die Ufer sind an mir vorbeizogen, und i hab ma denkt: du kannst allaan nach Wien

schaffiern . . . in dein' alten, miesen, haaßen Kübel. I maan . . . mir hat's ja sehr guat g'falln, unser Österreich. Aber in an gewissen Alter braucht man nicht mehr davon zu sehen . . . man interessiert si' nimmer so . . . Es laßt alles nach . . . zum Beispiel das Atomzeitalter . . . I war mei ganzes Leben von Gefahren umgeben . . . Revolution, Hungersnot, Krieg, Giftgas . . . fast . . . i hab kan Kontakt mit der Atombomben. Es ist außerhalb meines Interessengebietes . . . Ich überlaß das anderen Menschen. Ich bin nur ein kleiner Österreicher innerhalb einer unabhängigen Nation . . . mi fragt ja niemand . . . bitte, sollen sich die andern den Kopf zerbrechen.
Wann i mi zerstreuen will, brauch i ka Wasserstoffbomben . . . i geh spazieren in Überschwemmungsgebiet . . . Inundationsgebiet . . .
Da geh i gern hin! Wann's haaß is. Da san so Bombentrichter. Und da liegen s' drin . . . de jungen Leit. Madln und Burschen.
I maan, i bin ka Voyeur . . . wie's vüle gibt, was da so spazierengehn. Aber mit so junge Leit is's halt a Hetz. Mir ham damals ja no Hemmungen g'habt . . . aber heit . . . de kennan nix . . . die Gfraster!
I siech's ja net . . . i bin kaaner, der zuaschaut . . . aber was i so heer . . . wissen S', da kumm i ma ganz jung vur . . .
Da is aa no des Standl von de Dreißgerjahr . . . und de Alte – i maan, des is scho de Tochter von der Alten von damals – de kennt mi. Da kann i essen. Sehr guat . . . sehr ausgiebig, net teier . . .
Neilich hab i a Schlachtplatten gessen, Schweinsbra-

ten, Blunzen, Bratwürstel, Leberwurst, Kraut, Knedel, Bier dazua. Es war leider warm, denn es war furchtbar haaß. (Lacht) Naja – drum war i ja da.
Leider hab i kan Hut g'habt . . . De Sunn hat de ganze Zeit auf mein' Kopf g'scheint . . .
Wie i zur Straßenbahn ganga bin, is ma schlecht worn.
I fall auf an Sitz zamm. Kummt de Schaffnerin: »Is Ihna was?« I muaß ausg'schaut ham, wie der Tod.
I hab grad no sagen kenna: »I wohn Grösslgasse 15, Stiege sechs, Tür 12, wann was sein sollt . . .«
Es war eh nix. I hab mi no mit letzter Kraft z'haus-g'schleppt . . . Ma will ja niemand Scherereien machen. Bin z'haus, hab's Fenster aufg'macht . . . dann is ma schlecht worn . . . net am Fenster . . . scho wi sa si g'hert . . . Dann hab i mi aufs Bett g'legt und bin ohnmächtig worn . . .
Am nextn Tag bin i abiganga ins Wirtshaus . . . a klans Golasch, a klans Bier . . . alles wieder Lei-'wand . . . Na – jetzt so wia i leb . . . ich kann mich nicht beklagen. Es geht mir eigentlich sehr gut. Ich hab meine Wohnung . . . eingerichtet . . . sauber alles . . . den Radio . . . Eiskasten hab i . . . I brauchn ja eigentlich net. I hab ja nix drin. I iß eh net z'haus . . . i kumm aa kaum zum Radiohern . . .
Früher, mit meiner zweiten Frau . . . der Billeteurin . . . da ham ma immer s' Radio aufdraht g'habt . . . es war ja aa Krieg . . . Da san aa vül Leit kumma . . . jetzt . . . Wissen S', die Leit in Haus san ma aa z'bled. I kenn s' jetzt scho fünfazwanzg Jahr . . . Frauen gegenüber bin i ja mei Leben lang bitter enttäuscht worn . . . des mecht i nimmer . . .

I hab no an Verwandten in Stuttgart . . . i kenn ihm persenlich net . . . aber mir schreiben uns amal in Jahr . . . zu Weihnachten. De Marken heb i immer auf . . . San Se vielleicht Markensammler? Naja – ahso . . . i hab ma denkt, daß Se dafür Verwendung hätten . . . und sonst . . . eh . . . i bin ja sehr zufrieden. I hab Krankenkassa, i bin völlig gesichert . . . i hab alles z'haus: Schlafmittel, schmerzstillende Tabletten, wann was sein sollt . . . daß 's mi net unvorbereitet trifft . . . und i kennt sagen, es geht ma zum ersten Mal in mein' Leben wirklich guat.
I kann ma's leisten, heute aa amal wohin z'gehn . . . besser auszugehen . . . i hab aa an scheenen Anzug . . . an dunkeln. Der is kaum gebraucht . . . naja, wann geh denn i scho aus? Eigentlich schad drum . . .
Mit mein' Geld kumm i aus. I hab kaane Bedürfnisse. Lesen tua i aa nix. Damit muaß ma früher anfanga . . . Oder Kunst oder solche Sachen . . . i hab mei ganzes Leben ka Zeit g'habt für sowas. I hab Wichtigeres z'tuan g'habt . . . ich habe Aufgaben zu erfüllen gehabt.
Wann i was will, geh i an de Ecken zum Wirt. Der hat an Fernseh . . . Ma muaß net hinschaun, aber ma kann. Da sitz i da und schau zua. Mir is wurscht, was g'spielt wird. Wann i müd bin, zahl i und geh furt.
Manchesmal, wann's am Sunntag scheen is, fahr i nach Baden oder Klosterneuburg . . . Da schau i ma de Häuser an und denk ma: De hätten s' dir in der Russenzeit nachg'haut. Da is a Villa, an dera geh i

immer vorbei . . . de kennt heit mir g'hern . . . Wer waaß, zu was 's guat is . . .
Dann steig i in de Stadtbahn, fahr haam und leg mi schlafen . . .
I schlaf ja guat. Net immer . . . Manchesmal, wann i so lieg, hör i de Rettung vorbeifahrn . . . tatüü . . . dann denk i ma nur:
Karl, du bist 's net . . . Schaun S', wann i mi von der Arbeit z'ruckziagn will, hab i mei' Renten . . . wann i ma nimmer mein' Haushalt führn will, geh i nach Lainz . . . i kann ruhig in die Zukunft blicken . . . na und so wart ma halt ab, was no kummt, wia's wird . . . wia's weitergeht . . .
I bin heit immerhin so weit, daß i sagen kann, man hat sein Leben nicht umsonst gelebt . . . und das is vielleicht das, worauf's ankommt . . . Des werden Se als junger Mensch vielleicht noch net begreifen . . . aber Se werden no oft an mi z'ruckdenken.
Jaa . . . de Kisten . . .
(Er schickt sich, wie zu Beginn, an, die Kiste aufzuheben, hält inne und blickt auf die Uhr.)
Zwei Uhr . . . ahso . . . es is ja Samstag . . . Arbeitsschluß . . .
(Er läßt die Kiste sinken und stellt sie wieder hin.)
Gehn ma . . .
(Dunkel.)

An die
Herren Merz und Qualtinger
Wien

Betrifft: Mich

Geehrte Herren!
Ich habe lange überlegt, ob ich Ihnen schreiben soll oder nicht – weil ich bin an sich ein Stiller im Lande. Aber die Leserzuschriften von soundso viel Herrschaften, die ganz auf meiner Seite waren, haben es mir leichtgemacht, diesen Entschluß zu verwirklichen – das heißt, ich hab's diktiert (mei zweite Gattin, die fesche Billeteurin, die kann ja gut schreiben – fließend Maschinenschrift . . . Sie war übrigens empört über die Behandlung, die den Frauen von Ihnen angetan wurde . . . die hat das für mich getippt), und ich möchte Ihnen vollinhaltlich bestätigen, daß Sie unrecht haben.
I war in an Kaffeehaus, bin da g'sessen und hab mir des ang'schaut: Erstens einmal bin ich nicht so unförmig und fett und schwitz aa net immer. Vor allem aber: Diesen Menschen traut man ja nie zu, daß er *das* Leben hinter sich hat wie ich . . . Ich meine mit Frauen und auch im Beruf . . . und vor allem politisch. Weil, ich mein, solche Menschen sind einen ja eh gleich verdächtig.
Schauen Sie – gegen an guten Witz hab i nix . . . a Hetz oder a Remasuri . . . aber wenn so was gemacht wird, wie was Sie gemacht haben – da verliere ich den Humor.

Es war, darf ich Ihnen das sagen, meine Herren, eine Frechheit. Sie haben mich treffen wollen, obwohl ich Ihnen nie etwas getan hab'. Und wen haben Sie getroffen? Das Volk der Tänzer und der Geiger! Was unsere Fußballer in mühseliger Beinarbeit gutgemacht haben, das haben Sie im Fernsehen mit einen Schlag zunichte gemacht. Und überhaupt diese ordinäre Ausdrucksweise, die ich nie in meinen Leben gehabt habe, das alles lehne ich ab. Es ist ein Verbrechen, wenn Sie mich so hinstellen, wie wir Österreicher uns nie bemüht haben zu sein . . .

Eines hat mich gefreut: Daß auch die Jugend ihre Meinung gesagt hat. So etwas wie mich, hat sie gesagt, gibt es nicht. Und daran können Sie ersehen, wie Sie nicht nur mir, sondern auch unserer Jugend Unrecht tun. Weil ich war auch einmal ein junger Mensch, und die Jugend, die mutig und rein ihren Weg geht und noch glaubt an was, die soll man mit solchen Sachen in Ruhe lassen: Sie soll froh sein, daß sie von diesen Sachen verschont wird.

Damit habe ich mir alles von der Leber diktiert und überlasse das Wort jenen, die es gleich von Anfang an in meinen Sinne erhoben und mir aus der Seele gesprochen haben: ». . . kaum ist Gras über die Geschichte gewachsen, kommt so ein Kamel und frißt es wieder ab . . .« (Ein hoher Funktionär der AUA)

»Nehmen Sie sich ein Beispiel an O. W. Fischer und Grace Kelly!« (M. Richter, Wien XIX)

»Für Wien war der illegale Nazi typisch, der für seine jüdischen Freunde Leben und Freiheit riskiert hat . . . Und daß sich die Wiener so viele Ritterkreuze verdient haben, kommt nicht daher, daß sie so begeisterte Nazis waren, sondern daher, daß sie es ›denen Großgoscherten‹ zeigen wollten, daß ein schlapper Österreicher auch dreinhauen kann, und besser als sie . . .« (Otto Friedländer)

»Auch wenn Sie vielleicht Ihr Beruf, Ihr *Milieu* mit solchen obskuren Gestalten in Berührung bringen mag, dürfen Sie daraus keine gezielte Typisierung mancher Schwächen unserer Bevölkerung – welche hätte solche nicht – ableiten.« (Hans Kolland, Wien)

»Ein Dreckfink, wer sein eigenes Nest beschmutzt!« (Alwine St., Wien III)

»Unter meinen Bekannten befindet sich kein Zuhälter, kein ›Strizzi‹ und auch kein charakterloser Opportunist, der von den Sozis über Heimwehr und Nazis bis zu den Russen und Amis überall ›dabei‹ war . . .« (Rudolf B., Wien I)

»Man kann den Fernsehteilnehmern nicht so einfach über das Gesicht fahren . . .« (Professor Rudolf Henz)

»In Österreich ist man duldsamer. Da darf man vieles, wofür man anderswo mit Zuchthaus oder Sibirien bestraft würde . . .« (Brigitte Posselt, Wien XII)

»Wenn wir Wiener so schlecht wären, wie es der Herr Karl ist, dann wären wir wohl heute nicht so weit . . .« (Ernst M., Wien I)

Dem habe ich nichts mehr hin zuzufügen.

Ergebenst Ihr
Herr Karl (Wien I, II, III, IV, V, VI, VII, VIII, IX, X, XI, XII, XIII, XIV, XV, XVI, XVII, XVIII, XIX, XX, XXI, XXII sowie Graz, Linz, Salzburg, Innsbruck usw.)

Der Qualtinger

8. Oktober 1928 – 29. September 1986

»Ein bissel düsterer ist es jetzt, nicht nur in Wien«, schrieb eine Zeitung nach Helmut Qualtingers Tod am 29. September 1986.
Wenige Tage vor seinem 58. Geburtstag ist er viel zu früh für seine Zuschauer, Zuhörer, Leser gestorben. Ein Stück brillanter Kabarettgeschichte, ein genialer Rezitator der Texte von Karl Kraus, Johann Nestroy, Josef Weinheber, Anton Kuh, Alfred Polgar und als solcher auch Entlarver des Dämons Adolf Hitler, wenn er aus »Mein Kampf« las und einem dabei Schauer über den Rücken jagte, ein pointierter Satiriker mißlicher Zustände, das soll, das wird von ihm bleiben. Und in der Erinnerung derer,

die ihn besser kannten, ein absolut zuverlässiger, unbestechlicher Freund und einer der uneitelsten, weil intelligenter Künstler.
Er war ein typischer Österreicher in seiner Widersprüchlichkeit von Feinfühligkeit und Bosheit, von selbstzerstörerischem Provokateur und immer wachem, aufnahmebereitem Intellektuellen.
Gegen das Negative des Österreichers, das Mitläufertum, die zu allem bereite Anpassungssucht, gegen das Spießige und Verlogene hat er sich aber immer gewehrt. (So hat er 1965 in einem Interview mit dem Nachrichtenmagazin »Der Spiegel« einen »Fünfjahresplan zur Vernichtung der Wiener« aufgestellt.)
Er war einer der besten Kabarettisten, die Österreich jemals hatte, und wurde berühmt, als er das Kabarett verließ – was ihm die Wiener bis heute nicht verziehen haben. Er war ein Vollblutkomödiant und hat niemals Theaterspielen gelernt. Er hat nie studiert und war privat Experte für Literaturgeschichte mit einem »Lexikonhirn«, in dem er ständig sämtliche Namen und Daten parat hatte. Er las auf seinen Tourneen vorwiegend fremde Texte und wollte nichts lieber als selbst schreiben. Sein schauspielerisches Handwerk, das er bis zur Perfektion beherrschte, ordnete sich jeweils dem Text unter, und der Idealfall trat ein, wenn Qualtinger Autor und Interpret zugleich war. Seine Texte aber zielten immer auf etwas Bestimmtes, »qualtingerisch« ausgedrückt darauf, »den Leuten ein Hackl ins Kreuz zu hauen, damit sie aufwachen«.
Und sie wachten auf, wenn seine Kabarettnummern oder die bissig-satirischen Feuilletons ins Schwarze

des öffentlichen Lebens trafen und die lokalpolitische Prominenz zum Gelächter der Stadt machten – in Nummern, die oftmals gemeinsam mit Gerhard Bronner, Michael Kehlmann und Carl Merz so entstanden, daß jeder abwechselnd eine Zeile schrieb. Dieses Teamwork der »großen Wiener Kleinkunst« war das ideale Kollektiv, seine Fruchtbarkeit entstammte dem unerschöpflichen, sich pausenlos gegenseitig initiierenden Ideenreichtum aller Beteiligten.

»Er war der größte Kabarettdarsteller aller Zeiten«, schrieb Werner Schneyder in einem Nachruf, und der Kabarett-Experte Klaus Budzinsky sprach vom »brillantesten Konzentrat aus Kunst und Komödiantik, Intellekt und politischem Instinkt, das auf diesem Gebiet je in Österreich entstanden ist«.

1946 hatte Qualtinger seinen Co-Autor Carl Merz kennengelernt. Merz engagierte ihn zunächst für sein soeben entstandenes Kabarett »Der Basilisk«. »Qualtinger war in seinen politischen Extempores so ungebärdig, daß ich ihn hinauswarf«, erzählt Carl Merz, »seitdem arbeiten wir zusammen.«

1950 begannen für Qualtinger zehn Jahre fruchtbarster Kabarettzeit. Den ersten großen Erfolg über das Pauschallob der Kritiker hinaus hatte Qualtinger in dem gemeinsam mit Kehlmann 1951 verfaßten »Reigen-Zyklus« (nach Arthur Schnitzler).

Unter den Kabarettnummern aus dieser Zeit sind Glanzstücke wie »Der Halbwilde«, eine Parodie auf den ledergewandeten Halbstarken mit der »starken Maschin«, der zwar »net waaß, wo er hinfahrt«, dafür aber »früher durt is«, und das Chanson vom Jugendlichen, der zuviel Geld und Freizeit hat – »Was kann denn i dafur, daß mir a so viel fad is« – und der nach dem »Zerlegen« eines Kaffeehauses und dem Ausprobieren eines Strychninpräparates im »Hefen« (Gefängnis auf wienerisch) froh ist, wenn er »Sackln picken (Tüten kleben) darf«.

Oder die Szenen zwischen den beiden abgetakelten Mimen in der Garderobe beim Abschminken: »Der Menschheit Würde ist in Eure Hand gegeben.« Die ganze Tragik eines Berufsstandes wird hier transparent, wenn die beiden neidvoll vom Erfolg der »Großen«, der sie nie erreicht hat, sprechen und darüber diskutieren, ob der vierte oder der sechste Zwerg im »Schneewittchen« die dankbarere Rolle sei. (»Wie legst du ihn an?« – »Hintergründig.«)

Dann gab es zum Beispiel eine Nummer über drei Ministersöhne (»Der Papa wird's schon richten«), die in der Wiener Prominentenbar »Eden« um drei Uhr früh »ein bisserl aus der Schule plaudern«. Die Herren Väter reagierten sauer, der Text war kurz darauf nur mehr unter der Hand zu haben, aber ein Minister mußte seinen Hut nehmen.

Weniger sauer reagierte ein Unterrichtsminister mit einem U im Namen, dem der Qualtinger eines seiner saftigen Hackln ins Kreuz haute. Es war einer der bei »Quasis« Freunden und Feinden gleichermaßen beliebten und gefürchteten »practical jokes«, die zu Qualtingers Hobby-Repertoire gehörten.

Damals – 1950 – sollte ein recht unpopuläres, weil unsinniges Zensurgesetz gegen Schmutz und Schund erlassen werden. Qualtinger montierte nun eines

Nachts ein riesengroßes U von einer Plakatwand ab und schickte es gemeinsam mit einer Petition des von ihm gegründeten »Vereins zur Abschaffung des Buchstabens U« an den Minister: »Im Buchstaben U, Herr Unterrichtsminister Hurdes, erblicken wir fortschrittlichen Schriftsteller das Symbol für Schmutz und Schund, beinhalten doch alle Wörter mit unsittlicher, unseriöser und unschöner Bedeutung diesen schon in seiner Form anstößigen Vokal. Wir fordern Sie, Herr Unterrichtsminister Hurdes, daher auf, energische Maßnahmen gegen das Überhandnehmen dieses Buchstabens in die Wege zu leiten . . .«

Einen seiner berühmtesten »practical jokes« aber leistete sich Qualtinger in einem typischen, heißen »Saure-Gurken-Zeit-Hochsommer«. Auf unauffällig dem Österreichischen Pen-Club »entliehenen« Briefbögen kündigte er den Redaktionen der Wiener Tages- und Wochenzeitungen folgendes an:

»Auf Einladung des Österreichischen Pen-Clubs trifft der Eskimodichter Kobuk am 3. Juli in Wien ein. Der 1889 in Iviktut (Grönland) geborene Autor ist Verfasser mehrerer Romane, deren eigenartige Verbindung von magischem Realismus und arktischer Mystik ihn auch über die Grenzen seiner engen Heimat bekannt gemacht haben. Seine Romane ›Brennende Arktis‹ und ›Kolchoz‹ sicherten ihm auch im deutschen Sprachraum einen beachtlichen Leserkreis. Seine grönländische Trilogie ›Nordlicht über Iviktut‹ wird derzeit von der Metro-Goldwyn-Mayer unter dem Titel ›Song of an Iceman‹ in Technicolor verfilmt. Der Autor ist ein großer Verehrer unserer Literatur. Sein

Essay ›Adalbert Stifter – a Study of Humanism‹ erschien 1948 bei Harvard-Press. Der Autor hat die Absicht, mit mehreren Wiener Theatern wegen Placierung seines in der letzten Schaffensperiode entstandenen Dramas ›Einsames Iglu‹ und der satirischen Komödie ›Die Republik der Pinguine‹ zu verhandeln.«
Zur Ankunft der grönländischen Prominenz versammelte sich die Wiener Presse, welche die Mitteilung – über das unerwartete Ereignis beglückt – wortgetreu abgedruckt hatte, am Bahnhof: Dem Zug entstieg Helmut Qualtinger – mit Pelzmütze.
So hatte sich Qualtinger für den Presseboykott einer Hollandtournee des von ihm gegründeten »Studios der Hochschulen« erfolgreich gerächt.
Weniger beliebt waren seine fiktiven telefonischen Hollywood-Angebote an Kollegen, in denen er sich als Manager großer Filmfirmen ausgab und die ihn allerdings eines Tages selbst wie ein Bumerang trafen: Angeblich soll Qualtinger ein lukratives Filmangebot entgangen sein, weil er, an einen Racheakt glaubend, den verzweifelten Filmagenten bei dessen wiederholten telefonischen Versuchen, seine Identität zu beweisen, mit dem Götz-Zitat abfertigte. Ein anderes Mal brachte er durch Telefongespräche mit seinerseits wechselnden Rollen den Vertragsabschluß einer bekannten Wiener Schauspielerin mit dem Österreichischen Fernsehen zustande, obwohl die beiden Vertragspartner kein einziges Mal tatsächlich miteinander gesprochen hatten.
Die erste echte Sternstunde hatte jedoch geschlagen, als Merz und Qualtinger den »Travnicek« aus der

Taufe hoben. Seine Entstehung ist typisch für viele, ja die meisten Geburten aus dem Reichtum der Qualtingerschen Phantasie, die immer wieder aufs neue durch seine minutiöse Beobachtungsgabe gespeichert wurde.

Carl Merz erzählt darüber: »In den fünfziger Jahren machte die Familie Qualtinger gelegentlich Urlaub in Jugoslawien, wobei man sich einmal, via Adria, zu Schiff weiter nach Süden begab. Man kam, wie das so ist, mit anderen Reisenden ins Gespräch, unter denen es auch Österreicher gab – Wiener, die es im Ausland häufig drängt, ihre Sorgen und Befürchtungen mit Landsleuten zu teilen – eine euphemistische Umschreibung jener Tätigkeit, die man im Inland schlicht als Raunzen bezeichnet. Ein Herr tat sich dabei hervor, freilich ohne dadurch aufzufallen: Er beklagte sich über das fremdartige Essen, belegte es mit verächtlichen Bezeichnungen, gab seiner Sehnsucht nach kalten Wiener Schnitzeln mit Erdäpfelsalat Ausdruck und war im allgemeinen von der Tatsache negativ beeindruckt, daß die Einheimischen im Ausland Ausländer zu sein pflegen.

Als ich mich nach Qualtingers Rückkehr wieder mit ihm traf, erzählte er von seinem Urlaub und so auch von jenem Herrn, er berichtete nicht nur von ihm, er kopierte ihn auch und improvisierte einige seiner Dialoge, auf die wir, während der nächsten Tage immer wieder Bezug nahmen. Da wir gemeinsam an dem nächsten Programm arbeiteten, ergab es sich, daß wir häufig auch eine Mahlzeit zusammen einnahmen, wobei ich einmal, bei dem Studium der Speisekarte, das Wort ›Cevapcici‹ las, den Namen eines jugoslawischen Gerichts, das im wesentlichen aus kleinen Würsteln besteht. Damals kommentierte Qualtinger im Tonfall seiner Urlaubsbekanntschaft: ›Cevapcici (Synonym für Hundewürstchen) . . ., was brauch i des?!‹ Wir sahen uns plötzlich frappiert an, und ich glaube, damals war uns klargeworden, daß diese Figur eines Reisenden, der noch keinen Namen hatte, doch mehr sein konnte als nur eine amüsante Erinnerung an ein paar Reisetage. Der ›Travnicek‹ war geboren.«

Der »Travnicek«, dieser ungefährlicher scheinende Vorgänger des »Herrn Karl«, ist der »kleine Mann« voll primitiver Besserwisserei, bornierter Präpotenz und beispielloser Ahnungslosigkeit. Durch seine urkomischen, lakonisch vorgebrachten Kommentare, die vom sprichwörtlichen Bilderreichtum des wienerischen Dialekts überquellen, durch seine absurden Gegenansichten deckt dieser »Zivilisationsparasit« jedoch unbewußt Mißstände und Unsinnigkeiten des öffentlichen Lebens auf. Der »Travnicek«, diese Szenen in ihrer Mischung aus Unterhaltung und aggressiver Kritik an herrschenden Zuständen, sprengten schon fast den Rahmen eines Kabaretts. Jede weitere Entwicklung mußte sich außerhalb des Kabaretts vollziehen. So nahmen Bronner, Merz und Qualtinger 1960 mit dem Programm »Hackl im Kreuz« Abschied von ihrem Publikum.

Das nächste, was Wien von Qualtinger zu hören und zu sehen bekam, war von weit aggressiverer Potenz, »ein Hackl im Kreuz der Wiener«, dessen Wunden bis heute nicht ganz vernarbt sind: »Der Herr Karl«. Auch diese Figur hat wie der »Travnicek« ein lebendes Vorbild, einen Wiener Delikatessenhändler, bei dem ein mit Qualtinger befreundeter junger Schauspieler als Aushilfe arbeitete. Dieser erzählte die Lebensgeschichte, die er nach und nach zu hören bekam, auch Qualtinger, der aufmerksam – mit der ihm angeborenen Neugier auf seltene oder gar nicht so seltene Exemplare der menschlichen Gattung – zuhörte und diese Szenen in eigener Diktion nachspielte. So – zuerst gesprochen und gespielt also – entstand dieser geniale Einakter.

Am besten hat wohl Hans Weigel die Allgemeingültigkeit dieser parasitären Wetterfahnenfigur ausgedrück: »Der ›Herr Karl‹ ist ein menschlicher Zustand österreichischer Färbung«, und er ist die »Selbstdarstellung eines menschlichen Dämons«.

Der »Herr Karl« ist der »kleine Mann« von gefährlicher, weil harmlos wirkender Borniertheit, mit dem Rückgrat aus Lastex, dem Gewissen aus Gallert und dem Herz aus Eisen. Er hat die politischen Richtungen erfolgreich mitgemacht und hat alle Situationen und Menschen für seine Zwecke und seine Bequemlichkeit ausgenutzt.

Die endgültige Textfassung von Merz und Qualtinger wurde 1961 im »Kleinen Theater« des Wiener Konzerthauses uraufgeführt. (Es war übrigens das Jahr, in dem Qualtinger von Auslandskorrespondenten zum »Man of the Year« gewählt wurde. Das trug ihm unter anderem den empörten Brief einer Dame ein, die schrieb: »Nehmen Sie sich ein Beispiel an O. W.

Fischer und Grace Kelly . . .!«) Kurze Zeit nach der Uraufführung sendete der Österreichische Rundfunk die Fernsehübertragung des »Herrn Karl«. Noch während der Sendung liefen die Telefondrähte heiß, weil halb Wien seiner Empörung in telefonischen Beschimpfungen Luft machte (ein Zuschauer verlangte sogar die Strafversetzung des Fernsehdirektors nach Sibirien). Diese von Qualtinger auf die Bühne gestellte Figur, eine fiktive Filtrierung aller möglichen miesen Charaktereigenschaften, ein Konglomerat all dessen, was an Erbärmlichem, Verlogenem und Feigem in einer Person denkbar ist, dieses »Produkt Herr Karl« wurde von Österreich bitter ernst genommen und als persönliche Beleidigung aufgefaßt, weil es im Trachtenanzug auftrat und österreichisch parlierte. »Der ›Herr Karl‹ wollte einem bestimmten Typus auf die Zehen treten, und ein ganzes Volk schreit Au«, meinte damals Hans Weigel.

Der »Herr Karl« ist – nach eigener Aussage – Qualtingers innere Entscheidung gegen das Kabarett und der Höhepunkt der Qualtingerschen Satiren. Seine Entstehung aber war nach wie vor kabarettistisch und charakteristisch für Qualtingers Arbeitsweise, die keineswegs am Schreibtisch stattfindet: Eine Figur wird – aus genauer Beobachtung – improvisiert, variiert, aus kleinen Teilpersiflagen wird eine geschlossene Reportage. Erst wenn alle Einzelheiten sich zu einem Ganzen geschlossen haben, wenn Charaktereigenschaften, Lebensumstände und Umgebung, Erlebtes und Gegenwärtiges zueinander passen, verselbständigt sich die Figur, gewinnt Eigenleben.

Der »Herr Karl« wurde geboren wie die unvergänglichen Gestalten der Volksdichtung, einem »Don Quichote« und einem »braven Soldaten Schwejk« vergleichbar.
»Ein kleiner Mann wird da satirisch entworfen und preisgegeben; die Fülle der Vorbilder österreichischer Selbstkritik wird nach Johann Nestroy, Karl Kraus, Ödön von Horvath und vielen anderen durch ein neues kostbares Exemplar säkularer Bitterkeit ergänzt.« (Hans Weigel)
Qualtinger ist in die Haut seines Produktes geschlüpft, als ob es seine eigene wäre, und er hatte in den folgenden Jahren – und bis zu seinem Tode – erhebliche Schwierigkeiten, diese Haut wieder abzustreifen.
Mit dem Anspruch des »Herrn Karl« ist Helmut Qualtinger auf seinem Weg vom Kabarettvirtuosen zum Zeitkritiker »Österreichs schlechtes Gewissen« geworden. Er hätte es sich auf dem einmal eingeschlagenen Weg bequem machen können, aber er war – wie viele Österreicher mit dem Zug ins Geniale – von mörderischer Selbstkritik befallen und auf der ständigen Flucht vor der Größe.
»An diesem satirischen Monolog-Porträt eines miesen Opportunisten, in dessen herzloser Wehleidigkeit sich der Wiener Volkscharakter wiedererkennen konnte, ist der Vortragskünstler Qualtinger fortan mit jeder Geste und jedem Tonfall gemessen worden«, schreibt die Wiener Journalistin Sigrid Löffler. »Da nützte es nichts, daß Qualtinger schon 1961, im Skandal- und Erfolgsjahr des ›Herrn Karl‹, seine Kabarett-

Karriere abrupt beendete mit der Begründung ›Sie lachen es weg, deshalb hab' ich aufgehört‹ – den Karl-Ruhm, den stigmatisierenden, wurde er nicht los. Dabei war die berühmte Figur längst durch allgemeine Zustimmung entschärft: Ihre Bösartigkeit wurde kennerisch belacht und dadurch unschädlich gemacht. Die Wiener erledigten das aufklärerische Potential des ›Herrn Karl‹, indem sie ihn als Klassiker genossen und seine entlarvendsten Worte zu geflügelten machten.«

Aber auch die Flucht nach Deutschland, wohin er 1973 ging (»Manchmal weiß ich nicht mehr, ob ich ein Mensch bin oder ein Wiener«), um bei Boy Gobert Theater zu spielen, heilte Qualtinger nicht von Wien. Fünf Jahre später ging er nach Österreich zurück, immerhin mit einer neuen Gefährtin, seiner späteren Ehefrau Vera Borek, einer hochbegabten Schauspielerin, die in den letzten Jahren sein Leben zu stabilisieren versuchte.

Ab 1975 hat Helmut Qualtinger Satirenbände veröffentlicht. Diese Texte sind Kabinettstücke seiner Menschenbeobachtung und treffende Szenen aus dem österreichischen Alltag. Sie spiegeln seine unermüdlichen Versuche, die Borniertheit des Spießers anzuprangern und sind Populärsatire im besten Sinne.

Als Schauspieler hat er internationale Erfolge gehabt (zuletzt spielte er in der Eco-Verfilmung »Der Name der Rose«) und seine Vortragsabende waren sein Broterwerb.

Aufgegeben hat er nicht. Er hat bis zuletzt, auch mit politischem Engagement, gegen Mißstände gekämpft.

Aber gegen sich selber hat er verloren. So schrieb sein früherer Freund, der Bildhauer Fritz Wotruba: »Der Künstler Qualtinger ist so aggressiv und penetrant, daß er den anderen Qualtinger vernichtete: den Menschen Qualtinger.«
Sein Publikum hat bis zuletzt davon profitiert.

Brigitte Erbacher